鲁山县
优秀文艺成果丛书
郭伟宁 主编

邢春瑜 郭伟宁 / 主编

XILU TANMI

中国文联出版社

图书在版编目（C I P）数据

西鲁探秘 / 邢春瑜，郭伟宁主编．-- 北京：中国文联出版社，2024．7．--（鲁山县优秀文艺成果丛书 / 郭伟宁主编）．-- ISBN 978-7-5190-5546-2

Ⅰ．K296.14-53

中国国家版本馆 CIP 数据核字第 20246ZP589 号

主　　编　邢春瑜　郭伟宁
丛书主编　郭伟宁
责任编辑　王素珍
责任校对　秀点校对
装帧设计　王熙元

出版发行　中国文联出版社有限公司
社　　址　北京市朝阳区农展馆南里 10 号　　邮编　100125
电　　话　010-85923025（发行部）　　010-85923091（总编室）
经　　销　全国新华书店等
印　　刷　三河市龙大印装有限公司

开　　本　880 毫米 × 1230 毫米　1/32
印　　张　15.75
字　　数　303 千字
版　　次　2024 年 7 月第 1 版第 1 次印刷
定　　价　68.00 元

鲁山县优秀文艺成果丛书由鲁山县文联组织编写

鲁山县优秀文艺成果丛书编委会

总 序

鲁山物华天宝、人杰地灵，是一方神奇的土地。

她历史悠久，文化底蕴深厚。“鲁”之地名，最远可以追溯至夏代。西周初，鲁山为周公封地，史称西鲁。这里秦汉年间置鲁阳县，后曾置广州、荆州、鲁州，唐贞观元年（627）置鲁山县。鲁山是世界刘姓发祥地，境内有楚长城、汉代冶铁遗址、唐代鲁山花瓷瓷窑遗址和唐代大书法家颜真卿撰文并书丹的元次山碑等。鲁山还是中国墨子文化之乡、中国牛郎织女文化之乡、中国温泉之乡、中国长寿之乡、中华名窑花瓷之乡、中国屈原文化传承基地。

这片热土，文脉绵长。先秦时期墨家学派创始人墨子、唐代著名文学家元结、清代中州硕儒张宗泰、中原一步跨入全国新文化殿堂的第一人徐玉诺，都来自这片热土的温润与滋养。

进入新时期，鲁山文学艺术事业蓬勃发展。依照中共鲁山县委《关于繁荣发展社会主义文艺的实施意见》，县文联组织带领全县广大文学艺术工作者，致力于创作无愧于时代、无愧于人民的优秀文学作品，创作了大量有筋骨、有道德、有温度的文艺作品；书写和记录人民的伟大实践、时代的进步要求，彰显了信仰之美、崇高之美；弘扬中国精神、凝聚中国力量，成绩可喜可贺。

县文联组织专家学者，选取近年来优秀文艺作品作为《鲁山县优秀文艺成果丛书》结集出版。希望此举能够进一步激励全县文艺家创作更多精品力作，助推社会主义文艺事业繁荣发展，为建设生态文化美丽富强新鲁山贡献文艺力量。

刘鹏

2021 年 11 月 9 日

代序·鲁山文化耀中原

文化是一个国家、一个民族的灵魂，是文明发展的前奏和主体。在世界文明发展史上，中华文明辉煌灿烂，是唯一历数千年而没有中断的文明，为人类文明的发展进步做出了无与伦比的贡献。大家都知道，中国之中的中原是中华文明的发祥地，历史文化博大精深、源远流长，而地处中原之中的鲁山县又有哪些重大而独特的历史文化元素，在中华文明乃至人类文明史上占有怎样的地位呢？《西鲁探秘》将带您走进厚重鲁山。

历史悠久　人才辈出

鲁山夏代称鲁县，周代称鲁邑、鲁阳，汉代称鲁阳县，魏晋时期置鲁阳郡、广州、鲁州，唐初废州置鲁山县至今，是我国历史最悠久的千年古县之一。全县总面积 2432 平方公里，目前辖 27 个乡（镇、办事处、服务中心），102 万人。

鲁山地处我国北亚热带向暖温带过渡地带，长江、黄河、淮河三大流域水系交汇于此，尧山分水岭以南流经汉水注入长江、以东流经沙河注入淮河、以北流经洛水注入黄河。年均气温 14.8 摄氏度，年均降水量 1000 毫米，雨量适中，四季分明，十分适宜人类居住，是农耕文明最发达的区域之一，也是华夏文明核心的区域。早在 7000 多年前就有人类聚居并形成村落，黄帝、蚩尤以及尧帝、大禹等都曾在这一带活动，留下了不少遗迹遗存。尤其是蚩尤部落发源并长期活动于鲁山沙河流域，以勤劳和智慧开创了农耕文明的先河。蚩尤因最早使用铁兵器而被誉为“兵神”“战神”。沙河古称滍水，就是蚩尤的“蚩”字加三点水而得名，也被称为鲁山的母亲河。考古发现鲁山境内有新石器时代、仰韶文化、龙山文化等遗址十多处，出土有大量珍贵文物，其中父乙兕觥等国家一级文物多件。在这片古老而又厚重的热土上，先民们胼手胝足，薪火相传，人才辈出。造字鼻祖仓颉、平民圣人墨子、爱国诗人屈原、东汉易学泰斗樊英、唐代文学家元结、抗金名将牛皋、元代政治家王磐、五四时期诗人徐玉诺等一批先贤大家就诞生在这里。仓颉出生于鲁山县仓头乡，原姓侯冈，名颉，史书记载为黄帝史官，生而神圣，双瞳四目，天生睿德。他仰观日月星辰，俯察鸟兽虫迹，发明文字，从而开启了人类从蒙昧走向文明的历史。出生于鲁山尧山镇的墨子是战国时期伟大的思想家、军事家、科学家和社会活动家，他提出的“兼爱、非攻、尚贤、尚同、节葬、节用”等十大主张，对后世影响巨大，与儒家并称显学，有《墨子》53篇流传于世，我们熟知的“摩顶放踵”“止楚攻宋”“以人为镜”“齐心协力”“功成名就”等成语就来自墨子的故事。鲁山境内和墨子有关的遗迹遗存到处都是，著名的有棋盘山、风筝山、相家沟、黑隐寺、墨子故里碑、墨子著经阁等，墨子文化传承人有城关的袁占才、尧山的孙德润、赵村的李成才等。元结为唐代著名的政治家、军事家、文学家，马楼乡商余山人。天宝十二载（753）举进士，历任水部员外郎兼殿中侍御史、著作郎、道州刺史和容州刺史等职，为平定安史之乱、稳定风雨飘摇之中的大唐王朝立下了汗马功劳。元结饱读诗书，胆识过人，不仅精通为将之道，而且熟知为人之道。大历三年（768），元结调任容州刺史，由于安史之乱，再加上官府横征暴敛，容州百姓民不聊生，岭南瑶族纷纷聚首联合，奋起反抗，攻占容州达十年之久，历任容州长官都无法到职视事，要么寄身梧州，要么驻节滕州处理政务。元结到任后，也是“寄身梧州”。元结安置好家眷后，就不顾疾病缠身，决定只身前往容州。人们知道，元刺史此去是凶多吉少，甚至还有性命之忧，因而是“老母悲泣，闻者凄怆”。但为了苍生社稷，元结义无反顾。他摒弃了历任容州长官一味用暴力镇压少数民族的愚蠢做法，而是抱着一个安定团结的良好愿望，怀着一腔感天动地的悲悯情怀，单枪匹马，赤手空拳，深入山区瑶寨，拜望瑶族首领，晓以大义，劝勉抚慰，歃血为盟，以心换心。短短六十日，八个州就纷纷归附，西南获得了安定。与元结同时代的饱受流离之苦的大诗人杜甫大发感慨，说朝廷若能得十来个像元结这样的人才，天下安定就可得也。元结病逝，朝廷上下一片哀恸，中书舍人杨炎、常衮等为元结撰写墓志，御史大夫、大书法家颜真卿亲自撰写碑文并亲笔书写，为元结立表树碑刻铭，颜碑现立于鲁山一高院内，为全国重点文物保护单位。金兵南侵中原，一路狂进，气焰嚣张，面对外侮和破碎的山河，生于鲁山熊背乡石碑沟村的鲁阳射士牛皋壮怀激烈，勇担大义，先后率领乡勇埋伏于鲁山东南的邓家桥和宋村（现辛集乡的邓寨村和新城区的花山村），大败金兵，生擒金将耶律马五，威震敌胆，捍卫了民族尊严，在南宋抗金史上写下了浓墨重彩的一页。五四时期的著名诗人徐玉诺，出生在鲁山辛集乡徐营村，早在开封求学期间即积极投身五四新文化运动，加入进步文学团体文学研究会，先后在《文学周刊》《小说月刊》等全国有影响的新文化刊物上发表小说、诗歌等作品，出版了诗集《将来之花园》，在知识界产生了相当大的影响，鲁迅、沈雁冰、闻一多、叶圣陶等学界巨子纷纷予以关注，成为河南省一步跨入全国新文化殿堂的第一人，是五四新文化运动中一颗放射出耀眼光芒的明星。

战略要地　群雄逐鹿

鲁山位于伏牛山东麓，西、北、南三面环山，东连黄淮大平原，进可攻退可守，战略地位重要，是联通宛洛的重要门户，素有“北不据此，则不能得志宛襄；南不得此，则不足以争衡伊洛”之谓。境内的鲁阳关为中国古代八大著名关隘之一，西晋著名文学家张协的《鲁阳关》中有“朝登鲁阳关，狭路峭且深。流涧万余丈，围木数千寻。咆虎响穷山，鸣鹤聒空林”极言鲁阳关之险要。楚汉相争，刘邦布兵鲁山，并在鲁山东南张官营一带，也就是古犨城以东大败秦守将吕齮，打通武关道，进而一路向西，夺取关中，完成了灭秦大业，至今鲁山仍留有张良、萧何、韩信等将领屯兵而形成的地名。大家熟知的四大名著之一《三国演义》的插页地图中就明确标有鲁阳，可见鲁山战略地位之重要。公元190年，孙坚受封破虏将军、豫州刺史，屯兵鲁阳（今河南鲁山），准备出兵攻打董卓。一天，孙坚在城外拉起帐幕，为前往送粮的部将公仇称饯行。当时，官员会聚在台上，士兵陈列在台下。突然间，董卓数万步骑兵奔到城前，准备向孙坚发起进攻，情况十分危急。孙坚在大敌压城面前，谈笑自若，继续与将领们饮酒作乐，后见董卓人马越来越多，才慢慢站起，引导部队秩序井然地入城。董卓官兵见孙坚队伍齐整，若无其事，以为必有大军埋伏，不敢攻城，引兵撤退。孙坚以其智勇，笑谈之间，退却数万敌兵。鲁阳之战也成为中国古代战史中出色的山地攻坚战例之一，也是史上的空城计。1945 年，中共河南区委员会及河南军区、河南人民抗日军司令部驻扎鲁山，辟建豫西抗日根据地，指挥河南人民的抗日斗争。解放战争期间，鲁山先后是豫陕鄂边区、豫西解放区、中共中央中原局及河南省委的领导中心，邓小平、刘伯承、陈毅、邓子恢等老一辈革命家曾多次在这里主持召开重要会议，运筹帷幄，决战中原。值得一提的是，邓小平在鲁山期间，深入调研了以经营丝绸、烟草而闻名豫西的鲁山西关市场大街，并在豫陕鄂前后方工作委员会联席会议上发表了《跃进中原的胜利形势与今后的政策策略》。在这篇报告中，邓小平以鲁山市场为例，用一定篇幅阐述了市场与政治、经济、人民生计的关系，以及发展工商业经济的政策策略，引起了毛泽东的高度重视，批示后以中央名义印发并要求各根据地贯彻执行。这篇报告被专家们公认为邓小平市场经济思想的发端，鲁山是邓小平市场经济理论的萌芽地。“文化大革命”期间，出于国内国外战略考量，中央在鲁山布局营建了规模宏大的地下指挥系统和江河、兴州、花园、红卫、新华机械厂等一批相对配套完善的军工企业，鲁山的战略地位愈加凸显。

物华天宝　特产众多

鲁山有山有川，资源丰富，物产众多。金银铜铁、玉石水晶均有出产，桃李杏枣、香菇猴头遍布山川，并形成了不少特色文化品牌。满山的柞木资源适宜柞蚕养殖，鲁山自古就有“柞蚕之乡”的美誉，以柞蚕丝织成的鲁山绸因色泽柔和、丝缕匀称、绸面密实、手感爽滑备受世人青睐。民间传说是玉皇大帝的第九个女儿织女把“天虫”带到人间，并教会人们养蚕缫丝织布，因此鲁山丝绸又被称为“仙女织”，1915 年鲁山绸曾代表中国参加在美国旧金山举办的万国博览会并获得金奖。鲁山段店花瓷用鲁山特有的陶土釉料烧制，是我国最早的高温窑变釉瓷器，始于夏，盛于唐宋，创造性地在釉面上采用彩斑装饰，“入窑一色，出窑万彩”，终结了中国瓷器单色釉的历史，中国陶瓷窑变艺术也从此破茧成蝶，被专家们称为“汝瓷之源、钧瓷之母、官瓷之祖”。鲁山汉代冶铁遗址，是当时我国也是世界上最大的冶铁基地，它依托鲁山丰富的铁矿、煤炭等矿产资源和优越的地理优势，生产时间超过两百年，产品丰富而先进，其冶炼工艺创造了数个世界第一，为世界农业文明的进步做出了巨大贡献，是全国重点文物保护单位。鲁山先后被国家相关部门命名为中国柞蚕之都、中国温泉之乡、中华名窑花瓷之乡、全国绿色食品原料标准化生产基地等称号。

民俗丰富　争奇斗艳

鲁山春秋时属郑，战国时属楚，汉代归南阳郡，唐宋时隶属汝州府，新中国成立后归许昌地区，1983年归平顶山市管辖至今，可谓是群雄逐鹿，风云激荡。历史在这里碰撞，文化在这里交融。鲁山境内生活着汉、回、满、苗、壮等30多个民族，多民族和睦相处，繁衍生息，民俗文化丰富多彩，民间艺术争奇斗艳。衣食住行、修房架屋、祭祀祈福，都有着独特的礼仪规范和生活习惯。根艺、奇石、花瓷、剪纸、高桩故事等民间艺术独具特色，光耀中原。鲁山是曲剧、鼓儿词等剧种的发源地，至今仍有数百支文化艺术表演团体活跃在城乡，乔双锁、赵玉萍、杜根亮、宁金梅等曲艺表演艺术家先后在宝丰马街书会上夺魁折冠，获得“书会状元”称号，是全国获得书会状元最多的县。鲁山曲协主席乔双锁从艺30年来，奔走在鲁山大街小巷，活跃在省内外舞台，以表演河南坠子为主，他所演唱的曲目唱腔优美大气，吐字清晰，形成了自己独特的唱腔风格，深受群众喜爱。其代表曲目有《小八义》《玉帝搬家》《牛郎织女夸鲁山》等。2003年被授予“河南省民间表演艺术家”称号，2012年成为中国曲艺家协会会员。鼓儿词，又称鼓儿哼、大鼓书，是一种以鼓、板击节进行演唱的曲艺形式，唱腔朴实流畅，具有口语化的特色，念唱白讲究字正腔圆，唱词通俗易懂，再加上鼓和钢片铿锵有力的伴奏，表演洒脱大方，艺术感染力较强，是人民群众喜闻乐见的一种，2009 年被列入河南省第二批非物质文化遗产。鲁山曲协副主席冯国为豫西鼓儿词代表性传承人，其代表作有《杨家将》《水浒传》《物华天宝颂鹰城》等。牛郎织女的传说故事就发生在这里，并流布全国，家喻户晓。鲁峰山下的孙义村就是传说中牛郎孙小义的故乡，牛郎聪明忠厚，父母早亡，跟着哥嫂度日，歹毒的嫂子经常虐待他，逼他干很多的活儿。后来，嫂子为了独霸家业，把牛郎赶出了家门，只把一头老牛和一辆破车分给了他。无家可归的牛郎来到鲁峰山上一山洞内栖身，与老牛相依为命，后经老牛点化与下凡九女潭洗澡的织女结缘，成亲生子，男耕女织。织女被王母娘娘抓回天庭后，牛郎担着一双儿女苦苦相追，最终感动天庭，被许每年的七月初七相见一面。后来，“七夕”这个寄寓着人们美好愿景的日子就成为我国传统节日中最重要的节日。鲁峰山下七夕古庙会、鲁山坡春季山歌会、七夕夜乞巧、孙义村祭祖等活动也成为鲁山独特的牛郎织女文化的组成部分，并被当地群众代代相传。2009 年 2 月，鲁山县被中国民协命名为中国牛郎织女文化之乡。

行走在鲁山的大地上，每一座山峰，每一条河流，每一个村落，无不隐藏着一个个生动多彩的故事。仅仅看看鲁山的地名，北有禹王冢、禹王河、仓颉祠、娘娘关、歇马岭关、观音寺；西有尧山、墨子岭、教子沟、想马河、邱公城；南有姬冢、朝王庙、接官亭、屈原庙、彭山、彭河、前城、后城、紫金城；东有牛郎洞、九女潭、桃花店、青条岭，每一个地名都藏金纳银，让人浮想联翩。

根祖之地　天下敬仰

鲁山独特的战略位置和根源性的文化内涵令世人瞩目，“引无数英雄竞折腰”。尧帝裔孙、刘姓始祖刘累，学豢龙于鲁县豢龙氏，最终又归隐于鲁县，因而鲁山成为世界刘姓公认的祖庭。赵姓鼻祖造父为周穆王钦赐的御马官，他寻马驯马于鲁山尧山桃林，死后葬于鲁山赵村宽步口。世界刘姓、赵姓宗亲会已在鲁山举办了多次世界性的祭祖活动，刘姓、赵姓也是历史上出皇帝、出名人最多的姓氏。商王成汤钟情于鲁山优质的百里温泉带，在鲁山辟建皇家汤池，至今仍有上汤、中汤、下汤、皇姑浴等不少遗迹遗存。武王伐纣，建立周朝，把战略位置极其重要的鲁阳封给其弟周公姬旦，周公以此为根据地，营建洛邑，拟制周礼，为周朝八百年基业奠定了基础。战国七雄之一的楚国为争雄中原，特在鲁阳设立侯国，封公孙宽为鲁阳公，亦即鲁阳文君，镇守楚北，攻防高度自治，留下了“鲁阳挥戈，日反三舍”的佳话。唐玄宗十分喜爱鲁山的段店花瓷，在欣赏杨贵妃领舞的十大宫廷乐舞时，就常用鲁山花瓷烧制的羯鼓伴奏，在与宰相宋璟谈论鼓事时说“不是青州石末，即是鲁山花瓷”，鲁山花瓷从此名扬天下。新中国开国领袖毛泽东，十分推崇鲁山的墨子，他说：“墨子是一个劳动者，他不做官，但他是比孔子高明的圣人。”1958年，毛泽东特意为《鲁山报》题写了报头，这在全国近3000个县（市）中是唯此一家。英国女王伊丽莎白加冕时或举行盛大宴会，也总爱穿鲁山绸制成的礼服，以示高雅。汉代张衡，南北朝郦道元，唐代李白、杜甫、白居易、颜真卿、皮日休、孟郊、元稹、宋之问、温庭筠，宋代梅尧臣、苏轼，明末清初顾炎武等名流巨儒也都曾结缘鲁山，或赋诗作文、或倾情泼墨。最著名的当属郦道元《水经注》中对鲁山山川的描述、李白的《豫章行》、梅尧臣的《鲁山山行》诗文及颜真卿为元结撰文并书丹的碑文。郦道元在《水经注》中称赞鲁山温泉：“七源奇发，炎热特甚……可以疗疾。”宋代大诗人梅尧臣宋仁宗康定元年（1040）任襄城县县令时，曾慕名到鲁山游览，一进入鲁山，他就被鲁山优美的自然山水吸引，欣喜之情溢于言表，他在诗中写道：“适与野情惬，千山高复低。好峰随处改，幽径独行迷。霜落熊升树，林空鹿饮溪。人家在何许？云外一声鸡。”梅尧臣的这首诗艺术成就极高，被誉为宋代新诗改革的开山之作。特别是唐代鲁山县令、被后人称为元鲁山的元德秀，因其德行高洁、勤政爱民而深受世人敬仰，自唐以降文人墨客吟咏不断，孟郊有诗“我咏元鲁山，胸臆流甘滋。终当学自乳，起坐常相随”，白居易写道“伯夷古贤人，鲁山亦其徒。时哉无奈何，俱化为饿殍”，皮日休称他“清似匣中镜，直如琴上丝”，陆游赞道：“安得子元子，同歌于蔿于”，一代文豪苏轼也发出了“恨我不识元鲁山”的感慨……

《西鲁探秘》会以独特的视角、丰富的内涵、奇妙的构思带给您全新的体验，也会让您管中窥豹地领悟到鲁山厚重文化中所蕴含的“大爱”精神，进而激发起传承弘扬历史文化、热爱家乡、热爱我们民族的热情，同心同德、踔厉奋发，共创我们伟大祖国更加美好的未来！

（邢春瑜　系中国牛郎织女文化研究中心主任、中国墨子文化研究中心副主任、中国屈原学会理事、鲁山县炎黄文化研究会会长）

目 录

第一辑 地名探源

第二辑 遗迹觅踪

第三辑　人物传奇

第四辑　历史揭秘

第五辑　文化密码

第一辑　地名探源

鲁山县名探源

潘民中

今河南省鲁山县，春秋以前名鲁县，战国至隋名鲁阳县，唐以后名鲁山县。鲁、鲁阳、鲁山这三个不同历史时期的县名，均因该县境内有山名“鲁”而得之。以“鲁”为名的山，指西起尧山（又名鲁山、石人山），环县境西北、北、东北，东至露峰山（亦名露山、鲁山）的外方形山脉。鲁、鲁阳故城在今鲁山县城西昭平台水库内的邱公城，北魏迁县治于今县城。鲁县因县在鲁山环抱之中而得名；鲁阳县“有鲁山，县居其阳，故因名焉”；鲁山县，“鲁山，俗呼露山，城东十八里，孤高耸拔，为一邑之镇，因以名县”。既然鲁县、鲁阳县、鲁山县皆因“鲁山”而得名，那么“鲁山”之“鲁”的本义又是什么呢？

长期以来，人们对“鲁”的释义借依许慎《说文解字》：“鲁，钝也。从白，鱼声。”汉孔安国对《论语》“参也鲁”的注释即谓“鲁，钝也”。汉刘熙《释名》把许慎对“鲁”字的释义用来注解“鲁国”这个国名，曰：“鲁，鲁钝也。国多山水，民性朴钝。”明清两代《鲁山县志》的撰修者依之，言：“鲁，《释名》曰：‘鲁，鲁钝也。国多山水，民性朴钝。’鲁也，本释东鲁，邑宛似之。故邑之士言多率直，无矫饰。”还说“士多椎鲁之习，民余质朴之风”；“民多笨拙，少黠慧，株守田畴，不谙货殖”。这种对鲁山之“鲁”的解释，难以令人信服。因为泱泱中华，“国多山水，民性朴钝”者何止东鲁、西鲁，为什么其他地方不以“鲁”名，唯西鲁、东鲁以“鲁”名呢？

其实以“鲁”名山，以“鲁”名地，自有其来历。考之秦汉隶书及其以前的古文字，“鲁”书作“炏”，旅也书作“炏”，鲁、旅原本是一个字，发展成两个字后，其原始字义仍然是相同的。《尚书・禹贡》“蔡蒙旅平”，《传》曰：“祭山曰旅”。《周礼・天官・掌次》“王大旅上帝”，《注》曰：“大旅上帝，祭天于圆丘。国有故而祭，亦曰旅。”可见在上古时代，祭祀山岳，祭祀苍天，以及国之祭祀，都叫作“旅”。鲁、旅相通，那么祭祀当然也可以称作“鲁”。据《左传・昭公二十九年》载：“陶唐氏既衰，其后有刘累，学扰龙于豢龙氏，以事孔甲，能饮食之。夏后嘉之，赐氏曰御龙，以更豕韦之后。……夏后饷之，既而使求之，惧而迁于鲁县。”张衡《南都赋》载：“远世则刘后甘厥龙醢，视鲁县而来迁，奉先帝而追孝，立唐祠于尧山。”我们从“刘累立尧祠于尧山以祭尧”，起码可以说：尧山之所以又名鲁山，是因为尧之裔孙刘累在这座山上祭祀尧而获得的。有了“鲁山”这个山名，接着就衍生出了鲁山环抱着的“鲁县”这个地名。

按《左传》《史记》行文中所言“刘累迁于鲁县”，似乎“鲁县”之称早于刘累来迁。这个问题一般来说是因后人在记载前代史事时用了后成名的地名，即刘累迁来之前这里还不叫鲁山、鲁县。刘累迁到这里立尧祠以祭尧之后，人们才依其意将之称为鲁山、鲁县了。但在记述中为了便捷，干脆用后成之名，书作“刘累迁于鲁县”。这种情况在古代史书中不胜枚举。但是，我们也不排除另外一种可能，即刘累祭尧于尧山之前，尧山已是尧之后裔祭祀尧的圣地，这里已因祭尧而获得了鲁山、鲁县之名。刘累正是冲着鲁山、鲁县是祭祀其先祖尧的圣地而迁来的。至于东鲁（山东曲阜）之名鲁，则是周成王分封时，鲁公伯禽将其父姬旦原封地西鲁（河南鲁山）之“鲁”名带过去而形成的，其源仍在西鲁之祭尧。

寻找失迷的中原古国——鲁国

袁明洲

中原地区的鲁山县是一个历史悠久的古老邑县，唐虞三代的旧址遗事遍布鲁山各处，到了东西周时由于周王朝的不断扩张与分封，使鲁山之地有多次的变更与变迁，导致后世的史学家，只知其一而不知其二，再由于史料的缺轶，将中原的鲁山县历史传承得面目不清，本文做一点浅显分辩。

清乾隆八年（1743）《鲁山县全志》载："鲁居汝海之南，形分嵩岳，露山拱翠，瀼河潆流，土厚民淳，亦宇宙一奥区也。"沿革中说"鲁邑，古豫州地，唐虞三代封建时为某国，无考也。据《左传》刘累来迁，知在夏后氏为鲁县，其为某国之鲁县，亦不得而知也。东周为王畿地，春秋时为郑邑"。

这些简明扼要的记载，使周王朝八百多年的复杂历史，留下了无限的空间，特别是说"东周时为王畿地，春秋为郑邑"实为思路与笔端的错误，东周与春秋有什么不同吗？正确地说，西周为王畿之地，春秋（东周）为郑邑，县志说法也不仅仅是因为笔误，重要的是西周与东周时期的事件分辨不清，周公与鲁公关系混淆不明，还有如今古墓的挖掘又加了一个生死不明的应国，不知其灭于西周或东周，更不知鲁山与应国的关系是全部的隶属，还是各有各的归属，周初是有关鲁山历史最重要的一笔。若是此时此地不能明了，那么，作为京畿之地的鲁山历史便永远是一本糊涂账，老乡的考证《鲁山团城山鸡家疑探》，要么是“烤不熟”，要么是“烤煳”“烤焦”的。

本人在恢复高考后，有幸去上的大学，去之前满脑子都是对鲁山历史的疑惑，学到《中国古代史》时，特别关注的就是老家鲁山县在西周分封事件中的历史地位，与春秋时的归属。虽然在读书时本人已经明了其中的曲折，也自以为历史的真相已经大白于天下，因为教科书上已经说得这样明白了，那凡是读过《中国古代史》的还有不清楚的吗？

如今三十多年过去，我才发现鲁山县的那段历史不论是民间，还是在史书中仍然是模糊不清的，不知是因为权威史料的记载与历史名家们代代传承的缘故，还是我们自己就糊涂不清的原因。至今史学界仍然宗旧时之说，我们家乡鲁山周朝重大的历史事件仍旧处在云遮雾罩中而不见天日。

我的大学课本《中国古代史》由南开大学历史系、中国古代史教研室集体编写，于1979年，由人民出版社出版，应该有一定的权威性。

鲁山在周朝时是周公的封国。周公之所以称周公，是因为周公食采于周，故称“周公”。周，即今陕西岐山北的周地。伯禽封鲁，故曰“鲁公”。而河南鲁山在西周初的伯禽元年（前1030），实为周武王封与周公长子伯禽之封地，周公与鲁公各因自己的封地不同而命名，不能因为他们是父子关系而混为一谈。

《中国古代史》的第二章“奴隶社会”的第三节“西周的分封制”明确地说“封周公之子伯禽于鲁，地在今河南鲁山，后迁都于奄（今山东曲阜），监督殷民六族”。

西周历史上，鲁国有一段曲折的发展历史，武王第一次克商，封纣王之子武庚在殷地统治其民，并派自己的三个兄弟带兵就近监督，史称“三监”。东方安置已定，武王回归，才把周的都城从周地岐山迁到镐京。周王室立国不久，武王就驾崩了，子成王即位，因为年幼，由叔父周公旦摄政，“三监”对此不满，武庚趁机联合“三监”及其他部族十七国与商朝遗民共同叛乱。周公派长子——鲁公伯禽率师东征平叛，三年激战，平定东方。第二次克商成功，周公命鲁公迁都于奄（今山东曲阜），监督殷民六族。因此鲁公伯禽将鲁之国都由鲁县迁往山东曲阜，然而国都搬迁，国名不再更改仍为鲁国，重要的是，鲁国原有的国土仍在（虽然历史无载，但国土是迁不走的），且永远是鲁国的一部分。所以后来山东鲁国赫赫有名，历经西周、春秋六百年，人们早已经将鲁国——伯禽的始封老家，即我们历史悠久的中原之鲁国忘到九霄云外了。到了春秋时所有的鲁国春秋前后历史皆被不明真相的后人们一股脑儿记为山东之地，弄出不少西鲁东鲁混淆不清的荒唐历史。这里面也有史学界的权威司马迁的失误。

司马迁的《史记·周本纪》记载，武王克商后遍封功臣同姓戚者。“封周公旦于少昊之虚曲阜，是为鲁公，周公不就封，留佐武王。”这里面说周公旦封为鲁公，既没有鲁的地理因素，也没有周的地理因素，直接就把周公分封到他儿子之鲁国的迁徙地——少昊之虚曲阜去了，不知是何道理？好像周公原来就没有封地，周公也不是封号，只是个人名，而且又充任了儿子的封地号为鲁公。

在他的《史记·周公世家》也记有，周公“于是，卒相成王，而使其子伯禽代就封于鲁”。这就是说，伯禽的鲁公是代周公的鲁公，而不是自己的封号，周公也是因为相成王的原因不能去就封地做鲁公的。真是一字之误，谬之千里。由于《史记》的权威与司马迁的声望，所以后人包括学者都尊其说，山东的鲁国为周公之封地，因为他要相助成王，所以，才让他的儿子伯禽代替他到山东就封，如此说，中原鲁国便永不存在了。看来圣人的见识也是有限的，这个“读万卷书，行万里路”的司马迁也许没有到过我们中原的鲁，否则不会让鲁山在历史记载中闹出这样的混乱，也不会使他的《史记》不能自圆其说。

这还不算，还有更甚者，连一些中小学的课本上，都把墨子、鲁班这些鲁山的历史名人说成山东人，却不知鲁班为鲁人，不是山东鲁国人，而是我们河南的西鲁国——鲁山人。鲁班原名公输班，为鲁山尧山镇的班房人，山下还有一个木匠庄，村人传说其先人为鲁班，在四棵树的文殊寺有一棵古老的银杏树，中间被抽去了一块木板，两千多年过去了，至今仍然生机盎然，郁郁葱葱，奇特异常，当地人都知道这是鲁班的杰作。

那名扬四海的墨子为二郎庙街人，鲁山县川川岭岭都有墨子活动的遗迹，熊背有“黑隐洞”“土掉沟”是墨子晚年所居地，尧山镇的老街上，有明朝时的墨子祠堂，街上原来有明朝时期的“墨子故居”石碑，五十岁以上的老人大多都能记得清楚，镇子上还保留着墨家弟子相氏及其传承人。这些事在鲁山已是无可争议。但是，许多的名人著作却记载着“墨子，宋人”，或者“鲁人，宋国大夫”。大概因为墨家弟子曾为宋国守城的缘故吧。山东滕州也把“墨子故居”文化搞得红红火火，这当然也是好事，战国时期墨家弟子的足迹遍天下，墨子思想引领世界科技数千年。几千年来没有任何史书记载说墨子为鲁山人，在鲁山县漫山遍野都是墨子与鲁班的传说故事，《墨子》其文中频频提及与公输班、鲁阳文子、楚王之间对战争中的议论、争执，甚至攻守演习，难道不是在鲁山而是在山东吗？不知是人们不愿面对现实，还是一个鲁国之鲁挡住了天下人的视线。也许是因为鲁山历史虽然悠久，却没有文人大家来记载并传承的原因。或者是鲁山为深山老林隐秘之地，其中隐居的高人不愿透名露姓，任你说长道短我就是不吭声，导致这些外地的后世名人著作误人数千年，而且，将继续误人不止。难道中原鲁山人就这么不值一提而又听之任之吗？

话说回来，既然西周时中原鲁国尚存，那么，在土地竞争激烈的春秋战国时期就没有一点蛛丝马迹吗？有，是肯定的，人过留名，雁过留声，只是人们不曾留意罢了。

先说人们不曾留意的历史记载，《尚书·周书·君陈》记载：“周公既殁，命君陈分正东郊成周，作《君陈》。”文章里边的内容，是成王对君陈的命令，叫他按照周公的意图管理好洛邑。君陈是谁呢？乃周公次子、鲁公伯禽的弟弟。按周朝礼制，公侯之长子另行分封，他的次子则继承父亲爵位，守其职业，周文王的几个儿子，除了武王为王以外，其他都是这样。所以，周公长子伯禽分封于鲁，次子君陈则继承周公爵位、封号为周公。周公原职为管理周之祖业周城，因武王迁都于镐京，他就该在镐京主政，可是周公二次克商后又根据武王的遗愿在洛邑营建了成周，所以周公去世后，成王就分派君陈为成周的管理者。此文题为：周公既殁，成王就命君陈由镐京分派到东都洛邑做最高的冢宰，文中以王的口气，谆谆教导君陈要勤勉啦、谦恭啦、不要辜负周公的期望啦等，反正成王的意思是，我把东都洛邑交给你了，管理不好辜负了你父亲的愿望，你就是不孝。

以此，又说明伯禽东迁，周公去世后，鲁山又从属周公的京畿之地——洛邑。鲁地又从属洛邑的畿内封。但是，这个周公已不是原来的周公姬旦，而是周公姬旦的二儿子君陈，君陈“分正东郊成周”也称“周公”，并且君陈之后，世代为周公。古鲁县已分封鲁国，但鲁地却从属成周京畿地，京畿之地有“方千里”之广，都是周公君陈所管理，在平王未东迁之前，周王室与同姓戚者很多都住镐京的京畿地。鲁山县志载“鲁为京畿之地”，不是镐京的京畿而是洛邑的京畿地。周公去世后鲁山即为京畿之地，然而具体的鲁地之事是由山东的鲁公管？还是洛邑的周公管？没有记录，本人认为，周公君陈的责任重大，主要工作为辅佐周王室，共和执政时不是周、召二公吗？再说鲁地之名并无改动，鲁地早已归属于鲁国，鲁地作为东京畿内的分封地，也是又一层具体管理，鲁国之鲁公继续管理是可能的，在这里，应该说鲁的京畿封地，又隶属于洛邑的君陈领导。因为，外封的公侯都有畿内封地，以便他们朝王时有自己的处所。

《左传·隐公六年》载：“郑伯如周，始朝桓王也，王不礼焉。周桓公言于王曰‘我周之东迁，晋、郑焉依。善郑以劝来者，犹惧不蔇，况不礼焉？郑不来矣！’”这里就清楚地说了一个故事，春秋初，郑庄公与周桓王闹矛盾，为了缓和紧张的君臣关系，郑庄公前去洛邑朝拜周王，而周桓王任性不理他，这时周桓公上前劝说桓王一番。从中我们可以明白三个人物的身份：一、周王为周桓王；二、周公为周桓公；三、隐公六年（前717）是指鲁国的鲁隐公。因为《左传》纪年是按鲁公纪年的，所以，周王是周武王之后代，周公是周公次子君陈之后，鲁隐公是东鲁的周公长子伯禽之后，各有各的名号，各有各的地盘，名号分得一清二楚，毫不含糊。此时鲁山之地则为鲁国的畿内之封地。

所以不管西周东周、春秋还是战国，鲁山之地始终都为周京畿地。也许还会有人说："周武王不是还把应国封在鲁山吗？"这仅是一个地界分辩的问题。不过，把应国封在平顶山的不是武王而是周公或者是成王。原因之一，当时武王在世也仅仅封了他的弟弟，还没有来得及分封他的儿子，他临终时才将王位传于长子诵，他的四子姬达应该在成王时，由周公与成王所封，再晚也不可能，因为应国古墓的挖掘说明第一代应公墓葬在康王时期。那么，应国迁来的时间应该在成王时期。

要说清的是应国的地盘有多大，在教科书《中国古代史》里说"应，在今河南鲁山东"，边界何处？并没有说明。是在鲁山的东部？还是鲁山边界以东？据今的地方县志里寻找，发现与应有关联的，有宝丰、郏县、襄县、叶县、鲁山，大约就是现在的平顶山地区。按周的"公侯田方百里"的说法，探寻应国西部边界何处，我认为，若东北在襄郏之地，西南无论如何也过不了鲁山的三岔口（历史上的楚国北方以方城山为边界），因为三岔口往南即进入楚国方城，往西仍为鲁山。历史上的古鲁县的县城"邱公城”，在三岔口的西北，约二三十里。三岔口离今天的县城二十里，而今日的县城在历史上是周时的一座古老的交通要道口，名为“绕角城”，是南北过往的一条必经之路，古道穿越许多地域边界后路经的一座边城。再者，绕角城的东边有一座独立突兀的秀山，名为露山峰，也有载为鲁山峰的。它是鲁山西部的大群山中，最东边的一座山峰。鲁山是个独立的小盆地。古人常以山水为界，所以，我个人认为，应国西南的边界会在三岔口以东，从三岔口向西才是古鲁最早的老地方。史料中虽然没有记载，从山势看，进山向南进入方城，向西进入瀼河流域，向东循序渐进入澎河流域。瀼河自然归属鲁山，而澎河则流入滍水与应河相汇，则归属于春秋时的古犨县。以山水为界来推测应、鲁的分界，只是我个人的思路，因为应国仅存世十四代，最多也就二百多年的历史，而鲁山却有历史数千年不止。我也仅仅认为鲁山上下几千年，代代有记载，只是西周春秋才与应国成为邻邦，而我在春秋的记载中见多处有“犨邑”的记载。所以，我认为应国的西南不是鲁地而是犨县，犨县之西邻才是古鲁县。应国西边滍水南岸的露山以西就不是应的土地了。

《左传·昭公元年》载：“楚公子围使公子黑肱、伯州犁城犨、栎、郏，郑人惧。”楚公子围即当时的楚令尹，也是后来的楚灵王，楚国占领方城之外后在郑国侵占应国的地盘（犨、栎、郏）上大肆筑城，郑国人非常害怕，因为这三个地方使方城外的路直通新郑，楚国就成了郑国的近邻，况且这三个地方原来都是郑国所侵占的兄弟国的地盘，犨邑为应国之地，方位就是今天的鲁山东南部的张官营前城一带。而郏、栎就是郏县与禹县的地方，不知当时属应或属周。

《左传·昭公十三年》又载："（楚平王）使枝如子躬聘于郑，且致犨、栎之田。"这里是说楚平王即位，和平外交，施惠于邻，派枝如子躬到郑国去归还郑国的犨、栎之田地，不管其还没还，这里说明了犨不是鲁的地盘，而是郑国侵占应国的地盘，与鲁没有关系。这是我个人的认识，不知是否靠谱，供家乡学者批评指正。

至于应的北部边界与东部边界则本人无考。我想若是鲁山的这些西周、春秋的历史弄清楚了，周公、鲁公与君陈的封地、身份弄明白了，应国与鲁国的关系也能看得见了，那么，老乡的《鲁山团城山鸡冢疑探》继续考下去，定会考出一道中华文化史上甘鲜味美的历史文化大餐。

楚鲁阳国考

——兼论西鲁与东鲁形成及高诱注“墨子鲁人”本意

张新河

墨子在战国时期与孔子并称显圣。这位伟大人物同河南鲁山县有着深厚的历史渊源。

鲁山县古称鲁阳。研究墨子离不开研究鲁阳。因为墨子思想、行为和鲁阳有着千丝万缕的直接联系。墨子“止楚攻宋”，墨子在鲁阳著经，墨子“止鲁阳文君攻郑”等重大历史活动，均和鲁阳有关。墨学研究必须从鲁阳入手，这是研究墨子的重要途径。笔者试通过“楚鲁阳国考”揭示高诱注“墨子鲁人”本意，为墨子里籍确定提供佐证。

《墨子·鲁问》载:“鲁阳文君将攻郑，子墨子闻而止之，谓阳文君曰:‘今使鲁四境之内，大都攻其小都，大家伐其小家，杀其人民，取其牛马狗豕、布帛米粟货财，则何若？’鲁阳文君曰:‘鲁四境之内，皆寡人之臣也。今大都攻其小都，大家伐其小家，夺之货财，则寡人必将厚罚之。’子墨子曰：‘夫天之兼有天下也，亦犹君之有四境之内也。今举兵将以攻郑，天诛其不至乎？’鲁阳文君曰：‘先生何止我攻郑也？我攻郑顺于天之志。郑人三世杀其父，天加诛焉，使三年不全，我将助天诛也。’子墨子曰：‘郑人三世杀其父，而天加诛焉，使三年不全，天诛足矣。今又举兵将以攻郑，曰“吾攻郑也，顺于天之志”。譬有人于此，其子强梁不材，故其父笞之。其邻家之父，举木而击之，曰：“吾击之也，顺于其父之志。”则岂不悖哉！’”

墨子同鲁阳文君的这段对话，显示鲁阳文君能够独立调动军队，并自主决定对其邻国攻伐，对管辖“鲁四境之内，皆寡人之臣”的“大都”“小都”“大家”“小家”有“厚罚”权力。鲁阳文君似是鲁阳国君。

多年来，我们通过对“鲁”的考证，弄清了“西鲁”与“东鲁”的形成过程，证明战国楚地确有鲁阳国建置，揭开高诱注“墨子鲁人”本意，得出墨子是楚鲁阳国人的结论。

一、关于“鲁”在夏商时期的记载

《左传·昭公二十九年》（前513）载：“……及有夏孔甲，扰于有帝。帝赐之乘龙，河、汉各二，各有雌雄，孔甲不能食，而未获豢龙氏。有陶唐氏既衰，其后有刘累，学扰龙于豢龙氏，以事孔甲，能饮食之。夏后嘉之，赐氏曰御龙，以更豕韦之后。龙一雌死，潜醢以食夏后。夏后飨之，既而使求之。惧而迁于鲁县，范氏其后也。”此载说明，春秋晚期，我国古典文献已有夏代“鲁县”记述。当然，此“鲁县”非现今“县”概念，它如《周礼·地官·小司徒》“九夫为井，四井为邑，四邑为丘，四丘为甸，四甸为县，四县为都”及《左传·庄公二十八年》“邑曰筑，都曰城”的“城”的概念。大概“鲁县”在夏代就是一个民众集聚区，并且，可能已有围绕城邑构造的防御性建筑。

鲁县居何地？汉班固撰，唐颜师古注《汉书》载：“鲁阳，有鲁山。古鲁县，御龙氏所迁。鲁山，滍水所出，东北至定陵入汝。又有昆水，东南至定陵入汝。”明正德《汝州志·卷之一》称：“鲁山县在州治正南一百三十里，夏后时刘累醢龙惧罪逃于鲁，此其故地也。春秋属郑，后为楚地。”明嘉靖三十一年（1552）《鲁山县志》称：“鲁山禹贡豫州之域，周鄙甸之鲁县。春秋初属郑，后为楚所侵。”清嘉庆元年（1796）《鲁山县志》记：“鲁阳于周初属王畿，春秋属郑、楚，战国属楚、魏。”曾任鲁阳太守的郦道元，在《水经注·滍水》中记述：“滍水又东，径鲁阳县故城南，城即刘累之故邑也。有鲁山县居其阳，故因名焉。王莽之鲁山也（其地当为邱公城，距县二十余里。）昔在于楚，文子守之，与韩遘战，有返景之诚。”上述文献记载说明，夏代时今河南省鲁山县已经称“鲁”。

《周书·殷祝解第六十六》记述商汤逐夏桀时称：“桀与其属五百人徙于鲁，鲁士民复奔汤（鲁亦地名）。”此鲁为夏末商初之鲁，指“鲁县”，后称“鲁阳”的今河南鲁山县。

清嘉庆《鲁山县志》引《河南通志》载：“《河南通志》：温泉在鲁山县，旧名皇泉。汤、商后尝浴其处。载《水经》。下泉如沸，中泉平温，上泉微温，俗呼为上、中、下汤。去县六十里，居民引为沐浴池，能愈疮痍宿疾。”这里记载的“汤、商后尝浴其处”的“旧名皇泉”正是位于今河南鲁山县西部的上、中、下汤温泉地区。《鲁山县志》引载，印证了商汤在鲁山地区活动的历史事实。

1943年，荆三林先生到鲁山考古。1986年，他在《试论殷商源流》中指出：“甲骨文中有‘鲁’字，如‘口口鲁黍年’（续5，6，10），‘帚姘鲁于黍年’（续4，25，2），很清楚鲁是殷商的邑。”“在周代金文中，有《应公鼎铭》……应在今河南鲁山境内，显然所指的鲁是今日的河南鲁山。”荆先生告诉我们，殷商时期，河南鲁山称“鲁邑”。

钱穆先生《古三苗疆域考》称：“《水经·汝水注》：汝出鲁阳县大盂山蒙柏谷西。《淮南子·地形训》：汝出猛山。焦循《孟子正义》谓：‘猛’与‘蒙柏’长短读。蒙谷即孟山，而‘孟’与‘盂’形近而讹，大盂山即猛山也。”又引“《竹书纪年》：后桀伐岷山”（“岷”即“岷”之误，方言读音为“蒙”）和“《楚辞·天问》作：桀伐蒙山”为证，说明《水经注·汝水注》应为“汝出鲁阳县大猛山蒙柏谷西”为是。笔者以为，“蒙”与“梦”通。蒙柏谷即指今汝阳县城周围的柏树河和云梦山之间地区。钱先生认定：“……相其地望，（汶山）大约在鲁阳境内，而汝水伊水皆出其阴。《禹贡》所谓岷山之阳至于衡山（在今鲁山县城西南。即方城、南召、鲁山三县交界处的雉衡山），正此自西北斜趋东南之一脉（今统称伏牛山脉）。入汉诸水出其阳，入汝诸水出其阴，而此则江汉河淮一分水岭也。上不在雍梁，下不至湘皖，当在今河南省境内，正周初周公召公鲁燕封地，所谓二南者是。注引：‘燕即郾，在郾县，召陵，鲁在鲁山，傅孟真先生大东小东说已言之，见《历史语言研究所集刊》第二本。’汶水既在鲁境，故鲁之东迁而有汶水，亦余主古地名随民族迁徙一旁例也。”据《汝阳县志》和笔者实地考察，古汶水，即今河南省汝阳县付店乡斜纹河。“斜纹河”为古“西汶河”讹称。它发源于现今同鲁山县交界的汝阳县付店乡石柱村南山中，此山古代称汶山。现属伏牛山系外方山。斜纹河北流经十八盘乡刘坑村，西入嵩县境与靳村河合流后同入汝河。它在汝阳县内长35公里。是汝河发源地之一。此正同钱穆先生考证相合。

钱穆先生引据告诉我们：“桀伐蒙山”即发生在故“鲁县”——今鲁山县境；周初周公初封的鲁国，就是以后的鲁阳故地。此后，鲁国东封，其地名也随之东迁。

二、楚鲁阳国建置

鲁国东迁后，原鲁国故地改称鲁阳。鲁阳东南部先属应国，后称唐。《唐书》称:“成王灭唐，以封弟叔虞，其后，更封刘累裔孙在鲁县者为唐侯，以奉尧嗣，其地唐州方城是也。鲁定公五年（前505），楚灭唐，子孙以国为氏，分仕晋、楚。”唐州方城在鲁阳东南部。其西北部大片鲁阳地区，似属曾姓“鲁阳侯曾贺”管辖。据《曾氏传家史》第二十七篇曾姓堂号“鲁阳”堂云:（曾姓）“巫五传至曾参，居鲁南武城”（今南召县云阳镇附近）。曾氏宗谱，曾姓鲁阳堂，按蔡东藩《中华全史演义》称，公元前770年，周平王东迁洛阳。“鄫人名丁二（沛恩弟抽丁从军），受移封时易鄫为曾，曾贺字丁二，封爵为鲁阳侯（河南鲁山）”，如是，武城当为鲁阳治所。

鲁阳是楚文王十二年（前678）属楚的。从我国古典文献记载证实，楚辖鲁阳后，楚发生的重大事件，多与鲁阳武城有关。

《左传·僖公六年》（前654）载:“冬，蔡穆侯将许僖公以见楚子于武城。许男面缚衔璧，大夫衰绖，士舆榇。”此是说，冬季，蔡穆侯带领许僖公到武城去见楚成王。许男两手反绑，嘴里衔着璧玉，大夫穿着孝服，士抬着棺材。这是鲁阳属楚24年后，发生在楚国武城的事。

《左传·成公十六年》（楚共王十六年，前575）载："十六年春，楚子自武城使公子成以汝阴之田求成于郑。郑叛晋，子驷从楚子盟于武城。"此指公元前575年春，楚共王在武城派公子成去郑，将汝水南岸的楚地奉送给郑国。郑成公叛晋亲楚，并派子驷与楚共王盟于武城。史称《武城之盟》。由此引发晋、楚鄢陵之战。

《左传·襄公九年》（楚共王二十七年，前564），秦景公乞师于楚，将以伐晋。"是年秋，共王率师驻于武城，以为秦援。"此为《武城之役》记载。

《左传·哀公四年》（楚昭王二十五年，前491）载："夏，楚人既克夷虎，乃谋北方。左司马眅、申公寿余、叶公诸梁致蔡于负函，致方城之外于缯关，曰：'吴将泝江入郢，将奔命焉。'为一昔之期，袭梁及霍。"梁、霍在鲁阳北鄙，今属河南省汝州市。楚郑《武城之盟》，楚将此地奉送给郑国。此后，地重归楚。

《左传·哀公十七年》（楚惠王十一年，前478）载："王卜之，武城尹吉。使帅师取陈麦。陈人御之，败。遂围陈。秋七月己卯，楚公孙朝帅师灭陈。"公孙朝是令尹子西子，公孙宁（字子国）之弟，时任武城尹。

楚在武城的频繁活动说明，武城时为楚国北方军事重镇。

鲁阳公是楚国县公，楚平王之孙，司马子期之子，《国语》所谓鲁阳文子。楚僭号称王，其守县大夫皆称公，故曰鲁阳公。后封为鲁阳文君。《国语·楚语下》“惠王以梁与鲁阳文子，文子辞曰：‘梁险而在北境，惧子孙之有贰者也。夫事君无憾，憾则惧逼，逼则惧贰。夫盈而不逼，憾而不贰者，臣能自寿也，不知其他。纵臣而得以其首领以没，惧子孙之以梁之险而乏臣之祀也。’王曰：‘子之仁，不忘子孙，施及楚国，敢不从子？’与之鲁阳”。这是楚惠王公元前 477 年首封“析君子国（公孙宁）”后，于前 476 年，再封公孙宽——鲁阳文子（鲁阳公）为鲁阳文君管辖鲁阳国的记载。

南宋·罗泌撰《路史·国名纪》载：“鲁，御龙邑，鲁阳国。夏，鲁（阳）县，亦号唐侯，汉属南阳，今汝之鲁山。”此是鲁阳曾称“鲁”，而后又称“鲁阳国”的史证之一。

鲁山称鲁阳国，应在楚惠王十三年（前 476）封公孙宽为鲁阳文君起，到楚肃王十年（前 371）“魏取我鲁阳”止。时长 105 年左右。

公元前 678 年，鲁阳属楚后为鲁阳邑。其后，为鲁阳公公孙宽管辖。楚惠王十年（前 479）“白公之乱”结束，身兼楚令尹和司马两职的叶公沈诸梁告老休养于叶。原令尹子西子公孙宁，嗣楚令尹，原司马子期子公孙宽，嗣楚司马。此后，楚惠王首开楚国封君之先河，首封（子国）公孙宁为析国君，管辖析国，再封公孙宽为鲁阳文君，管辖鲁阳国。我国伟大的思想家、实践家墨子（前 480—前 389），就是这个时期在鲁阳国同鲁阳文君多次对话并著经立说；同鬼谷子一起“采药修道”；从鲁阳出发“止楚攻宋”“止齐攻鲁”和“止鲁阳文君攻郑”的。

楚国封君享有封君爵禄。鲁阳文君辞世后，鲁阳公骐期是接替鲁阳文君管辖鲁阳国的后代。骐期并非封君，但按楚国记载的封君制度，却享有原鲁阳文君作为封君时的“封君爵禄”。骐期是后来制造“吴起事件”的主要人物之一。

据《渚宫旧事》载：“悼王时魏吴起来奔，以为令尹。起言于王曰：‘大臣太重，封君太众。若此，则上逼主而下虐，人贫困弱兵之道。不如使封君子孙三代，而收其爵禄，减百吏之秩，损不急之役，杜私门之财，以奉选练之士。’王从之。遂南平百越，北却三晋，西伐强秦，诸侯畏楚。及悼王薨，鲁阳公骐期及阳城君杀王母阙姬而攻起。起呼曰：‘吾示子，吾用兵也！’拔矢而走，伏王尸，插矢疾言曰：‘群臣乱，吴起死，楚国之法丽兵于王尸者，加重罪！’及肃王立，于是，诛灭中王尸者七十余人家。”这是鲁阳公骐期参与“吴起事件”，同阳城君一起，杀王母阙姬而攻击吴起的记载。《吕氏春秋·离俗览·上德》载：“墨者巨子孟胜，善荆之阳城君。阳城君令守于国，毁璜以为符。约曰：‘符合听之。’荆王薨，群臣攻吴起兵于丧所，阳城君与焉。荆罪之，阳城君走；荆收其国。孟胜曰：‘受人之国与之有符；今不见符而力不能禁，不能死，不可。’”

《渚宫旧事》与《吕氏春秋》记述为同一事。从“阳城君令守于国”“荆收其国”“受人之国”等记述可知，阳城君管辖的是阳城国。同样，曾为楚国封君的鲁阳文君所管辖的鲁阳应是鲁阳国。上述《路史·国名纪》亦有“鲁阳国”记载。在《墨子·鲁问》篇中，鲁阳文君与墨子对话的口气，同鲁阳国君的地位又极其吻合。所以，我们可以肯定地说，楚鲁阳国建置确实存在，鲁阳文君是鲁阳国的国君。

至于鲁阳国地域范围，可从鲁阳文君所讲“鲁四境之内”的“四境”去考证。鲁阳东境有叶、应、犨故地；南有容城、武城故地；西有陆浑国故地；北有周之南鄙的梁、霍故地。

鲁阳东邻是叶邑。据《叶县志》载：“春秋叶邑属楚。”公元前576年始称“叶邑”。公元前524年，楚以叶邑封沈诸梁。《水经注·汝水注》云：“楚惠王以封诸梁子高，号曰叶公，城即子高之故邑也。”叶公平“白公之乱”后次年（前478）而老于叶（退休养老于叶邑）。叶公在世时与鲁阳公共同镇守楚北部边陲。叶公老后，楚惠王再次扩大鲁阳公职权，封鲁阳公为鲁阳文君，鲁阳邑成为鲁阳国。鲁阳文君统辖着包括叶邑（今叶县）部分地域以及犨（今鲁山县张官营附近）、应（今平顶山市地、宝丰县地）等故地部分地域。

鲁阳南部为周代申、缯国地。公元前688年，楚文王灭申，春秋属楚。缯国迁徙后，楚曾设阳城邑，后封阳城国（今方城县地）。公元前506年，楚令许国自析地（亦称白羽，今西峡县）徙居容城（今鲁山县东南）。至前504年，郑国乘楚败，攻许国，掳许君姜斯，许国亡。后，地又属楚。楚曾在楚长城南侧鲁阳关附近的武城（今南召县云阳镇）建有楚王行宫（现存遗址）。楚共王十六年（前575）“武城之盟”，楚共王二十七年（前564）“武城之役”，楚惠王十一年（前478）武城尹公孙朝帅师取陈麦、灭陈等重大事件，均始于此。后，此地归鲁阳国鲁阳文君所统辖。

鲁阳西部曾有秦、晋从西北（今甘肃敦煌）迁陆浑戎允姓于此。始名陆浑（今嵩县地，部分属今汝阳县地）。周景王十九年（前526）楚子使然丹诱杀蛮子嘉，遂取蛮氏。楚昭王二十五年（前491）楚灭蛮氏戎，其地归楚，楚设陆浑国。其国东部由楚封鲁阳国的鲁阳文君统辖。

鲁阳北部是梁邑。《汝州市志》载：“临汝县，周为王畿之地，春秋时为戎蛮子国，鲁哀公四年（前491）被楚灭后，为楚梁邑（部分属今汝阳县）。”《水经注·汝水注》云：“哀公四年，楚侵梁及霍。服虔曰：‘梁、霍周南鄙也。’”梁邑邻周，为楚国北部边陲，曾属鲁阳文君统辖。

上述鲁阳周围地域或更深远的地方，大概就是鲁阳文君所统辖的“鲁四境之内，皆寡人之臣”的“大都”“小都”“大家”“小家”。由此推算，鲁阳国管辖的地域（含大面积山区），大约在四千平方公里以上。这在“百里为王”的战国时期，实属罕见。

三、“西鲁”与“东鲁”的形成及高诱注“墨子鲁人”的本意

多年来，围绕墨子里籍研究，“西鲁”和“东鲁”的争论热烈。若弄清“西鲁”和“东鲁”及鲁阳国形成过程，对墨子里籍确认，应有重要启示。

据上述，我国历史上的鲁国当有二：一是夏、商至周成王践奄前已有的鲁，即今河南鲁山县一带地区，称西鲁。二是周成王践奄后至战国的鲁国，即今山东曲阜一带地区，称东鲁。

据南宋罗泌《路史·国名纪》载：“鲁，汝之鲁山县非兖地”，并称这个“鲁国”是“一十四国黄帝后结（姞）姓”国之一。

《水经注·汝水注》称：“汝水又东，得鲁公水口。水上承阳人城东鲁公陂。城，古梁之阳人聚也，秦灭东周徙其君于此。”此鲁公陂是指今河南鲁山县西北阿乌婆寨山及北邻汝州天子坟寺——周赧王坟遗址西北的炉沟山地一带。因“鲁公”后人演称为“炉沟”，故鲁公水口演称“炉沟口”。此地是周公旦初封鲁国的地名佐证。因鲁山县夏、商均称鲁，故周沿袭鲁地名，于周武王伐殷纣后，初封弟周公旦于鲁，称鲁公。司马迁《史记·管蔡世家》称：“武王已克殷纣，平天下……封叔旦于鲁而相周。”既“封叔旦于

鲁而相周”，此鲁距周庭当不远，如过远，在交通、信息极不便的条件下，很难实现“相周”的目的。

《吕氏春秋·当务》称“周公旦封于鲁”，汉高诱注云“周公旦文王之子武王之弟也。武王崩，成王幼少，代摄政七年致太平，成王封之于鲁也”。《史记·鲁周公世家》称：“封周公旦于少昊之虚曲阜，是为鲁公。周公不就封，留佐武王。”“而使其子伯禽代就封于鲁。”《史记》记述，说明周武王确实封其弟周公为鲁公的历史事实，但并未说明周武王为什么封其弟周公为鲁公，这时的曲阜一带尚未称鲁国，仍称奄，然何封为鲁公？（东）鲁国的称谓是武王子成王“践奄”后，成王封建，而非武王直接封建。上述史迁之语似有不确，理当存疑。《史记·管蔡世家》载：“蔡叔度既迁而死。其子曰胡，胡乃改行，率德驯善。周公闻之，而举胡以为鲁卿士，鲁国治。于是周公言于成王，复封胡公于蔡，以奉蔡叔之祀，是为蔡仲。”唐司马贞索隐：“伯禽居鲁乃是七年致政之后，此言乃说居摄政之初，未知史迁何凭而有斯言也。”其实，司马贞索隐注疑，正说明周公子伯禽曾先期代周公封在西鲁鲁国的历史事实。“而举胡以为鲁卿士，鲁国治”，此当发生西鲁鲁国。故，此载史迁所言，并非无据，据在西鲁。

陕西师范大学王晖教授在《古文字与商周史新证》一文中认为，鲁国初封地在“河南汝水上游至鲁山一带”即在成周之南，正指此地区。此时，山东曲阜一带尚称奄。

故，武王“封叔旦于鲁而相周”的“鲁国”，应为“西鲁”鲁国，即后称鲁阳的今河南鲁山县。

荆三林先生在河南鲁山考古43年后，方断言：“周公初封地不是今日山东的曲阜，而是河南鲁山。”“鲁国因鲁山得名，鲁山在今县治东三十里，夏为夏邑，又称鲁阳，西周为鲁的初封地。”

中国历史学家李亚农在其著述《西周与东周》中指出：“周初最有力量的两大人物周公和召公，本来也是封在这一带的。在周公东征，成王践奄之后，才改封周公之子伯禽于鲁，召公之后于燕。”

台湾学者柏杨亦称鲁国建都，“原都鲁山，后迁曲阜”。鲁国在河南鲁山时，其疆域在河南中部。成王践奄后，鲁国东迁，徙山东曲阜后，鲁国疆域在山东西部。

《史记集解》引徐广曰：“《封禅书》曰：‘武王克殷二年，天下未宁而崩。’皇甫谧曰：‘武王定位元年岁在乙酉，六年庚寅崩。’”又载：“成王少，周初定天下，周公恐诸侯畔周，公乃摄行政当国。……周公行政七年，成王长，周公反政成王，北面就群臣之位。”成王践奄当在“周公反政成王”后。从“周武王克殷”后，到“周成王践奄”“俾侯于东”前，就是周封“西鲁”的立国时间。其时长15年左右。

根据2000年11月9日和2003年7月9日我国夏商周断代工程研究结项成果两次公布，“……周为公元前1046年—公元前771年”，“周武王伐纣为公元前1046年1月20

日”推断，周封西鲁鲁国，当在前 1046 年至前 1031 年间。

在《诗经·鲁颂·閟宫》中，也有成王封伯禽为鲁侯的记述。成王对周公说:“叔父，建尔元子，俾侯于鲁。大启尔宇，为周室辅。”这是成王“践奄”后，再封伯禽为“东鲁”鲁侯的记载。又曰“乃命鲁公，俾侯于东”这是改封伯禽为“东鲁”鲁公的记载。《史记·鲁周公世家》也有相应记载:“周公卒，子伯禽固已前受封，是为鲁公。”有人在注释《诗经》时，把“俾侯于东”的“东”注释为“在西周都城之东”。注释虽在方向上无大错，实为误解。如果明白上述历史经过，应注释为“在‘西鲁’鲁阳之东”为确。误解在于掩盖了周公初封于“西鲁”这段不长时间的历史事实。正如钱穆先生所论“然地名亦非一成不变，往往其地人事之变剧者，其地名之变亦剧，其地人事之变缓者，其地名之变亦缓。故人文开发较早之地域，以人事之繁变，而地名亦繁变，新名掩其故名，久则故名渐致遗失，而后人惟知有新名。其人文开发较迟者，以人事久滞无变，而地名遂得历久而反著。此例又不胜列举。中国古史传说，如黄帝登空同，舜葬苍梧，禹会会稽，此等地名，其实皆在大河两岸华夏人文开发较早之中原区域。因中原人事多变，新名继起而掩故名，而边鄙四裔，因于中原文化传播，而地名亦有移植”。据笔者考证，河南鲁山一带有尧山，有鲁山，有汶水……而山东曲阜一带也有尧山、鲁山、汶水……山东有泰山，河南鲁山西有西泰山。这些相距千余里的两地，山水地名，连字竟也如此相同的怪事，当非偶然。就连河南鲁山人的勇敢、率直、忠厚、朴实的性格，也与山东人类同。这不难理解为同根之缘。也正是由于西鲁鲁国“开发较早”“人事繁变”的历史原因，西鲁才被长期尘封而被“有关专家”“忽略”，唯知有新名曲阜鲁国，而不知有故名西鲁的鲁国之根。致使一些所谓史籍或工具书，把本该解释为西鲁鲁国的，却误解为“鲁国，山东曲阜”，使其迷雾不解，长期争论不休。

《墨子·鲁问》篇，早有“西鲁”“东鲁”同称“鲁”的蕴涵。其文中，大量篇幅是墨子和鲁阳文君的对话，《鲁问》其实就是《鲁阳问》。而《墨子》一书的编者，把墨子与东鲁鲁国鲁君与楚鲁阳国鲁阳文君的多次对话及墨子在两地的有关活动记述，编排在同一篇《鲁问》（1·2）中，说明东鲁鲁国与楚封鲁阳国，曾一度在西周时同称鲁国的历史事实。而且，“西鲁”与“东鲁”的概念在当时极于区分。后楚封鲁阳国因地处楚方城之外的楚国北部边陲，所以才有《墨子》中“公输子自鲁南游楚”和“墨子自鲁南游楚焉”的记述。这原本极易理解，并无疑义，但对不明白这段历史的人，却成墨子里籍“东鲁说”热议话题的“左证”，使简单问题复杂化。

唐朝诗人李白曾寓家安陆（今湖北钟祥一带）、任城（今山东济宁），他游历了祖国许多地方。对西鲁和东鲁有着清晰的历史记忆。在《李白诗选》中，涉及不少东鲁和西鲁的史实。在他的《五月东鲁行答汶上翁》《东鲁门泛舟

（二首）》《寄东鲁二稚子》等诗中，都有东鲁的称谓。有东鲁之谓，必有西鲁之对。李白对西鲁非常熟悉。他在《豫章行》中写道“胡风吹代马，北拥鲁阳关”。此句涉及西鲁军事重镇——鲁阳关。在《日出入行》中道：“鲁阳何德，驻景挥戈？”此句又涉及曾为西鲁鲁国以后的楚国鲁阳的鲁阳公。李白的这些诗句说明，即使在唐朝时期，西鲁和东鲁的称谓还仍然明确存在。

汉高诱为《吕氏春秋·慎大览》篇作注云：“墨子名翟，鲁人也，著书七十篇。”高诱“墨子鲁人”的注释，引发了“墨子西鲁人”和“墨子东鲁人”的争论。其实，如果弄清高诱“墨子鲁人”的本意，墨子里籍问题可能就会迎刃而解而无须争议。

清代学者毕沅（1730—1797）乾隆五十九年（1794）任过山东巡抚。他在《墨子叙》中称：“高诱注《吕氏春秋》以为鲁人，则是楚鲁阳，汉南阳县，在鲁山之阳。本书多有鲁阳文君问答，又亟称楚四竟，非鲁卫之鲁，不可不察也。”

清代学者武亿（1745—1799）乾隆四十五年（1780）任过山东省博山县知县。他在《授堂诗钞·跋墨子》中称：“惟《吕氏春秋·慎大览》高诱注：‘墨子名翟，鲁人也。’鲁，即鲁阳，春秋时属楚。古人于地名两字，或单举一字，是其例也。”

毕沅和武亿两人都在山东做过官，也都称墨子为楚鲁阳人，并不称墨子为鲁国人。

那么，高诱为什么不称墨子“鲁国人”而称“鲁人”呢？笔者认为，除毕沅、武亿说举要外，当另有其因。那就是东鲁鲁国虽称国较晚，但在我国后来历史上影响较著的直接原因。如果称墨子当时为鲁国人，很大程度上是指今山东曲阜地区。但高诱明白，墨子本不是东鲁鲁国人，所以他不称墨子是鲁国人。那么为什么不称是“鲁阳”或“鲁阳国”人呢？这是因为，楚国占领鲁阳和称鲁阳国的时间相对较短，而且，鲁阳和鲁阳国的称谓，更反映不出西鲁鲁国远在夏、商时期已经称鲁的历史内涵。同样道理，这也同墨子不称是楚国人一样。高诱是东汉学贯天人的史学家，对先秦史把握当比后人详尽。其语法严谨，用词准确，无须质疑。他注“墨子鲁人也”的原本意义，实指墨子是夏、商时期已经称鲁，周初先称鲁国，“俾侯于东”后称鲁阳，楚曾称鲁阳国的“鲁人”，并非“俾侯于东”的“东鲁”鲁国人。然而，历史经过一千八百年后，墨子研究的大师孙诒让连自己也跳入“墨子鲁人也”的雾圈，释放着“毕武说殊谬”、墨子“后客鲁阳”的迷雾，搅混着已经东汉高诱，清毕沅、武亿定论的“墨子鲁人也”的真实含义。

1982 年，现代专家学者、山东省社会科学院院长刘蔚华，在《中州学刊》发表《墨子是河南鲁山人——兼论东鲁与西鲁的关系》一文，道破“墨子鲁人也”真谛。文章从多方面论证，否定孙诒让“毕武说殊谬”的观点，得出“墨子不是鲁国人，而是鲁阳人，即今河南鲁山人”的结论。刘蔚华率先破解孙诒让在墨子里籍上的迷雾，为世人指点迷津。

1989 年 12 月 11 日，刘蔚华在写给河南省鲁山县地方志办公室干部郭成智的回信中称：“我曾在曲阜一带寻觅过墨子鲁人的遗迹，一无所获，连后人追忆的遗存也没发现，地方志也没有这方面的记载。”刘蔚华院长的上述结论和信件，不仅实事求是地说明“墨子不是鲁国人”的史实，而且客观充分地肯定了高诱注“墨子鲁人”的本意。

其后，我国现代专家学者萧鲁阳、徐希燕、高秀昌、杨晓宇、潘民中及陈金展、郭成智、郑建丕、张怀发、李玉凯、肖华锟、朱绪龙等地名、方志、文化工作者和一大批仁人志士，深入实地考察并分别著述论说，从不同侧面诠释“墨子鲁人”的本意是鲁阳人，而非山东曲阜“鲁国”人，方使“孙说”雾解，还原了历史的本来面目。

通过上述对河南鲁山地区，由夏、商时鲁县演化为周初鲁国，再演化为春秋鲁阳邑，又演化为战国楚鲁阳国的历史变迁脉络的论证，可以得出：一是楚鲁阳国两代首领鲁阳文君公孙宽及鲁阳公骐期统辖鲁阳国约 105 年，其管辖地域约四千平方公里以上；二是西鲁鲁国的真实存在是东鲁鲁国迁徙之根的结论。从而，大家更加理性地正确理解高诱注“墨子鲁人也”，实指墨子是“楚鲁阳国人”的原本含义。

南屈考

黄崇浩

鲁山古有地名叫南屈。拙著《屈子阳秋》之卷二《屈原故里》有“南屈地望与州屈”一节，其文始即引录《竹书纪年》之文，曰:“(周）隐王七年，翟章救郑，次于南屈。”

魏将翟章，此次“救郑”，实为“救韩”，救韩亦即救韩国之宜阳。当时秦国派左丞相甘茂、庶长封东伐韩国宜阳（在今宜阳西之韩城)。韩求救于魏，魏使翟章来救，于是止步于南屈。秦之起兵伐宜阳，志在必得。故翟章未必愿意真正与秦兵会战，不过是虚与周旋，故此南屈必与宜阳接近，在其东或东南。而其明年，秦军果然攻克宜阳，斩首六万。

由此可知，南屈乃当时实有地名，虽属韩境，却邻于楚北。于是今日鲁山与宜阳之空间距离，乃是一实际问题。作者在《屈子阳秋》中推测两地相距不过二百余里。今年端午节期间，老夫乃提前到会，目的在于利用一天上午的时间，驱车前往宜阳，实地查看其间具体情况、山川险阻、距离远近，最终得知，两地相距 160 公里左右。丘陵地带，其间有一山岭横亘，须凿隧道方得通过，又知宜阳在宜水之北，正符合古人所谓“山南水北为阳”的说法，这些都是翟章救郑必须解决的问题。既然相救，必然先越过近三百里的距离，又得越过一横亘其间的山冈，最后又得渡过宜水，才得到达与宜阳的秦军对战的战场。稍有常识的读者便可明白，翟章这一“救韩”之战不好打，更难取胜，于是止步不进，实为明智之举。

老夫此行，虽然搞清楚了翟章“次于南屈”的实际原因，却也告诉我们，此“南屈”实即现今之鲁山犨城，亦即《左传·昭公二十五年》之“州屈”。

虽然，当年翟章止步于“南屈”，未能进军抵达宜阳前线，而从此可知南屈乃当时之实有地名，地望就在今天之鲁山。

由此，我们就产生了一个建议：为了建设今日之屈原文化，不妨将“张官营镇”的地名改为“南屈”，其利有四。其一，百姓见南屈就知道它与屈原故里，亦即屈姓始封地的天然联系；其二，犨地字属偏僻，识者不多，南屈字简，人皆能识，利于文化传播；其三，此次改动，只涉及乡镇一级，牵涉面有限，而获利又多；其四，不提“张官营镇”，只提“南屈”，又要省去多少事务。

河南平顶山市鲁山县是屈原故里

黄崇浩

1998年，笔者在深圳大学举办的中国楚辞研究会年会暨国际学术讨论会上提出“屈原生于南阳说”，后又于宁波大学举办的学术讨论会上再度发表“‘屈原生于南阳说’新证”，力图张大“屈原生于南阳说”，惜乎应者寥寥。然而，到了2010年至2011年之交，因为南阳市西峡县成立了屈原文化研究会的缘故，“屈原生于南阳说”才终于又被一部分人士重新捡拾起来加热，并于2013年8月在南阳西峡县正式举办了中国屈原学会第十五届年会暨楚辞学国际学术研讨会。对此，笔者非常关注，既为自己的选题终能引起同道及社会的兴趣而兴奋，又为此次会议未能产生具有多少实质性的成果而惋惜。

在西峡会议前后，一批学者及专家力图将笔者所持“屈原生于南阳说”直接坐实为屈原生于西峡。虽说没有谁这么直接说，但的确有人撰文“屈原生于河南西峡说初探”，这就太过简单太过直接了，也是有违笔者原意的。坦率地说，笔者在提出“屈原生于南阳说”之初，并没有能确指屈原生于南阳何地何处，这也是笔者今日深感遗憾的。然而，亡羊补牢，犹未为晚。这也就是笔者此次撰文的根本原因。近年来，笔者浏览网上信息，终于得见以下一条珍贵信息。这就是“平顶山市政协副主席潘民中深入鲁山县张官营镇，调研文化遗址和文物保护工作”。鉴于信息之珍贵，特将原文照录如下：

> 2012 年 9 月 25 日上午，平顶山市政协副主席潘民中深入鲁山县张官营镇，调研文化遗址和文物保护工作。潘民中在县、镇有关部门负责同志的陪同下查看了犨城遗址的保护情况，走访了遗址保护区内前城、后城、紫金城等村部分村民和镇文化中心。
>
> 张官营镇辖区内有刘邦攻秦关键一仗犨东之战的古战场和犨城遗址。春秋以前为犨国都城，春秋战国为楚国犨邑，秦至隋 800 年间为区域政治中心犨县县治。汉魏犨城屈原庙，是见于正史记载的第一座供奉屈原的祠庙。这里文化遗址范围广，地上地下文物存量丰富，文化资源特色显著品位高贵。

潘民中建议，镇村两级要高度重视文化遗址和文化资源保护工作，增强保护意识，健全保护标志，切实加强遗址和文物保护，防止文化资源流失，为在中心镇和新型农村社区建设中传承创新优秀地方特色文化提供强有力支撑。

这条信息内涵丰富，至少给读者提供了以下几方面的要素：一是这里是重要历史文化遗址，历经上千年而未发生根本性变更。二是这里曾是战国楚邑，保存有供奉屈原的祠庙。由此可以引发我们作为后世学者的很多联想。比如，这里曾是屈氏始封封邑，亦即屈原故乡，亦即屈原诞生地。三是这里地上地下文物存量丰富，其中应该包含有关屈氏家族史以及屈原成长史的文化遗存。四是这里的“屈”，应即古史《竹书纪年》所曾提及之“南屈”。如此种种不一而足。

屈原祠庙，现存可以看到的记载，当以《后汉书·延笃传》为最早：

延笃，南阳犨人也。……后遭党事禁锢，永康元年卒于家。乡里图其形于屈原之庙。

拙著《屈子阳秋·卷二·屈原故里》释为“汉时属南阳郡。今南阳鲁山县东南五十五里有其故城（《大清一统志》），《左传·昭公元年》有犨，楚公子围（后为灵王）使公子黑肱与伯州犁城之，其城逼于郑，故郑人惧”。此地正在滍水上游及以南地区，辖境颇广，汉时南包博望乡，而博望距南阳郡治不足百里矣。

不论屈原庙在犨县何乡，犨属南阳郡，境逼郡治乃是事实。

按之《汉书·地理志》，南阳郡三十六县，中有犨县。后世历朝沿袭之。至于近现代，则大有变更，鲁山县今已划入平顶山市。

综上所述，作为“屈原生于南阳说”的首倡者，笔者试图提出以下结论性意见：

> 《后汉书·延笃传》的传文告诉我们：屈原故里，准确地说是在今日之平顶山市之鲁山县，不在南阳西峡县，更不在湖北秭归县、荆州市，当然更不在湖南的任何地方。

“鲁山”究竟指何山

石随欣

鲁山县原称鲁县，后曾置鲁州、鲁阳，自唐贞观元年（627）复改为鲁山县，近一千四百年，几无他谓。鲁县、鲁州得名已难以考证，鲁阳、鲁山之得名，缘于境内之名山——鲁山，则是确凿无疑的。今天，在全县近二百座主要山峰中，人们已找不到“鲁山”这个名字了。那么，“鲁山”究竟指的是哪座山呢？

人们传统认为，“鲁山”是指县东的露山，即露峰山、鲁山坡。明嘉靖《鲁山县志·山》记载：“鲁山，在县之东一十八里。平原突起山峰，为一邑之镇，故县以名。俗呼露山，盖声相近之误也。”《明史·地理志》成书于清康熙年间，其云：“汝州鲁山，州西南。东有鲁山，西有尧山，滍水所出。”清代康熙、乾隆两部县志均沿袭《嘉靖志》的说法。数部典籍言之确凿，似乎“鲁山”即指露山是不争之事实。然而，诸多证据却表明，“鲁山”绝非露山之专指。

鲁山，指的是尧山。《汉书·地理志·鲁阳》注：“有鲁山。古鲁县，御龙氏所迁。鲁山，滍水所出，东北至定陵入汝。”滍水，即沙河，发源于县西尧山之鲁山与嵩县交界分水岭，逶迤前行，经露山南奔流东去。由此可知，鲁山是沙河的源头，即尧山。《元和郡县志》《水经注》《读史方舆纪要》等典籍，则又言滍水出于大陌山、尧山、莫大岭。其实，“鲁山”和这些不同地名所指却是同一个地方，即今天的尧山，是一地多名。

鲁山，也指今天昭平湖以北的山脉。古鲁阳镇、鲁阳县治所在今昭平台水库之邱公城遗址。“鲁阳”的得来在于其位于“鲁山”之阳。《水经注》:“滍水又东，径鲁阳县故城南。城即刘累之故邑也。有鲁山，县居其阳，故因名焉。”《水经注》是公元6世纪前中国最全面而系统的综合性地理著作。其作者郦道元在“景明（北魏宣武帝年号，500—504）中，试守鲁阳郡”，作为一郡之守，他对鲁山山川情况应该了解得更加透彻，其说法当然更具可信度。由此我们可知，“鲁山”应在今昭平台水库以北。

即使是均称“鲁山”在“县东北”，唐代、清代两部著作记述也有较大差异。李吉甫在《元和郡县志》中称：“鲁山，在县东北十里。”清代顾祖禹则在《读史方舆纪要》中说:“鲁山，在县东北十八里，县以此名。”自唐至清，鲁山县治所并未曾有过较大迁移，若非笔误，则可知李所言“鲁山”又另有所指。

同为“鲁山”，却有多种说法。针对这些相互矛盾的记载，曾受聘总纂清嘉庆《鲁山县志》的武亿有过精辟的论述。

武亿，偃师人，乾隆庚子（1780）科进士，曾任山东博山县知县。治经史，精于考订金石文字，在当时河南史学界享有盛誉。他指出:“有鲁山，谓在今县治之西，迤折而北，皆得是名也。……盖即今县治东鲁山是也。鲁山自极西而北，而东，亦犹太行之有八吭（陉），其实一太行也。后人随地殊称，溷（混）莫辨，但依县治之东为鲁山专名，此其疏矣。……今者为方志者并依之，盖得其一而未悉也。”

古鲁阳旧治距露山四十余里。在邱公城遗址附近，主峰海拔高度在500米以上的山峰也不在少数，而露山海拔高度仅349米。尽管它处在县东，平原突起山峰，“孤高耸拔，为一邑之镇”，然而鲁山县山川秀美，奇峰罗列，露山与尧山（亦即鲁山、没大岭、大陌山、天息山）等诸峰相比，因以名县，显得低了些。武亿指出，二者差别“何异培塿（小土丘）之于泰山！”并认为县之得名缘于县西之鲁山，亦即尧山。

宋诗开山鼻祖梅尧臣《鲁山山行》诗:“适与野情惬，千山高复低。好峰随处改，幽径独行迷。霜落熊升树，林空鹿饮溪。人家在何许？云外一声鸡。”一些学者在注释“鲁山”时说:“鲁山，即露山。”在鲁山县。这应该是沿用现今通行的一种说法，然而却无法回避诗中所描绘的“千山高复低”“好峰随处改”“云外一声鸡”等景观与露山不符这样一种尴尬和矛盾。与此相比，一些学者则采取了模糊处理法，仅注为“鲁山，在今河南鲁山县”是较为谨慎、可取的。依笔者拙见，梅诗中的“鲁山”，亦非专指露山，乃是鲁山县秀美山川的泛称。

综上所述，“鲁山”并非一地之专指，只是明清以后，鲁山才成了露山的专称。历史上，鲁山指的是鲁山县境内以尧山主峰玉皇顶（海拔 2153 米）为主要山峰，由西而北、而东的半环形山脉，即尧山山脉之总称。唯其如此，鲁山历史上的两个尧山之争的难题，也就迎刃而解了。

第二辑　遗迹觅踪

夏商时期的皇家温泉在鲁山

袁占才

鲁山温泉，沸如热浪喧腾，喷珠溅玉；温似煦暖三春，香润宜人。其神奇之处，一在地表出露，一线牵行；一在功效神奇，可疗万疾；一在文化厚重，传说良多。

五大温泉　一线牵行

鲁山之美，在于山水。山，有无数的山，水，不单是滍水，还有温泉。泉之有温，那是水之血液。那水，虽然是泉溪所幻，却分明自西往东，九曲潜流，于沙河两岸，地心深处，斗折蛇行，一线牵走。每隔 15 里许，或从土缝里浸出，或从石裂中探身，悄无声息地，就汪起莹莹一瓢泉、汩汩一脉溪，腾腾冒着一团热气，触之烫手。这泉口水体，天然出露于地表，先后共探出 5 处，分别为赵村镇的上汤、中汤、温汤，下汤镇的下汤，瀼河乡的碱场。泉温递减，上汤63℃，中下汤61℃，温汤49℃，碱场37℃。每泉群出水点，少则十余眼，多则百眼。

其分布特点，具有条带性和集群性。

所谓的温泉，宽泛讲，自溢地面，水温只要高于20℃，即可称之。而地处北暖温带的鲁山，年平均气温14.7℃。这泉温，竟高于平均气温数倍，该叫热泉的好。

鲁山温泉怎么形成？古人只惊诧它“神奇”，但到底神在何方，奇在何处，语焉不详。

1994年版《鲁山县志》，这样解释：2.7亿年至2.2亿年的印支运动，结束了海浸，地质构造抬升，鲁山形成陆地。1.8亿年至0.7亿年的燕山运动，奠定了地貌格架，形成了尧山区的中高山地形。自嵩县车村至鲁山下汤，出现50公里长的地壳深大断裂，形成沙河。沿断裂线岩石，被强烈挤压而破碎，出现4—6公里构造破碎带，深处在37公里以上。沿断裂线有上汤、中汤、下汤、温汤和碱场温泉上升。

鲁山温泉，当属断裂裂隙型温泉。

我们可以想象，这条深断裂带两侧，定然有无数小断层和裂隙。地下深层岩浆，无限热能，沿着断裂带间裂隙，向上辐射，将渗入地下、储于裂隙中的雨水循环加热，最后，从地层薄弱地方出露地表。

那地壳深部循环水，汇聚了多少平方公里，才找到这么几个出口。是被迫挤压涌出也好，是心情急切冲破也罢，终见天日。

它日夜不竭，旱涝不枯。

说到底，这水由大气降水补给。八百里伏牛山，山山相连，瀑流飞溅。鲁山西部山区，是河南暴雨中心，年降雨量在千毫米左右，可谓丰沛。山区植被又好，腐质层厚，涵水力强。水源补给充分，常年的自涌量也就稳定了。

吸纳精华　可疗万疾

明嘉靖《鲁山县志》载："去县五十里，旧名汤谷温泉，今按《水经》，名皇女汤，乃商后良夜常浴之其所。发于山之石中，热如鼎沸，里氓引以为淋浴池，疮疾濯之即愈，有骊山神出之验。"

文中所提"商后"，非指帝王夫人，实指商王本人。

晋王廙在《洛都赋》中，描写"鲁阳神泉，不爨自沸，热若焦然，烂毛纶卵，煮绢濯鲜。瘘瘵痱疴，浸之则痊。功迈药石，勋著不言"。

北魏地理学家郦道元，曾任鲁阳太守多年。他利用为官之便，对滍水源头、鲁阳温泉详考细察。《水经注》称："温泉水注之水出北山阜，七源奇发，炎热特盛"；"如沸汤，可以熟米"；"道士清身沐浴，一日三饮，多少自在，四十日后，身中万病愈，三虫死"；"滍水又东径胡木山，东流又会温泉口。水出北山阜，炎势奇毒……汤侧有石铭云：皇女汤，可疗万疾者也”。

清嘉庆《鲁山县志》载：“下温泉发于乱石中，泉口百眼，水雾蒸腾，有浴室，僧人司之，有骊山神出之验。”

古人以为鲁山温泉为神泉，可杀三虫，可疗万疾。究其因，却不知为何。

这温泉水，清澈碧透，表面上，看不出有什么奥妙，实际上，经科学的检验，它是吸纳了地心深处的精华。这温泉水中，含几十种微量元素，诸如铁锌钙钠、硼氟镁钾，都对人体有益无害。

更奇的，这水稍带硫黄气，属低矿化度，中到弱碱性，含放射性元素氡。还有苏打、硫黄、碳酸等。低含量的硫黄苏打，可杀菌消毒，清洁止痒，软化角质，改善代谢。碳酸可美白肌肤，排毒养颜，扩张血管。尤其放射性元素氡，皮肤与之接触，形成保护薄膜，可减肥，抗衰老，促进生殖。

这水，治得疮痒癣疥、风湿疾病……按古书说，难怪会得出“三虫死，万病愈”的结论。

温泉水功用多了去了，可育种促苗；可养热带鱼；可作地震预报参考；可泡穰蒸穰，用于造纸。一度，下汤镇造纸业、柞蚕丝绸业繁荣兴旺，即得之于温泉水也。

泉区群众爱这一脉沸水，勿言爱得死去活来，却是变着法用它。在各个出溢处，建起无数汤池，忙人五日三洗，闲人一日两洗，随意出入。早上睁开眼睛，穿个裤头，手掂衣服，趿拉拖鞋，扑通一声，把自个儿丢进池中，一天里神清气爽；晚上，又先拐进去，打一个轮回，光膀子回家，就势顺进被窝，妻子从不怀疑有了外遇。得天独厚，小康之户，建个洗澡间，一根水管，引热水至家中。温泉水滑，姑娘媳妇，个个洗得鲜肤丽质，赛比贵妃。

早几十年前，年来节到，温泉旁边，杀鸡宰羊，家家热水煺毛；一条热溪，棒槌声声，笑语盈盈，冬日的和暖，恍似春日的风景。遗憾今已不复存在。今人移步，入的是汤池，少的是野趣。

鲁山旅游宣传，叫得响的，是尧山，是汤泉。然中汤、温汤、碱场，位置稍偏，泉池稍简，车马稀少，而上汤福泉，下汤皇姑浴，玉京、库区森林温泉等，设施新潮，交通便利，泡泉人盈门。

游得累了，恋一恋温泉，的确是享受。

人说，鲁山温泉瑰丽神奇，不愧“聚宝盆”也。其功效神奇，简直是圣水药水。用来洗浴，可惜了。

2016 年 12 月，鲁山县被中国矿业联合会命名为“中国温泉之乡”。

古风承传　诗文颂赞

古邑沧桑在，神汤千古流。

鲁山温泉，今人誉之“华夏第一汤”“大陆第一汤”，听似高大上，实不知所云。倒不如古人叫得好听，又有味：“皇泉”“神汤”“皇女汤”。

风雅古韵，韵在史书早有记载。

《尚书·大传》云：“桀与其属五百人徙于鲁。鲁士民复奔汤。”

《逸周书·殷祝解》亦有类似话语。

专家说，这段话意是，商汤在灭夏的争战中，夏桀带着随从，逃到鲁山躲避。商汤追到这里，发现了温泉，并在泉中洗浴。

正因此，后人把“商汤”奉为“温泉神”“汤神”。温泉文化追溯到商文化。

《水经注》所载“皇女”，疑是东汉明帝刘庄的第九个女儿刘臣。《后汉书·皇后纪》载“皇女臣，建初元年封鲁阳公主”。

鲁阳为刘臣的汤沐邑。皇女臣常来温泉洗浴，不足为奇。

《洛都赋》洋洋洒洒，《水经注》翔实细致。二者有异曲同工之妙。

清道光《鲁山县志》曰：“温泉即《水经》‘皇女汤’也。汤侧石铭已失……”

《河南通志》曰：“温泉在鲁山县，旧名皇泉，商后尝浴其处。载《水经》。下泉水热如沸，中泉平温，上泉微温，俗呼为上、中、下汤。”

鲁阳古城，在昭平湖之邱公城，今没于水中。邱公城离下汤最近。因了温泉之水，远在唐宋，下汤就名扬中州，成为鲁山丝绸、绵纸、中药材、山货的集散地，远召山陕京申商贾，在这里长期坐庄经营。

这一脉神泉，引得显贵们纷至沓来，雅士们流连忘返。雅士们洗浴后，免不了题咏颂赞。那脍炙人口的诗文，自然为鲁山温泉平添无限雅韵。

唐代诗人皇甫冉有《温泉即事》：“天仗星辰转，霜冬景气和。树含温液润，山入缭垣多。丞相金钱赐，平阳玉辇过。鲁儒求一谒，无路独如何。”

玉辇，通常指天子驾乘。平民百姓，那是不容易见到的。诗虽费解，却是把初冬季节，鲁山温泉水景绘了出来。这一刻，平阳公主来此沐浴，她不顾山道崎岖，乘着玉辇经过，当是泉区一大新闻吧。

历史上有多位平阳公主，一是西汉景帝之女，一是唐高祖之女。诗中所写平阳公主，想来该是高祖之女吧？！

清代鲁山庠生孔兴鲁《游温泉》，也别有韵味：“溶溶涌自碧山阿，香暖遥分太液波。还忆当年乘翠辇，泉声池水占春多。”

翠辇，指饰有翠羽的帝王车驾。

皇帝与皇女都来鲁洗浴。这风雅佳话，一传，就是千年之久。

襄城知县范纯仁抒怀:“山前阴火煮灵源，昔日曾临万乘尊。历尽兴亡只如此，不随时俗变寒温。”

范纯仁乃范仲淹次子。父子皆宦海沉浮，对人生的体验，自是深刻。借咏温泉，说的是人间的世态炎凉，暗喻自己耿介立身，不随波逐流的高情远志。

诗题有标《题汝州温泉》，有标《题鲁山温泉》。即便标的真是汝州，也不排除写的是鲁山温泉，因为在宋代，鲁山是隶属于汝州的。而文中“山前阴火”，明显指的鲁山。

“汤谷温泉”为鲁山古八景之一。八景诗多，写得各有妙趣。窃认为，最好的，还是明代《汤谷温泉》几首。

一首是举人江溥的:“岩前滚滚燠通神，和气氤氲蔼若春。暖浪能削沉痼疾，清波堪浣世间尘。滔滔似箭源辞窦，烈烈如汤气逼人。濯罢冠缨清兴遣，豪吟欢诵化公仁。”

一首是嘉靖年间蒋希周的:“水质阴柔性本凉，此泉回别却非常。不焚不烈四时暖，如沸如羹一派长。洗垢莫劳寻汉广，濯缨何必问沧浪。这边美景真堪赏，欲究源头道理茫。”

一首是成化年间黄桂林的:“不假人间薪火燃，自来一脉异寒泉。燠源泡沸煎汤液，炎气氤氲不灶烟。倏忽冰霜宁许近，须曳鳞介岂容前。昨来讲罢希沂浴，顿使平生阴浊蠲。”

万历年间，举人李正儒没有全写八景，却独作了一首《皇女温泉》:“灵泓深处玉涓涓，造化谁将薪火传。天地为炉烹日月，阴阳作炭煮云烟。沃膏泻去千疆润，沉痼疗时万姓痊。大治人间莫浪亵，应调鼎鼐重山川。”解读风雅，抒发幽情。几首诗，佳句迭出，气势非凡。

“豢龙故里”觅迹

马 驰

《左传》谓刘累“迁于鲁县”。那么，鲁县何指？刘累隐居鲁县何地？

《左传·昭公二十九年》孔颖达注称：“鲁县，今鲁阳也。”与经学家孔颖达（574—648）同为唐代人的地理学家李吉甫（758—814），在其名著《元和郡县图志》卷二《河南道二·汝州》中载：“鲁山县，本汉鲁阳县，古鲁县也，属南阳郡。……后魏太和十一年，孝文帝南巡，置鲁阳镇，十八年改镇为荆州，二十二年罢荆州置鲁阳郡，改鲁阳县为北山县。周改为鲁山县。”是古鲁县即汉以后的鲁阳县和北周以后的鲁山县，似乎其县治所一直在今鲁山县鲁阳镇（曾称城关镇）。然而，该志又称：“鲁阳公与韩战酣，挥戈，日为退三舍，谓此地也。”鲁阳公当为春秋战国时期楚国公子在鲁县的封君号，其挥戈“日反三舍”的故事（落日因鲁阳公发怒，返过三个星座，从西方升起），见于西汉淮南王刘安等所著《淮南子·临冥训》，可见其传说之古远。但其故事传说的发生地并不在今鲁阳镇一带，颇疑刘累所迁居，和鲁阳公与韩国鏖战处之鲁县县治，在被昭平湖淹没的耿集镇一带，这从桑梓父老的传说中和考古资料中多少可以寻觅到一些蛛丝马迹。

在耿集镇地区一直流传着鲁阳公与韩大战和其夫人抱子殉难的故事：传说鲁阳公在韩国军队兵临城下时，为避免城破累及妻小，遂将其夫人和幼小的公子安置于城附近的一座山头上观战。并约定，此战成败看战旗，若旗屹立不动，就意味着胜利在望，若倒，则指兵败。激战中，战旗被马匹蹚倒，夫人误认为鲁阳公兵败身亡，遂抱子跳崖自尽。恰在此时，日落西山，天色骤然昏暗。鲁阳公心急如焚，忧虑夫人看不见重新扶直的战旗，就挥戈喝令落日返回。于是奇迹出现，周山明亮，并胜利地结束了战斗。少年时代尝听老辈人指点：故土耿集西北约三里许的抱子坡，即为当年的鲁阳公夫人抱子观战处，因而得名；抱子坡近处有称娘娘山者，因鲁阳公夫人葬埋地而得名；耿集北三里遥曰明山者，则为“日反三舍”的回光返照处，故至今犹称其坡岭为明山（按：明山得名，还另有他说）。明山同抱子坡仅一水（荡泽河）之隔。耿集西南约二里许，即荡泽河与沙河交汇处，有一30万平方米的大土丘被称为邱公城者，传即鲁阳公故城遗址，城址同抱子坡相距五里许，登高瞭望，两地近在咫尺，其间当为古战场，故鲁阳公夫人可以居高临下，观看两军厮杀。又据新编《鲁山县志》称，“邱公城为鲁阳故城，存夏、商、周文化遗址”。可见鲁阳公的封邑乃至古鲁县，应在今鲁山县库区乡即原耿集镇一带，更确切地说，当在被昭平湖淹没的邱公城的旧址上。

既然耿集附近为古鲁县的政治中心地带，夏代刘累的最后居地就应当在这里寻觅。我虽然离开家乡耿集镇已40余年，但故土关于刘累的传说和遗迹仍多少留存记忆之中。记得耿集气势非凡，不仅以名镇享誉鲁山城西，更以原先的寨名（竹峪寨）和别号（豢龙故里）古雅著称。耿集东西大街的尽头处，各有一座砖砌的寨门洞和寨门楼。西寨门楼的迎门额上既雕有“竹峪寨”三字寨名，复在其上以巨石刻有“豢龙故里”四个楷书大字。而东寨门楼的迎门横额上则雕刻“耿家集”为街镇名。东寨命名，当不晚于清初。而西寨名，典雅古香，且配以“豢龙故里”，其寓意尤其悠远深刻。据我所知，以峪（按：同谷）为名者，在我省仅有新安县的“汉函谷关”和嵩县的黑峪镇等个别遗存。而在我客居近半个世纪的十三朝古都西安附近，古名称谷者，比比皆是，如姚谷、谷口、棚子谷、石鳖谷、太平谷、库峪、耿谷、子午谷、斜谷关、骆谷关、涝谷、汤峪，等等。其地名由来不唯可追溯到先秦时代，且有不少至今犹作是称。由之可知，耿集原名竹峪寨以“豢龙故里”为别号，其地名之久远，竟可同御龙氏刘累挂上钩。如果说竹峪寨内有关刘累的遗迹无从稽考的话，那么，出西寨门半里许，沿荡泽河西南行千余步，至与沙河（古称滍水）交汇处，涉水登约十丈高的巨大土丘，即被乡人称为邱公城者，则有刘累墓。墓在邱公城东北隅，高约六七尺，周长约两丈。据家父云，20世纪30年代，有好事者挖掘此冢，出土文物，不知所终。又据新编《鲁山县志》记载：整个邱公城遗址，文化层一般厚3.5米，最厚处4.5米，分上、中、下三文化层，存有自汉代上溯至龙山文化、仰韶文化晚期的陶器碎片、石斧、石铲、鹿角、兽牙、铜币、铸铁犁铧等器物。《鲁山县志》并断定："邱公城在夏代是尧之裔孙刘累故邑。"少年时代，常听人讲在邱公城捡到石斧之类的器具。我也至少曾三次爬上邱公城遗址，试图捡些什么，看到不少散碎陶片，因无知不识真品，竟一无所取。我还曾与同学结伴多次到邱公城西侧的晾石台游玩。台为深扎地层，连成一片的巨大青石，巨石傍近一汪神秘莫测的深潭，传为刘累当年养龙处。潭有鱼，大者数十斤，有外乡人炸鱼于此，鱼无伤，而渔者却为手榴弹毙命。还有不知利害的人下潭游泳，竟至有淹死者。故乡人对此潭敬鬼神而远之。如今昭平台水库，既淹没了"豢龙故里"耿集镇，连传云"水涨城长"的邱公城，亦因库水消涨而沦为时隐时现的小岛；当年的御龙氏退隐的地方，倒真的成为名副其实的水族极乐世界。

三千多年前龙的传人御龙氏刘累始为刘姓。嗣后，刘姓竟发展为历史上和当代中华诸民族四大姓氏之一。这不仅是刘姓人的光荣，也是所有有着龙文化传统的炎黄子孙的光荣，更是豢龙故里、我鲁山人的光荣。

邱公城是华夏刘姓始祖城

张新河

在鲁山县境内昭平湖中，有一随湖水升降时隐时现的小岛。水位最低时，岛顶露出水面高 15 米左右，面积 30 万平方米。此岛为县级文物保护单位，是著名的邱公城遗址。

邱公城即刘累故邑

清嘉庆《鲁山县志》载：“《水经注》：滍水又东，径鲁阳县故城南城，即刘累之故邑也。有鲁山县居其阳，故因名焉。（案）今县西三十里，地名邱公城，即其地。两汉，鲁阳县治并因之。”新编《鲁山县志》：“邱公城，位于鲁山县城西 15 公里沙河与荡泽河汇合处是一座高 30 余米，面积约 30 万平方米的土丘，现被昭平湖水库淹没。遗址文化层一般厚 3. 5 米，最厚处 4.5 米，存有陶器碎片和红烧土、石斧、石铲、鹿角、兽牙、铜币、铸铁犁铧等。上层为汉代文化层；中层为龙山文化层；下层为仰韶晚期文化层。邱公城在夏代是尧之裔孙刘累故邑。”

1999年10月26日，笔者有幸陪同河南省社会科学院考古研究所所长、研究员萧鲁阳，副所长、副研究员张新斌及有关专家学者登邱公城岛实地考察。由于湖水冲刷，岛上文化层面出露，大量的绳纹陶制品器物碎片、骨针、纺轮、石斧、石铲等遗物随手可捡，可见夏代文化遗存比较丰富，和刘累迁鲁生活的时代吻合。为了破疑邱公城，笔者同有关同志近期先后走访了河北省唐县地方志办公室、山东省定陶县地方志办公室、河南省临颍县地方志办公室及地名办、偃师市史志办公室的负责同志，并深入临颍县巨陵镇豢龙村和偃师县缑氏镇陶家村，同知情群众座谈，获取了大量的文字资料与口碑资料。

《临颍县志·社会风情》载刘累养龙“四千年以前，夏代国王孔甲（十三代）当政的时候，有一天乌云密布，黑风陡暗，霹雳火闪，一阵狂风暴雨过后，临颍东北一个村庄边的沟里，落下两条怪物，约有几丈长，如水桶一样粗，头上长了两个角，耳朵像牛耳，浑身披着鳞甲，闪闪发光，张牙舞爪，样子凶恶，惊动了周围百姓前往观看，但谁也不敢近前。有一位老头儿说：‘这是龙呀！赶紧报给国王，请他派人收养起来。’夏帝孔甲一听此事，非常惊奇，召集文武百官问之：‘谁能把它养起来？’大臣说：‘叔安的后代叫董父收养龙，他熟悉龙的性格和生活习惯，人们称他

"豢龙氏"。'孔甲说:'把他找来。'大臣说:'他已经不在人世了,当初他在世的时候,收了一个徒弟学养龙,名叫刘累。'孔甲听罢,命速召刘累,前来养龙。刘累领旨,赶往降龙的地方,把这两条龙收养起来。他细心观看,发现两条龙一雄一雌,如果养好,可能还生小龙呢。从此,刘累在这里精心喂养,两条龙活得很好,人们不断前来围观。刘累详细给人家介绍龙的生活习惯。孔甲听大臣说刘累把龙养得很好,便封他为'御龙氏'。后来,那条龙突然得病死亡,这可把刘累吓坏了。他只好剥下龙皮,弄了一些肉,精心烹炒,献给了国王孔甲。孔甲一尝,连声称赞味美无比,又派使臣前往索取这种美味佳肴。刘累说:'此系野味,并无储存,容俟获得,精制奉上。'使臣去后,刘累怕死龙的事情暴露,偷偷地跑到鲁山一带潜藏起来了。……该村后来修了寨墙,因为有这个故事,故名'豢龙城',俗称'圈龙城'"。

这段文字记载说明:

一、刘累是孔甲召到降龙的地方养龙的,他并非当地人。

二、刘累怕死龙事发,逃往鲁山潜藏起来。

《临颍县地名志·大事记》载:"《左传》《史记》载:夏帝孔甲时,天降雌雄二龙,孔甲派刘累豢养。刘累因雌龙死亡而逃匿……传临颍县东北的豢龙村,即当年刘累养龙处。邱庄,在县城北7公里处。据传,此处原是豢龙村姓邱的坟地。清朝时邱姓居此看祖坟,逐渐形成村庄。"

又据豢龙村75岁的侯向恭老人介绍说："豢龙村以前叫陈城，住户都姓陈，姓陈的迁住之前，住户都是姓邱的。"据史国强著《中国姓氏起源》称："邱姓本为丘姓，源出自姜姓，炎帝后裔。姜姓源出神农氏，炎帝神农氏生于陕西岐山西南姜水之滨，故为姜姓。邱姓由几支汇合成大族。后来，为避孔夫子孔丘之讳，凡姓丘者均加邑为邱，遂成邱姓。邱姓望出河南。"许慎《说文解字》云："邱，地名从邑丘声。"辽宁教育出版社出版的《中国古代历史地图集》记载在夏代黄河中下游地区中已有帝丘、老丘、商丘地名存在。《史记》云："黄帝居轩辕之丘""帝颛项高阳者"；《集解》注："寿丘，地名，黄帝生处""尧帝居于陶丘"。古之以地名为姓，多见于史书。可见，"丘"姓应始于夏或夏之前。河南《临颍县志·姓氏录》载："临颍县姓氏迁出、移入增减的演变，已无资料可查，绝大多数为单姓，只有轩辕一个复姓。"在全县姓氏中有"邱"姓。《鲁山县志·姓氏》载有姓"豕韦""丘"和"邱"姓，此"丘"姓当在夏前期出现。这些史实证明，在孔甲帝派刘累去天降龙处养龙时，"丘"姓已经存在，当时的豢龙村就有"丘"姓。文字记载和豢龙村侯向恭老人口述吻合，这说明刘累养龙的豢龙村早期是"丘"姓居住地。刘累逃鲁山后，为避孔甲治罪，当然不能再直称"刘累"，就隐姓埋名，因居过"丘"姓住地养龙，熟知"丘"姓，故改姓"丘"。因他是尧之裔孙，且又曾为豕韦国君，地位显贵，后人当称

“邱公”，所居城池，自然称“邱公城”，史称“刘累故邑”更是顺理成章。邱公城即刘累故邑，邱公，刘累是也。

刘累是刘姓的始祖

刘累养龙事多见史书记载。《左传·昭公二十九年》：“昔有飂叔安，有裔子曰董父，实甚好龙，能求其耆欲以饮食之，龙多归之。乃扰畜龙，以服事帝舜。帝赐之姓曰董，氏曰豢龙。封诸鬷川，鬷夷氏其后也。故帝舜氏世有畜龙。及有夏孔甲，扰于有帝。帝赐之乘龙，河、汉各二，各有雌雄，孔甲不能食，而未获豢龙氏。有陶唐氏既衰，其后有刘累，学扰龙于豢龙氏，以事孔甲，能饮食之。夏后嘉之，赐氏曰御龙，以更豕韦之后。龙一雌死，潜醢以食夏后。夏后飨之，既而使求之。惧而迁于鲁县，范氏其后也。”

《史记》载：“帝孔甲立，好方鬼神，事淫乱。夏后氏德衰，诸侯畔之。天降龙二，有雌雄，孔甲不能食，未得豢龙氏。陶唐既衰，其后有刘累，学扰龙于豢龙氏，以事孔甲，孔甲赐之姓曰御龙氏，受豕韦之后。龙一雌死，以食夏后。夏后使求，惧而迁去。”

《竹书纪年》载：“帝孔甲七年，刘累迁于鲁阳。”

《唐书·宰相世系表》云：“舜封尧子丹朱为唐后，至夏时丹朱裔孙刘累迁于鲁县，累孙犹守故地。至商更号豕韦氏。周复改为唐公。成王灭唐，以封地叔虞。其后，更封刘累裔孙在鲁县者为唐侯，以奉尧祠。”

据以上四部史书记载证实：刘累为孔甲养龙应是实事。雌龙死后，刘累惧怕孔甲追究罪责，于孔甲七年潜于今鲁山县隐居。经过商、周，刘累后代裔孙，仍在鲁山繁衍，以奉尧祠。

据1985年黑龙江人民出版社出版、慕容翊编著的《中国古今姓氏辞典》称:“帝尧陶唐之后，受封于刘，其地在今定州唐县也。裔孙刘氏，以能扰龙，事夏后孔甲，为御龙氏，在商为豕韦氏，在周为唐杜氏。杜伯了隰叔奔晋，为士氏；孙士会适秦，后归晋，其处者为刘氏。刘氏有五：尧之后有刘累，为刘氏；成王封王季之子于刘邑，亦为刘；汉赐项氏、娄氏并为刘氏；又匈奴之族从母姓刘。”此典把刘姓分为五支，史实是，五支归宗，天下刘姓为一统，始于刘累。

关于“帝尧陶唐之后受封于刘，其地在今定州唐县也”的考察：

1999年11月4日，笔者同有关同志到河北省唐县进行专题考察。

唐县成立了唐尧文化研究会，做了大量考证和唐尧文化挖掘工作。遗憾的是，关于刘姓祖源问题没有更多发现。据《唐县志》云:“据《中国古今姓氏辞典》载：刘，帝尧陶唐之后，受封于刘，其地在今定州唐县也，此祁姓之刘以国为氏。尧之后有刘累为刘氏。唐县是尧帝放勋的出生地和封侯国，且刘姓为唐县大姓之一。据此，唐县刘姓为唐县古老的土著居民，刘姓始祖发源于唐县。”据此，我们拜访了《唐县志》主编张孝琳先生。张先生取出了三本中国姓氏辞典供我们查阅。据张先生介绍：“这里有刘国封地，关于刘姓始祖，唐县尚没有更多的考古和史料发现，县志上就是根据姓氏辞典写的。”《通志·氏族略》载：“帝尧陶唐之后，受封于刘，其地在今定州唐县也。裔孙刘氏，以能扰龙，事夏后孔甲，为御龙氏，亦为杜伯。宣王时国灭，在商为豕韦氏，在周为唐杜氏。杜伯子隰叔奔晋为士师，故为士氏。孙士会适秦，后归晋，其处于秦者为刘氏，此祁姓之刘也，以国为氏。”看来，张孝琳先生主编的《唐县志》“刘姓始祖发源于唐县”的根据可能就在这里。

这段记载表述得很清楚，是帝尧陶唐的后代封在刘地，其裔孙才为刘氏，并没有说受封于刘地的陶唐后代都为刘氏。如尧子丹朱是陶唐后代，也不为刘氏。其裔孙为刘氏的有四个特点：一“以能扰龙”；二“事夏后孔甲”；三“为御龙氏”；四“亦为杜伯”。而具有这四个特点的唯有刘累。刘累为什么为刘氏呢？《新唐书·宰相世系表》曰：“刘氏出自祁姓，帝尧陶唐氏子孙生子有文在手曰‘刘累’，因以为名。”宋邓名世《古今姓氏书辩证》曰：“刘姓出自祁姓陶唐氏之后。生子有文在其手曰‘刘累’，因以为名。”这两处均未涉及刘累封于刘地。究竟是哪位帝把谁封在刘地，此人为何氏，未见正史，不得而知。在定州唐县也没有发现其他口碑和文物佐证。就连几年前，北京和广州有关单位联合拍摄和录制的《百家姓·寻根问祖》拍摄组在定州唐县，虽经节目主持人几经提示，也没寻到刘姓的根，更没人回答出刘姓的祖。刘姓始祖发源于唐县的说法，不能令人信服。从正史、口碑和文物佐证，刘姓始祖现在只能追溯到夏代刘累，而不是其他。

关于成王封王季之子于刘邑，亦为刘氏的考察，据《通志·氏族略》云："成王封王季之子于刘邑，因以为氏，入河南偃师，此姬姓之刘也，以邑为氏。"笔者同有关同志一起于1999年10月28日赴河南偃师考察，拜访了偃师史志办的负责同志，获取了大量的先秦时期的历史资料。由三秦出版社出版，偃师古都学会编印的《古都偃师史话》记载了《刘累御龙》与《刘国和刘国故城》的史实。《史话》云："专家普遍认定二里头文化即夏文化。由于其他夏之文化遗址均未发现官室遗址，又认为二里头遗址即夏代中晚期的都城斟鄩，而孔甲派刘累养龙的事正发生在夏代晚期。"《史话》又载："刘累所在的豕韦古国就在今偃师缑氏镇。丘菊贤等人所著之《中华都城要览》中夏主要部落方国兴亡及都邑表写着：'豕韦古国一虞夏之际至殷孔甲时（故都邑）豕韦—河南偃师县缑氏镇。'说刘累故城得先从刘聚说起。《汉书·地理志》：'缑氏有刘聚，周大夫刘子邑'，周时的刘国（刘子邑）是春秋时期王畿内的重要封国。初受封的国君刘康公是周顷王的季子，后即以刘为姓，其都城刘聚在今缑氏镇西南八里许的陶家村，已由考古发掘证实。《史记·正义》引《括地志》云：‘刘累故城在洛州缑氏县南五十五里，乃刘累封之地也。’武亿在乾隆版《偃师县志·金石录（上）》《周刘公铺铭》中也引《括地志》云：‘刘聚即刘累故城也。’可见，‘刘’之地名在王季封为采邑之前即已有之，而此处之‘刘’与刘累故城之地望完全一致，都在今缑氏镇和府店镇一代。”《史话》再载：“据史记记载，孔甲居地在今河南偃师首阳山。古代首阳，刘聚、豕韦都在偃师境内。”《史话》在《刘国和刘国故城》中载：“公元前612年，周匡王继承顷王为周天子以后，封其少子于刘，这就是刘累故地，但刘国是康公被封于此地以后才开始的……刘国的存在约近二百年之久。”

《史记集解》引驷案夏逵曰：“刘累之后至商不绝，以代豕韦之后。祝融之后封于豕韦，殷武丁灭之，以刘累之后代之。”

以上文字记述证实：一、成王封王季之子于刘邑的地方是刘累故地，是继豢龙氏之后所在的豕韦古国，并非刘累豢龙处。二、刘的地名是因夏刘累故地而得名，因之才有刘国及刘国故城。

此刘氏之姓，因以刘累而继为刘氏，所以此支刘姓之始祖，更当为之刘累。

关于“汉赐项氏、娄氏，并为刘氏，又匈奴之族从母姓刘”的考证，据史国强著《中国姓氏起源》称:“见《汉书》，汉朝时，齐人娄敬在洛阳向刘邦献西都关中之策，高祖赐姓刘氏，遂改名刘敬，其后为刘氏。又赐项伯缠为刘姓，又为刘姓之五支。汉高祖刘邦对外采取亲善友好政策，以公主嫁匈奴单于冒顿为妻。本来冒顿为挛鞭氏，按照匈奴部族风俗习惯，凡尊贵者皆从母姓，所以冒顿的子孙成为刘姓，后来成为汉族中的刘姓一支。”此三支刘姓，皆因汉高祖刘邦姓刘而为刘氏。据《史记·汉高祖本纪》索隐按:“高祖，刘累之后，别食邑于范，士会之裔，留秦不反，更为刘氏。”原来，汉高祖的始祖也是刘累。当然，因汉高祖刘邦而引起的“赐姓刘”“改姓刘”“母姓刘”的始祖更当为刘累。

综上所述，刘姓五支应归宗，天下刘姓为一统，始祖刘累。

邱公城为华夏刘姓始祖城

《古都偃师史话》引《百家姓寻根探秘》称:“刘累把龙肉做成肉羹，充作野味献给孔甲，孔甲吃了十分高兴，赏赐给刘累许多财物。不久，孔甲要看龙的表演，刘累每次让两条龙上场，留下一条龙轮换，居然蒙混过数日。可是，纸终究是包不住火的，孔甲终于起了疑心。刘累见势不妙，就携带家小逃到今河南省鲁山县一带隐居下来，他的后代便成为河南刘姓最早的一支。”

《临颍县志·刘累墓》载：“刘累墓在县城东北7.5公里豢龙村西南。据《左传》及民国五年《重修临颍志》载，夏朝国王孔甲当政时，有一天，从村东南天空落下两条龙，孔甲闻讯派刘累来此养龙。刘累熟悉龙的性格和生活习惯，经精心饲养，两条龙生活得很好，孔甲封他为御龙氏。但是，不久，雌龙突然生病死，刘累怕担罪名，逃亡于鲁山。后孔甲不再追究其事，刘累又归来病逝于此，村人为纪念他，把此村名曰豢龙村，并把他安葬在村西南隅。刘累墓占地约700平方米，1958年挖河毁去。村西街路北有刘累庙，为1941年本村和附近绅民集资修建，庙堂梁上彩绘巨龙，腾云驾雾，栩栩如生。堂中刘累塑像慈祥而威严，门前立着两通石碑，记载着刘累养龙的事迹和建庙的经过，至今犹存。”我们查阅了清嘉庆《临颍县志》，未见到有刘累墓和刘累庙的记载，豢龙村侯向恭老人领着我们考察了“刘累庙”和“刘累墓遗址”。

据鲁山县原建委主任聂新安同志讲：“我家原在城西耿集街，五十年代兴修昭平台水库时，搬迁县城。我幼年时常到邱公城玩。在邱公城东北边有一个像麦秸垛一样大的墓冢，老年人都说是刘累墓。水库修成后，就淹没在水中。”另据原鲁山县史志办公室主任、《鲁山县志》主编尹崇智同志说：“没修昭平台水库前，邱公城东北角有一个高约丈余，周长约两丈的土冢，样子很平常，没立石碑，老年人都说那是刘累墓。邱公城南边靠西有个深水潭，传说刘累在潭里养过龙。”从上述情况看，临颍县豢龙村刘累墓不是刘累墓真墓穴。豢龙村的刘累墓仅存遗址，从墓中出土的砖和铁剑看，应为春秋以后的遗物，不是夏代晚期的物品。夏帝孔甲七年刘累迁鲁，孔甲在位 31 年，至夏桀灭，共经 107 年。刘累过世应在履癸夏桀执政时期。豢龙村刘累墓晚于刘累去世时间至少在 800 年以上。所以，豢龙村刘累墓遗址不是刘累墓的真墓穴。邱公城遗址的刘累墓应为刘累真墓穴。据清嘉庆《鲁山县志》尧祠条引张衡《南都赋》云：“远世则刘后甘厥龙醢，视鲁县而来迁，奉先帝以追孝，立唐祠于尧山。”《后汉书·郡国志》云：“鲁阳有鲁山，有尧山，封刘累，立尧祠。”《水经注》云：“尧之末孙刘累，以龙食帝孔甲。孔甲又求之不得。累惧而迁于鲁县，立尧祠于西山，谓之尧山。”

由上可以得出：刘累因出生时有文在手故名。早年曾跟随过豢龙氏学养龙。夏孔甲帝时，在今河南省临颍县巨陵镇豢龙村东南角龙荡沟处，天上降下两条龙，孔甲派刘累去此养龙，被孔甲赐为御龙氏，并封刘累继豕韦古国为国君，居于今偃师县缑氏镇陶家村一带，后因一雌龙死，累惧怕孔甲追究罪责，就携带家小从居处逃到今河南省鲁山县隐居下来，繁衍生息，遂改姓“丘”，人称“丘公”，称刘累隐居的城池为“邱公城”。孔甲知道后，不再追究责任。“丘公”复更刘累传流后世，终老于鲁山县邱公城，后葬于昭平湖中邱公城岛东北30米处。现有刘累墓没于水中。刘累在隐居时不忘先祖帝尧，建尧祠拜祖。

因史志有载，文物佐证，口碑载道，故邱公即刘累，邱公城即刘累故邑；刘累是华夏刘姓的始祖，刘姓根于鲁山；邱公城是华夏刘姓的始祖城，华夏刘姓拜刘累，寻根问祖邱公城。

鲁阳公及其陵墓考

杨西仑

鲁山古称鲁阳，春秋战国时一度属楚，为楚国鲁阳邑。东汉史学家高诱注《淮南子》说，春秋战国时，鲁阳为楚平王之孙、楚司马子期之子公孙宽的封地。公孙宽为鲁阳邑的行政长官，世称鲁阳公，也叫鲁阳文子、鲁阳文君。

楚国历代君臣崇尚武功，以兼并小国、拓展疆域为荣，因此，楚国国土面积不断扩大，春秋末期其疆域向北已经发展到了楚国长城“方城”之外的鲁阳、梁、城父、叶等地。楚惠王当政时，平王之弟子西为令尹，平王之子子期为司马，两人掌管楚国军政大权，为楚国立下了汗马功劳。司马子期之子公孙宽等人是楚国一代年轻的军事将领。楚惠王非常看重公孙宽，欲将具有战略意义的梁（今汝州市西南）交给他管理，但公孙宽却以梁地险要而处于楚国北方边境，恐日后子孙据险叛乱而拒绝，最终封于鲁阳。《国语·楚语》记载：“惠王以梁与鲁阳文子，文子辞曰：‘梁险而在北境，惧子孙之有二者也。’王曰：‘子之仁不忘子孙，施及楚国，敢不从子？’与之鲁阳。”

春秋战国时期，鲁阳为楚国北方边境重镇，与邻国多有战事发生。

近年来经史学工作者考证，春秋战国时期伟大的思想家墨翟为河南鲁山人，墨学著作《墨子》中即有墨子说服鲁阳文君放弃攻郑、攻宋的内容。《墨子·鲁问》载："鲁阳文君将攻郑，子墨子闻而止之，谓阳文君曰：‘今使鲁四境之内，大都攻其小都，大家伐其小家，杀其人民，取其牛马、狗豕、布帛米粟货财，则若何？’鲁阳文君曰：‘鲁四境之内皆寡人之臣也，今大都攻其小都，大家伐其小家，夺之货财，则寡人必将厚罚之……’”

据《左传》记载，公元前479年即楚惠王十年，楚国白公胜作乱。当年七月，白公胜攻入楚国都城，杀死令尹子西和司马子期，劫持了楚惠王。叶公沈诸梁率兵平叛救楚，使楚惠王得以复位。因为公孙宽守鲁阳功绩卓著，所以后来叶公推荐公孙宽子承父职，由鲁阳公改任楚国司马之职。由此看来，虽然史籍没有更多的明确记载，但基本上可以得知，公孙宽封于鲁阳为鲁阳公当在公元前479年的白公胜叛乱之前。

鲁阳公“挥戈返日”的故事最早见于西汉淮南王刘安等所著的《淮南子》一书。《淮南子·览冥训》载："鲁阳公与韩构难，战酣日暮，援戈而撝（挥）之，日为之反（返）三舍。”这段话是说，鲁阳公与韩国军队交战时，因天色已晚，就举起武器向天挥动，落日顿时又返回了三个星座的位置，如日出西方，重新照亮了战场。关于鲁阳公与韩军大战之古战场今有两说。一说在今鲁山与南召交界处之鲁阳关，此地山峦叠嶂、地势险要，楚长城依山而建，为古代战略要地；一说在今昭平湖一带，这里自夏代始为刘累及其后人繁衍生活的地方，其遗址邱公城为古代鲁阳故城之一。现在昭平湖一带流传有鲁阳公与韩军大战的悲壮故事，并留下了抱子坡、娘娘山、明山等从传说中演变而来的地名，因此第二种说法较有说服力。

鲁山有鲁阳公墓，但鲁阳公陵墓在鲁山什么地方，也有两种说法。一种说法是鲁阳公陵墓在刘累故邑邱公城。鲁山最早称鲁县，夏代帝孔甲时，尧山裔孙刘累迁于鲁县，居邱公城。邱公城后发展成为早期的鲁阳故城之一。郦道元在《水经注·滍水》中也写道："滍水又东，径鲁阳故城南，城即刘累之故邑也"，"昔在于楚，文子守之，与韩构战有返景之诚。"一种说法是鲁阳公陵墓在鲁山大古城。《大明一统志》记载，鲁阳公墓在"鲁山县大古城之西北鲁阳公二里许。墓有石碑，止存四字，本为孔子所书，岁久迷失"。明代嘉靖《鲁山县志》说，大古城在"县城外西北百五十步，乃旧县城也，兴废之由无考"。大古城也叫鲁王城、鲁阳故城、鲁山故子城，其遗址位于今县城西北部。《大明一统志》和嘉靖《鲁山县志》都没有鲁阳公墓的详细记述，嘉靖《鲁山县志》也仅写了鲁阳公墓碑的发现情况，说明代嘉靖三十年（1551）春天，时任鲁山知县的姚卿“奉檄修理城池，壕外筑堤，乃掘得此（鲁阳公墓碑）”。第二种说法较为可信，但也说明，鲁阳公墓早在明代嘉靖年间已近无踪迹，仅仅发现了传说中的鲁阳公墓碑。鲁阳公墓及其墓碑久不见志书记载，时至今日，终成鲁山历史上的一大悬案。

笔者通过参考有关文史资料、查阅工具书，对鲁阳公墓及其墓碑试作以下考证：

一是鲁阳公是否葬于鲁山。公孙宽作为楚国王孙受封于鲁阳为鲁阳公，在白公胜作乱时参加了由叶公沈诸梁领导的平叛之战，后任楚国司马率军南征北战，如此重臣，死后不会葬于远离国都的鲁阳邑。鲁山的鲁阳公墓最初可能缘于鲁阳邑民对公孙宽的怀念而在其死后设立的衣冠冢，后来日渐被误认为是鲁阳公的真正墓葬。

二是孔子是否为鲁阳公书写过墓碑。《大明一统志》说，鲁阳公墓碑上的“鲁阳公墓”四字为孔子所书；清康熙《鲁山县志》说，鲁阳公墓“石碑为宣圣手书”；明嘉靖《鲁山县志》说，明嘉靖三十年（1551）发现的鲁阳公墓碑“去（鲁阳公）墓百余步”，“第傍并无识”。另据《左传》记载，公元前479年即楚惠王十年“夏四月己丑，孔丘卒”，而就在当年秋天，公孙宽还参加平定白公胜之乱的战事，怎会有孔子为鲁阳公书写墓碑之事呢？所以传说孔子所书的鲁阳公墓碑纯属子虚乌有，嘉靖《鲁山县志》所述墓碑疑为伪作。

鲁班里籍、姓氏及遗迹考

潘民中

鲁班是我国民间土木工匠世代供奉的祖师，春秋末年“鲁之巧匠”，史籍多称其为“公输子”“公输般”或“公输盘”。在科技昌明的今天，国家将建筑领域的最高奖取名“鲁班奖”，一些地方因之掀起研究鲁班的热潮。本文试对鲁班的里籍、姓氏及遗迹做点探讨，以就正于方家。

研究鲁班的基本材料

鲁班作为我国传统文化轴心期工匠技艺文化的杰出代表，因其与人们的衣食住行生活关系密切，而受到后世广泛持久的尊崇。不仅民间将之奉为土木工匠的祖师，而且从秦汉到唐宋历代存世文献也多有称述。但若论研究鲁班的基本材料，则无疑数保存于《墨子》之《鲁问》和《公输子》两篇中的记载。

“昔者楚人与越人舟战于江，楚人顺流而进，迎流而退，见利而进，见不利则其退难。越人迎流而进，顺流而退，见利而进，见不利则其退速。越人因此若势，亟败楚人。公输子自鲁南游楚，焉始为舟战之器，作为钩强之备，退者钩之，进者强之，量其钩强之长，而制为之兵，楚之兵节，越之兵不节，楚人因此若势，亟败越人。公输子善其巧，以语子墨子曰：‘我舟战有钩强，不知子之义亦有钩强乎？’子墨子曰：‘我义之钩强，贤于子舟战之钩强。我钩强，我钩之以爱，揣之以恭。弗钩以爱则不亲；弗揣以恭则速狎；狎而不亲则速离。故交相爱，交相恭，犹若相利也。今子钩而止人，人亦钩而止子；子强而距人，人亦强而距子。交相钩，交相强，犹若相害也。故我义之钩强，贤子舟战之钩强。’

“公输子削竹木以为鹊，成而飞之，三日不下，公输子自以为至巧。子墨子谓公输子曰：‘子之为鹊也，不如翟之为车辖。须臾断三寸之木，而任五十石之重。故所为巧，利于人谓之巧，不利于人谓之拙。’公输子谓子墨子曰：‘吾未得见之时，我欲得宋；自我得见之后，予我宋而不义，我不为。’子墨子曰：‘翟之未得见之时也，子欲得宋；自翟得见子之后，予子宋而不义，子弗为，是我予子宋也。子务为义，翟又将予子天下。’”（《鲁问》）

“公输般为楚造云梯之械成，将以攻宋。子墨子闻之，起于齐，行十日十夜，而至于郢，见公输般。公输般曰：

‘夫子何命焉为？’子墨子曰：‘北方有侮臣者，愿借子杀之。’公输般不说。子墨子曰：‘请献十金。’公输般曰：‘吾义固不杀人。’子墨子起，再拜曰：‘请说之。吾从北方闻子为梯，将以攻宋。宋何罪之有？荆国有余于地，而不足于民。杀所不足而争所有余，不可谓智。宋无罪而攻之，不可谓仁。知而不争，不可谓忠。争而不得，不可谓强。义不杀少而杀众，不可谓知类。’公输般服。子墨子曰：‘然乎不已乎？’公输般曰：‘不可，吾既已言之王矣。’子墨子曰：‘胡不见我于王？’公输般曰：‘诺。’

“子墨子见王，曰：‘今有人于此，舍其文轩，邻有敝舆而欲窃之。……此为何若人？’王曰：‘必为窃疾矣。’子墨子曰：‘荆之地，方五千里，宋方五百里，此犹文轩之与敝舆也。荆有云梦，犀兕麋鹿满之，江汉之鱼鳖鼋鼍为天下富，宋所为无雉兔狐狸者也，此犹粱肉之与糠糟也；荆有长松、文梓、楩楠、豫章，宋无长木，此犹锦绣之与短褐也。臣以王吏之攻宋也，为与此同类。’王曰：‘善哉！虽然，公输般为我为云梯，必取宋。’

“于是见公输般，子墨子解带为城，以牒为械，公输般九设攻城之机变，子墨子九拒之，公输般之攻械尽，子墨子之守圉有余。公输般诎，而曰：‘吾知所以距子矣，吾不言。’子墨子亦曰：‘吾知子之所以距我，吾不言。’楚王问其故，子墨子曰：‘公输子之意，不过欲杀臣，杀臣，宋莫能守，可攻也。然臣之弟子禽滑釐等三百人，已持臣守

圉之器，在宋城上而待楚寇矣。虽杀臣，不能绝也。’楚王曰：‘善哉！吾请无攻宋矣。’”（《公输子》）

其他文献所言鲁班事迹、技艺，或转述于此，或生发于此，概无例外。因此，《墨子》所载可说是研究鲁班的最基本材料。由此记载鲁班与墨子技艺和思想交锋的材料，我们可以断定鲁班与墨翟同为春秋末期手工工匠出身的智者，二人不仅生活于同时，而且主要活动于同地——楚国。

鲁班的里籍

关于鲁班的里籍，宋代以前有三说。其一“鲁人”。朱熹《孟子集注·离娄章句上》注孟子曰：“离娄之明，公输子之巧，不以规矩，不能成方圆。”谓：“离娄，古之明目者。公输子，名班，鲁之巧人也。”其二“鲁国人”。《文选·西京赋》薛综注“命般尔之巧匠”称：“般，鲁般。一云公输子。鲁哀公时巧人。”其三“敦煌人”。《太平广记》引《酉阳杂俎》称：“鲁般，敦煌人。”近年又冒出一个“滕州说”与曲阜争鲁班故里。

“滕州说”最晚出，不值一驳。“敦煌说”虽为晚唐段成式的小说家言，不足采信，但从中是可以看出些端倪的。段成式籍贯临淄（今山东淄博东），距曲阜不远，他不书鲁班为曲阜人，而书“敦煌人”，说明在唐代山东人并不认为鲁班是春秋鲁国人。下边我们重点辩证一下“鲁说”与“鲁国说”的是非曲直。

春秋末期有两处以“鲁”为名的地方，学界称之为西鲁和东鲁。西鲁即当时楚国的鲁阳邑，在今河南鲁山。这里早在夏代就以“鲁县”为名了，《左传》有记载。周武王灭商之后，封周公姬旦于此。东鲁即鲁国都城所在的曲阜。其来历为，周武王崩逝之后，年幼的成王继位，周公摄政，东征“践奄”，占领当时以“奄”名国的地区，遂以伯禽为嗣子，将原封地“鲁”之名带到奄，称鲁国，为鲁公。从此，这里也有了“鲁”名，学界称之为东鲁。对此，李亚农著《西周与东周》已有所论。20世纪80年代，曲阜师范大学历史学教授刘蔚华先生为弄清墨子里籍所在，对东鲁与西鲁的关系做了深入细致的研究，撰文《墨子是河南鲁山人——兼论东鲁与西鲁的关系》，经冯友兰先生审读肯定，发表在《中州学刊》1982年第4期上。

那么，鲁班的里籍是在东鲁即鲁国的都城曲阜呢？还是在西鲁即楚国的鲁阳邑呢？

回答这个问题，我们只需仔细阅读《墨子·鲁问》原文，就能一目了然。此篇之所以以“鲁问”作题，是因为该篇不仅以楚国鲁阳邑封君鲁阳文君发问开篇，而且也是以鲁阳文君与墨子君臣问答讨论为主要内容的。基于此，篇中所载子墨子与公输子交锋辩论中叙及的“公输子自鲁南游楚”之“楚”，指的是楚国都城郢（今湖北江陵西北）；

“鲁”应该顺理成章地理解为楚国北部边鄙“鲁阳邑”，而非远在千里之外以曲阜为都的鲁国。清考据学大家毕沅和武亿都是这样认为的。若强说这里的“鲁”指以曲阜为都的鲁国，难免令人费解，因为楚国都城郢并不在鲁国正南，而在曲阜西偏南。即使在今天，曲阜人到南京去可以说“南游南京”，若去襄樊一带，是绝不会笼统地说“南游襄樊”的。何况古人对四面八方之方位区分表述是十分讲究的。而“鲁阳邑”则恰位于楚都郢的正北方，将从鲁阳出发往郢表述为“自鲁南游楚”是很准确的。应该肯定地说“鲁阳邑”是鲁班的故里。

至于《礼记·檀弓》所载“季康子之母死，公输若方小，敛，般请以机封”，并不能直接证明鲁班是鲁国人，充其量只能说明鲁班曾到鲁国活动过而已。

鲁班的姓氏

关于鲁班的姓氏，今人多以为他姓公输，“鲁”是因其为“鲁国人”而称的。如钱宗范等编《春秋战国史话》在第九章“科学文化领域的新气象”所列《一个民间的工艺大师——巧匠鲁班》中就说:“鲁班，姓公输，名般，当时人称他为公输子。因他是鲁国人，‘般’与‘班’同音，所以后人称他为鲁班。”张润生等编著《中国古代科技名人传》首列《匠师之祖鲁班》，也称："鲁班，姓公输，名般，因为他是鲁国人，'般'与'班'同音，古时通用，所以人们称他为鲁班。"这种说法在今天影响甚大，以至于造成人们的一种思维定势，只在"鲁班姓公输"中考虑问题。

其实不然，东汉高诱给《吕氏春秋》作注称："公输，鲁般之号，在楚为楚王设攻宋之具也。"我师已故河南大学历史系先秦史名家郭人民先生在其著作《战国策校注系年》中也说："公输，鲁般之号，名般，鲁之巧人，故称公输子。"据之可知，公输是鲁班的号，般（班）是其名。如此说来，"鲁"才是其姓。"鲁"这个姓当是其家世代居住于自夏以来就以"鲁"为名的楚国鲁阳邑而获得的"以地为氏"的姓。就是说鲁班的后人才以其号"公输"为姓氏的。这从郑樵的《通志·氏族略》中可以得到证明。郑氏称："公输氏，鲁公输般之后也"，即"公输"这个姓在鲁班以前没有，是鲁班的后人才以"公输"为氏的。《中国人名大辞典》附《姓氏考略》说："鲁匠师公输若，其后为氏。"我们从《礼记·檀弓》所载"季康子之母死，公输若方小，敛，般请以机封"，隐约可以感知公输若是公输般的子孙，跟着鲁班学工匠之艺，鲁国需要匠师，鲁班将之带到鲁国为公族服务。从公输若起，才以"公输"为姓。

河南鲁山的鲁班遗迹

鲁班故里在河南鲁山，河南鲁山至今仍保留有不少鲁班的传说和遗迹。

在鲁山，有关鲁班的传说很广泛。一是鲁班学艺出师，给郝员外家换八仙桌面的故事，所刻二龙戏珠图案，特别精致，“人间少有，世上无双”，一是将废料树根疙瘩劈成数千枚木头楔子，解了建寺工头梁架门窗榫卯不牢固的燃眉之急，一是用鳔将刨花粘成擀面案板的故事，等等。

鲁班留下的遗迹则有：一、鲁山四棵树乡寺上村文殊寺内 3000 年树龄的银杏树被墨子、鲁班合手抽掉一块中心板。至今银杏树身中间仍然留有被抽掉中心板后的空隙和锯碴儿痕迹。二、鲁山西南边陲白云山骆驼峰凹腰处，有一石刻古棋局，名为棋盘石。相传为墨子、鲁班对弈的地方。墨子止楚攻宋成功，鲁班失去楚王的信任，便怒返故里，要与墨子一决雌雄。两人约定以对弈定胜负，胜者可居大石洞，败者屈居小石穴。结果墨子获胜，入居大石洞，鲁班只得住进小石穴。但鲁班将小石穴修得四壁齐整，光亮洁净。三、鲁山瀼河乡黑石头行政村属下有一个自然村叫木匠庄。据田野调查所得，该村位于鲁阳故城（今昭平台水库中邱公城遗址）南十多里。背岗面溪，山林蓊郁。原有一座鲁班庙，庙中供奉有木雕鲁班像，很古老，相传系鲁班旧居所在。明末战乱，原住户逃难他乡。清初一姓李的木匠慕名来这里，在鲁班庙旁建房居住。一年四季虔诚祭祀祖师鲁班。这里各色木材丰富，李家木匠技艺精湛。所做箱柜桌椅等生活用具，车耧犁耙等生产工具，门窗梁架等建房部件，远近驰名，逐渐叫响“木匠庄”。与木匠庄相邻的自然村是盆窑。该村有古老的烧陶窑址。结合《墨子·鲁问》所载:“鲁之南鄙人有吴虑者，冬陶夏耕，自比于舜。子墨子闻而见之。”这里当是吴虑的故里。清代乾嘉考据学大家武亿所修嘉庆《鲁山县志》，是把吴虑作为鲁山先贤收入卷二十二《集传》的。四、盆窑村近旁有山名风筝山。《墨子·鲁问》云:“公输子削竹木以为鹊，成而飞之，三日不下，公输子自以为至巧。”《韩非子·外储说左上》载:“墨子为木鸢，三年而成，蜚一日而败。”相传墨子、鲁班比放风筝之事，就发生在风筝山。后人为纪念他们的比巧活动，还在山上建了一座放鸢塔。五、鲁山背孜乡井河口行政村属下有一个鲁山庙自然村，相传鲁班在该地找到一种珍稀木料，做成木鹊，能飞三日不下。其子孙有一支遂落户这里居住，建庙以祀之，因庙在山上，叫来叫去鲁班庙叫成了鲁山庙。六、鲁山观音寺乡有鲁窑村，相传鲁班最早在这里指导挖窑洞，供山民居住。明初山西洪洞一家鲁姓寻根迁此定居，世代供奉鲁班。

鲁班生活的年代去今久远，史书又没有留下其生平事迹的完整记载。散见于各种文献的只言片语，有时甚至有矛盾之处。比如《古乐府》有句:“谁能刻镂此，公输与鲁班。”《汉书·叙传》也称:“班输榷巧于斧斤。”公输与鲁班又像是两个人。所以，我说鲁班是西鲁即今河南鲁山人，只是一种可能性，不过是就目前存世资料做全面系统科学论证而得出的一种最大的可能性。

鲁山楚长城考察侧记

李典芳

今天的河南省鲁山县，古称鲁阳地，简称鲁。这里，西有尧山雄峙，南有伏牛山余脉绵延，北有外方山及其余脉护卫，向东去出路宽广。受外界侵扰较少，历代为藏龙卧虎之地。夏代刘累避祸择居于此，在西山立尧祠，是尧山之名的来源，西周时周成王封其弟叔虞于此，是历史上鲁国的始封地，山东曲阜的鲁是后来增封的，从此始有西鲁东鲁之说。春秋时为楚国所有，楚惠王封公孙宽于此，称鲁阳公，亦称鲁阳文君。这里是春秋战国之交的著名思想家、战略家、墨家学说创始人墨翟出生和早期主要活动之地，还是鲁班故居和主要活动地。

笔者青年成军，在北京、河北、内蒙古一带长城沿线长期驻守，常看到层层叠叠的古代长城，与长城结下了不解之缘。笔者喜欢历史和地理，喜欢在山野漫步，对历史文化遗迹很感兴趣，退休后投入了对河南境内先秦长城遗址的野外考察和研究，在鲁山和故犨县境域颇有收获。

犨县故址

《水经注》曰："滍水（今沙河）又东，径犨县故城北。"南朝（宋）盛弘之在《荆州记》中说："叶东界有故城，始犨县，东至瀙水，达沘阳界，南北连绵数百里，号为方城，一谓之长城。"这里说楚长城"始犨县"，寻找楚长城遗址就应该到犨县地方去找，但是犨县在哪里？

汩汩沙河，西出尧山，滚滚东来，一路上纳细流，汇诸源，在伏牛山东麓，孕育出一片平旷沃野，这里正是南北方地理交接地带，气候宜人，雨量充沛，物产丰饶。当我们徜徉在鲁山县东部这片平旷沃野上时，可以发现在张官营镇西北隅，有一片隆起地带映入眼帘，附近有名叫前城、后城、紫金城名字的村庄，周围田野里古代砖瓦、陶器碎片俯拾皆是。有史籍资料告诉我们，原来这里就是故犨城遗址，那隆起地带就是土筑城墙坍废后的形状。

春秋战国时期，"楚盛周衰，争强中国"，楚国频频北出，与诸侯征战，"欲观中国之政"。《左传·襄公十八年》（前555）载："楚师伐郑，次于鱼陵。"归途中"涉于鱼齿之下，甚雨及之，楚师多冻，役徒几尽"。鱼陵，即鱼陵山，一名鱼齿山，位于沙河中游南岸，紧邻今鲁山县东境。鱼齿山是一条土岭，南北走向，高20余米，东西宽100余米，南北长近3000米，山下有通过沙河的南北古道，是古夏路一支，向南经大关口可通宛、襄，向北可达汴、洛等地。

当年楚军经这里北去讨伐郑国，归途中仍走此路，本已大量减员疲劳不堪的军队，在这里泅渡沙河时遭遇深秋大雨，气温骤降，河水暴涨，除溺水、病死之外，又有大量逃亡，这支本来打了胜仗的军队，却溃不成军所剩无几了。后来，楚国在北方“多筑列城，以逼华夏”，位于这条道上的犨城也就应运而生了。《左传·昭公元年》载：“楚公子围使公子黑肱、伯州犁城犨、栎、郏，郑人惧之。”

清乾隆八年（1743）所修《鲁山县志》举《左传》《史记》所载和历代治属、沿革后说：“今为鲁山地，城址尚存。”清嘉庆二年（1797）所修《鲁山县志·古迹》有：“犨县故城，在县东南。”在山川图中，将故犨城位置绘在县东部沙河以南的东西犨水汇合处。实地考察证实，遗址位置正与史籍所载相合，从地形可知，城以河名，是城依犨河而名之。这里北距天险沙河约 5 千米，南距楚长城大关口关塞 20 千米，它居于河岸后方，控御南北大道，楚国在这里驻军防守自是必然，这里实际上是楚长城防御体系的前哨据点之一。秦统一中国后，在此设县，归南阳郡管辖。汉置犨县，属南阳郡。晋为犨县，属南阳国。后周置武山郡于此。隋初废，复置，属襄城郡。历史上这里作为县、郡治所达五六百年之久。

楚长城遗址

为了寻找楚长城遗址，笔者走遍包括叶县、方城、鲁山、舞钢、泌阳在内的平顶山、南阳、驻马店一带山山岭岭，涉足河南、湖北、陕西、山西、河北等地，通过实地考察和民间访问，终于找到了民间称为“土龙”的楚长城遗迹。

实地考察所见的楚长城遗址，自叶县、方城交界向西，进入今方城县境内，过独树镇北境的小关口、大关口，过杨集镇北境的霸王城、铜桥岭等隘口转向西北，进入拐河镇南境和四里店镇境内，再向西北延伸进入鲁山县南境。这一带楚长城仅在山口处有垒筑墙或设有关城，山岭陡峻处并无实筑，这就是所谓的长城“因山设障”或“以山为障”的筑法。近年研究确认的位于鲁山县瀼河镇平高城鲁阳关遗址，就位于古道所经的山口处。位于鲁山县四棵树乡的分水岭北侧，还残存一段具防御作用的垒筑墙。

史籍称楚长城“始犨县”，可知当时犨县所辖境域就在今鲁山县东部、叶县西部、沙河以南，到楚长城所经的方城县北部一带地方。像鲁阳关、分水岭等处的楚长城遗迹，不管是否经过考古确认，笔者相信，当年楚国利用山川河流建成长城防御体系时，对这里地形不可能不加利用，像楚国把守的鲁关、鲁阳关史籍还不止一次提到。

曾经有人提出楚国的长城叫方城，楚国一带人们把上面有长城的山岭叫方城山，楚国及楚国以外的人们把楚国长城以外的地方叫方城之外，推物及物，认为汝河以北的外方山也是楚长城的一部分，近年也有人说鲁山北境的老婆寨就是楚长城。笔者以为，今天鲁山全境当年曾是楚国领土，楚国也确实占领过汝河流域，在外方山一线是会设有防线的，鲁山汝州交界的歇马岭关曾经是楚国据守的重要关隘。但是，学界对长城的定义是“呈线状布置的连绵不绝的城墙”，笔者研究长城一向谨遵这一定义，据笔者所知，在外方山上还没有发现像土龙那样绵延长远的长城遗迹。

鲁班与楚长城

说楚长城，不能不说到鲁班。世人皆知的鲁班就出生在鲁山这块土地上，鲁班姓公输名班（般），因是鲁阳人故称鲁班。相传鲁班曾创造了锯、刨、锛等木工用具，还能造出会飞的木鸟。他曾为楚国设计制造大量攻城器械，如云梯等。鲁班徒众甚多，很受民间建筑工匠艺人崇拜，被尊为祖师，习称鲁班爷。至今，鲁山县及其周围还有多处鲁班活动的遗迹，民间流传着大量关于鲁班的故事。

有一则马王爷三只眼的传奇故事，说相传当年鲁班刚刚主持建成一座桥梁，忽然有一老汉牵着毛驴到来，开口问鲁班道："这桥经得起吗？"鲁班应道："尽管过吧！"老汉牵着毛驴走到桥上，桥梁嘎嘎直响，摇摇欲坠。鲁班赶忙到下边用木料支住，抬头才看见毛驴驮的是四座名山，才知道老汉就是八仙之一的张果老。正要道歉，忽听张果老言道："可惜你有眼不识泰山，要它何用！"鲁班十分惭愧，一气之下，伸手抠掉一只眼睛，掷于桥上。适逢马王爷走到这里，将一只活蹦乱跳的眼睛，伸手捡起，安于眉头。从此，马王爷有了三只眼，而鲁班吊线、找直只用一只眼睛。

笔者在考察研究楚长城的过程中发现，叶县、舞钢、方城一线的楚长城遗迹，在城墙拐弯处的外侧，往往筑有一个紧挨长城墙体的方台，这里正是两段略呈直线的墙体交会处的顶角。考察它的用途，可以发现，若是站在相交会的两段墙体的任何一段上看，那么另一段墙体的外侧，就有一个盲区。无疑，这将对长城的值守和防御带来不利后果。在长城拐角处的外侧筑台，并使它与长城的墙体相连，巡城士兵站在台上瞭望就消灭了盲区和防御射击的死角，这在长城建筑设计上是一个创造，考察先秦时期其他国家所筑的长城，还没有发现这种构造。这种技术，在汉代以后构筑长城时被采用，称为风堠或斥堠。堠，《说文》无此字，有人解释为用于站岗瞭望的土堆，又解为古代路旁记里的土堆。可知，风堠就是站在上面望风的土堆了，而斥堠，自然是排"斥"在城墙外侧的风堠了。

这种突出于城墙外侧，又与城墙相连的台状建筑，在后世的城垣建设上称为“马面”。究竟是谁发明了这种建筑结构，史书上没有明确记载。可能是与模仿马的面部构造，眼睛向两侧又略微向前突出，以消灭视觉上的死角相关。民间传说，马王爷有三只眼，而那第三只眼就是长在两只眼睛的正中上方，不少庙宇中的马王爷造像，其眉宇上方就有一只眼睛，而且说这只眼睛是从鲁班爷那里来的。这让人们相信，把用来消灭盲区的这种长城的建筑结构称为马面，应该是从鲁班那里而来，活像是被鲁班抠扔而后生长在马王爷脑门的那只眼！

观察楚长城遗迹，作为马面的这些台，并未与长城墙体垒石咬合，是后来依附城墙加筑起来的，说明它并不是初筑时就有，而是后来修筑所加。楚长城从楚成王初年始筑，到楚顷襄王初年弃守，作为楚国北方主要战略防御工事，屏蔽楚国370余年，中间有不止一次的修筑、重筑和展筑。鲁班正是生活在这个时期，他不仅是土木工程建筑的专家，还是一个热衷于向国家出谋划策的爱国者，他曾经向国王提供自己发明的攻城器械，极力赞助国家进攻敌国，而且家乡就在楚长城附近，就他的所作、所为、所能、所愿来看，他不可能不为国家的防务建设做出自己的贡献。

所以，我们认为，鲁班曾经为楚长城的建筑贡献出聪明才智，特别是创造出了楚长城的马面结构，其功绩是不可磨灭的。

鲁山分水岭楚长城探究

张新河　张九顺

《左传·僖公四年》（前656）“楚国方城以为城”，长城始见记载。我国春秋战国时期，各诸侯国为了互相防御，各在形势险要的地方修筑长城，至战国时楚、齐、魏、燕、赵、秦和中山等国相继兴筑。经汉、晋、魏、北齐、北周、隋、唐、宋、辽、金至明、清十余个朝代修筑，我国长城修筑历史竟延续了2500余年，几乎贯穿了中国全部封建社会阶段。在世界上，我国长城，无论是在修建的持续年代、工程质量，还是在结构的周密方面，其他任何国家的长城都难以同其相媲美。在我国历史上楚长城当属建筑最早的长城，鲁山分水岭长城是楚长城北端极其重要的组成部分，无此段楚长城，何言“楚方城”！现今，我们考察楚长城，认识楚长城，研究楚长城，对于弘扬我国优秀传统民族文化，提高国际地位，增强民族凝聚力；对于捍卫国家的疆域完整，保卫人民的生活安宁；对于反侵略战争，维护世界和平有着深远的历史意义和积极的现实意义。尤其对当今旅游事业的发展将起到重要的推动作用。

鲁山分水岭楚长城的历史依据

《汉书·地理志》称："鲁阳，有鲁山，古鲁县，御龙氏所迁，鲁山，滍水所出，东北至定陵入汝。"《元和郡县志》称："鲁山县，本汉鲁阳县，古鲁县也。"清嘉庆《鲁山县志》载："鲁山县，古鲁县，又名鲁阳，鲁阳于周为东都近畿地。春秋时属郑又属楚。"新编《鲁山县志》载："周嫠王四年，楚文王十二年（前678）楚攻占鲁阳，鲁阳属楚。"史书记载说明，鲁山在鲁山县，旧称鲁阳县，夏代称鲁县，周朝时为东都洛阳的近畿地，春秋时（前678）鲁阳属楚国。《史记·楚世家》称："肃王十年（前372），魏取我鲁阳。"《通典》称："鲁山，汉鲁阳县。今有鲁阳关。"《辞海》云："鲁阳关，古关名。在今河南鲁山西南。当洛阳市与南阳盆地间交通冲要，自古为军事必争之地。"鲁山春秋战国时先属周，后属郑，再属楚，而后又属魏的几经属变充分显示出鲁山在军事上重要的战略地位，实际上它确是当时北联东都洛阳南接南阳盆地的要塞，自然成为军事必争之地，这也是楚长城为什么要修筑在这里的重要原因。公元前678年鲁阳属楚后，楚国对于这样一个在军事上占重要地位的要塞，绝不会等闲视之。为了安定北部边陲，保卫疆土，防止诸侯国南侵，就极可能在边界线上的险要之处修筑长城。从公元前678年鲁阳属楚到公元前656年，长城始见记载的22年间修筑鲁阳关至鲁山分水岭段楚长城已成必然，这期间正是春秋时期。正如《水经注校》曰:“楚盛周衰，控霸南土，欲争强中国，多筑列城于北方，以逼华夏，故号此城为万城，或作方城。”《左传·僖公四年》（前656）:“夏，楚子使屈完如师。师退，次于召陵。齐侯陈诸侯之师，与屈完乘而观之……齐侯曰:‘以此众战，谁能御之？以此攻城，何城不克？’对曰:‘君若以德绥诸侯，谁敢不服？君若以力，楚国方城以为城，汉水以为池，虽众，无所用之。’”《汉书·地理志》云:“叶，楚叶公邑。有长城，号曰方城。”《水经注校》引盛弘之云:“叶东界有故城。始犨县，东至瀙水达沘阳界，南联络数百里，号为方城，一谓之长城云。郦县有故城一面，未详里数，号为长城。即此城之西隅，其间相去六（百）里，若南北虽无基筑，皆连山相接，而汉水流其南，故屈完答齐桓公云，楚国方城以为城，汉水以为池。”《郡国志》曰:“叶县有长城曰方城，指此城也。”据嘉庆《鲁山县志》引《顾栋高春秋大事表》载:“昭公元年（前541）楚城犨、郏。犨县，属南阳，本郑邑。此时已入楚。《史记》沛公与秦南阳守庄纥战于犨东，即此。今汝州鲁山县东南，有犨县故城。”此记载已明确无误地说明自叶县到鲁山县已有楚长城存在。另据杜飞豹编著的《中国之最》称:“河南省的楚长城建于公元前656年。它西起湖北竹山，蜿蜒千里，翻山跨水，直至该省泌阳县，是我国最早的长城。”近年出版的《中国古代历史地图集》中在《战国时期黄河长江中下游地区各国争霸图》内已标明了楚长城所处位置。并述明：“楚长城从今河南邓县起，向北过伏牛山，东至鲁山，再折向东南至泌阳东。”此图也已说明楚长城的东部已到鲁山，但由于比例尺过大，不能明确认定楚长城在鲁山的具体位置。另据1996年，由刘振礼、王兵教授编著的《新编中国旅游地理》引证《汉书·地理志》称：“南阳郡叶县，楚叶公邑，南有长城，号曰方城。”“此城以南阳为中心，在其东、南、西三面，利用伏牛山地形，因山为壁，临水为堑，连山相接，‘无土之处，垒石为固’（《括地志》）构成一道长达500余公里的‘楚长城’。战国时又将方城自鲁阳关向西扩建，形成完整的矩形。”这段文字指出的正是本文所讲的鲁山分水岭楚长城。楚长城从鲁阳关向西扩建已是公认无可争议的史实，但在扩建时间上说成“战国时期”明显不妥。众所周知，早在公元前656年前的春秋时期，楚长城已修筑成为“楚方城”，这时的鲁阳已属楚20多年，作为北部边陲冲要的鲁山分水岭段楚长城正是防止其他诸侯国南侵的战略要段，如果没有此段，既非“楚方城”，也更不能有效阻止他国南侵，使东西方长城形同虚设。所以此段长城应在公元前656年至公元前678年间的春秋时期修筑。“战国时期向西扩建”的说法显而易见和历史相背。那么鲁阳关在鲁山什么位置呢？《辞海》云："鲁阳关，古关名。在今河南鲁山西南。当洛阳市与南阳盆地间交通冲要，自古为军事必争之地。东晋太元三年（378）苻坚攻襄阳，使石越率精骑出鲁阳关，即此。参见'三鵶路'。"《辞海》"三鵶路"条称："古道路名。'鵶'一作'鸦'。自河南南阳盆地循今白河支流口子河谷北行，逾伏牛山分水岭循瀼河谷抵鲁山，北通汝、洛。自南而北，路经三鵶：第一鵶在今南阳市北古向城县（今皇路店）北百重山；第二鵶在分水岭北麓；第三鵶即鲁阳关，在今南召、鲁山二县界上，山路险峻，但为洛阳、南阳间最近捷的通道。北周置三鵶镇于今鲁山西南三鵶道上，为控扼重地。"据清嘉庆《鲁山县志》载《明史稿・地理志》称："鲁阳关在县西南，与南召县界。亦曰鸦路镇。"据《元和郡县志》称："鲁阳关在向城县北八十里，今汝、邓二州于此分境。"以上说明：鲁阳关为古关，在今鲁山县西南，南召、鲁山二县界上，距今南召县皇路店四十公里，此地古为鸦路镇亦曰第三鸦。据清嘉庆《鲁山县志》："县域总图和山川图所标，鸦路正是沿鸦水两侧自南召经鲁山县交界、平高城东、瀼西、鲁山县城琴台西、向东北行，再经元次山墓东，入宝丰境，后通汝州。"至此，我们可以得出这样的结论：鲁山分水岭楚长城是春秋时，从古鲁阳关（第三鸦或曰鸦路镇）亦即今南召、鲁山两县的界上（此处今距南召皇路店四十公里）向西扩建，一致形成完整的矩形。

鲁山分水岭楚长城的遗址遗存

大量的文献史料为发现鲁山分水岭楚长城的客观存在提供了翔实的历史依据。我们依据文献史料对鲁山分水岭楚长城现状进行了长期的认真的考察。

2000 年 9 月 1 日下午我们再次考察了鲁阳关楚长城段。我们在鲁山、南召两县交界上访问了南召县皇后乡分水岭村四十里铺自然村的李德谦老汉。李老汉今年 72 岁，不识字，但他讲起往事却滔滔不绝。他说，从四十里铺向南三公里许，有个“过风楼”旧址，这地方叫古鸦路，“过风楼”有 8—9 米长，两层，上层是瓦房，下层是拱圈的大门。门两侧立有两块石碑，一块碑上写着“景丹监工古鸦路”，另一块碑仅残存一小块。“文化大革命”时“破四旧”，把碑全砸碎了，现今不知去向。“过风楼”遗址在 1970 年修焦枝铁路时全部拆除。这里向北流的小河就是鸦水。在“过风楼”两侧的东边山上有汉代以前留下来的用石垒的城墙。

2000 年 9 月 29 日，我们又访问了南召县皇后乡分水岭村五里铺组补文亭老汉，他今年 88 岁，幼时读过私塾。他说：“过风楼是汉代建的，在清朝时重修过，路边石碑上还刻有我老爷的名字（因捐资修建），过风楼是两层楼，下边能过牛车，在东边山顶上有古代人修的城墙。”我们到“过风楼”旧址考察，东西两侧山势果然陡峭，“过风楼”

正建在要塞上，兵家易守难攻，鸦水北流，焦枝铁路的火车在“过风楼”旧址上飞驰而过。旧址上尚存有古砖、古瓦片，随手可捡。我们在地图上用尺子按比例尺量了这里到南召县皇路店的直线距离是36.55公里。折路曲线应为40公里左右，这里正好和史书记载的“鲁阳关在向城县北八十里，今汝、邓二州于此分境”吻合。“过风楼”遗址正是古鲁阳关！

我们沿“过风楼”遗址向西爬上了南召、鲁山交界山，在山顶发现了随山势蜿蜒断断续续的多处残垣断壁布满荆棘的石墙，最长段为30多米，宽约1.5米，向西方延伸，这里就是鲁阳关段部分楚长城遗址。在此之前，我们曾经对鲁山、南召交界处的西段进行了考察，发现了令人震惊的实事。在鲁山县四棵树乡车场村分水岭组王庄自然村附近的山脊上，横跨207国道两侧，崎岖蜿蜒着数千米的石墙遗址。国道两侧山梁上石墙遗址清晰可见。国道东侧石墙横卧，最宽处2米左右，最狭窄处也在1米上下，石墙高度仍保留1—2米不等，整体石墙依山就势，一般修在山坳里，山顶未见，在墙体两端的南边留有掩体性附属设施遗迹，在石墙宽处留有登墙台阶遗迹。我们走访了石墙附近的王庄村民。王庄自然村共13户60多口人，全村都姓王。年岁大点的老人都一致说，古辈子人都说这是楚长城，城墙高有4—5米，这里原来是通往南召县的古路，设有城堡关门，抗战时期中国军队的马车、汽车还在关上通行过往，1970 年 2 月才修了 207 国道，扒掉一截楚长城的石头修了路。走在石墙上，向东登山后的山坳里仍存有南北两处石墙遗迹，当地群众称之为南城、北城。这段石墙正处在鲁山、南召的边界线上，和“自鲁阳关向西扩建，形成完整的矩形”的论断竟一脉相承，完全吻合，和《中国古代历史地图集》楚长城的标定及阐述也完全一致。我们可以说：这里正是鲁阳关西部的楚长城！因为它坐落在鲁山县分水岭村民组，我们姑且称它为鲁山分水岭楚长城。

河南省南召县与内乡、鲁山、方城三县交界地带山峰上的 100 多公里古长城遗址，应该是春秋时期的楚长城。楚长城遗址的发现填补了我国长城研究史的空白。这是中国历史上修建最早的长城。

根据大量的史料、文献记载和调查口碑，经专家考证认定，至此，我们可以说，鲁山鲁阳关至鲁山分水岭段数千米的古石墙遗址是我国历史上修建最早的楚长城遗址，它是楚长城成为矩形的北端线，是春秋时期楚国防御齐国和其他诸侯南侵的北部边陲长城，也应是世界上修筑最早的长城。

团城山鸡冢探疑

王相生

我的家乡位于鲁山县团城乡，原名鸡冢乡，地处平顶山西南，南邻南阳市南召县，环周是神奇的团城山脉，怀抱着神秘的金鸡之冢。从地图上看，团城山脉位于伏牛山的牛头之上，登临四望，重重叠叠的山峰犹如片片花瓣，团团围住团城山。那错落有致的山势恰似九重莲花，盛开在天地之间，而门前那座硕大的土堆——冢子，正是莲花的蕊芯。

着迷鸡冢传说

家乡的团城山鸡冢，令我奇迷不已：此景是浑然天成？还是人工建造？

传说很早以前，这里住着一位好心的老婆婆，养了一群鸡。老婆婆经常接济贫穷人家，将鸡蛋拿去送人。她不求回报，只求自己故后有人到坟上添点土。老人去世后，乡亲们年年为其上坟，添土祭念。天长日久，坟成大冢，被人们称为鸡冢。

亦有人说，这里很早以前就是个大冢，有人经常看见冢子上一只母鸡带着一群金灿灿的小鸡在觅食。人们上前去抓，一眨眼，鸡就钻进冢里不见了，故而叫金鸡冢。

我小时最感兴趣的就是金鸡冢的传说，经常一个人到冢子上转悠，希望也能遇见一群金鸡娃，可最终也没那运气。数千年的神奇传说，真真假假，使鸡冢充满了神秘。家乡的石头是硬邦邦的，家乡的河水是清凉凉的，但家乡的门前怎么就有一座高大的鸡冢呢？

这座土堆高大无比，具体有多高我也没测量过。记得小时候，一群伙伴儿爬上冢子玩，冢顶有一棵大栗树罩着，抬头看不见天上的云，低头看不见河里的鸭，十几个娃娃拉起手来也不能将大树围住。为啥？因为大树的树根太多太粗太高，比我们的个子都高，我们围不到树根处。可惜 1958 年修昭平台水库时，这棵见证历史的大树被刨了。听大人们讲，当时十来个人用了 20 天才把大树放倒。后来，我去乡里查询有关资料，发现 1951 年的勘测记载，“冢子高度 50 余米，总面积 5996 平方米”。哪家门前的土堆能有这么大？

这座土堆历史到底有多悠久，谁也说不清。我去查过县志，明嘉靖《鲁山县志》上就已经有了鸡冢这个地名，只是没有大栗树的记载。也不知道鸡冢的地名究竟起源于哪个朝代。

鸡冢的土与我们当地的麻骨石土质大不一样。上中学时，老师带我们到鸡冢上挖山洞，因为土质松软、细腻，我们一天就挖了十几米深，还挖出一件奇怪玩意儿。拿出来让大人一看，说是一盏古时的油灯，它不是铁的，也不是铜的，是盏陶灯，还有彩色花纹。

从此，我对这个鸡冢充满了奇想，它肯定不是天地所生，而是人工造就的。我不再想着那冢子里会跑出一群金鸡娃，也不再想那冢子里会不会藏有神奇的鸡蛋，总想这漫山遍野的麻骨石田地里，怎么会冒出一个这么大的黄土堆？

发现鸡冢玄机

中学毕业后我便外出打工，跑遍全国很多地方，后来回到家乡。记得快到家时，要先过一道坎，右边的崖子叫接官亭，心里顿时一阵热浪涌来："接官亭，接官亭，我真的是外出求官锦衣而归了吗？如若不然，这个地方为何叫接官亭呢？"

冥冥之中，这个突发的奇想令我激动不已。再往前走，又是一个路口，叫旗杆街；向右走，是朝王殿沟。朝王殿，朝王殿，我如今是回家呢，还是来朝王呢？朝王殿该是百官朝拜君王的宫殿，在这前不见古城后不见古都的深山老林里，怎么会有朝王殿、接官亭呢？

这些以前熟于耳烂于心的地名，我突然就觉得深奥起来。随着年龄的增长，我的疑问也越来越多。

20年前，一个偶然的机会，我结识了在鲁山县志办工作的郭成智老师。当我谈起对家乡的疑惑时，郭老师解答了我的许多疑问，并讲述了西周时期鲁山的历史，还告诉我他对鸡冢的考察与猜测。郭老师怀疑此冢是历史上赫赫有名的周公之墓。他说，鸡冢的鸡，应该不是鸡子的鸡，而是姬姓的姬。姬姓是周朝王族的古姓。周公姓姬名旦，是周文王姬昌的嫡亲儿子。

封建社会里不同阶层的坟墓有不同的叫法。帝王之墓为陵，公侯之墓为冢，卿士大夫之墓为墓，圣人之墓为林，平民之墓为坟。这个“姬冢”，应该是周王朝某位公侯之冢。

究竟是谁的冢呢？

西周初期，鲁山为鲁国的鲁公伯禽（周公长子）之始封地。然而，成王时，鲁公伯禽东征平叛，又迁都到山东奄地去了，所以鲁公伯禽不可能葬于此地。

从西周初到战国，鲁山属周王室京畿之地。京畿地的冢宰就是周公。周公去世后，其次子君陈及其后代袭爵，一直管理着周王朝的东都洛邑。此冢可能是君陈或其子孙之冢。

那有没有可能是周公姬旦之冢呢？周公是周王朝东进的奠基者和开拓者，东都洛邑由周公开发营建。当时的周公应该踏遍了这一带的山山水水，对团城山的地理方位和山水趋向有着细致的研究，因为我国的地理文化与堪舆文化的深层利用就是周公姬旦与其父周文王姬昌相继开创的。鸡冢所处之位，既符合堪舆学中所谓的风水宝地，又处在周公及其子孙们的畿内封地。

再远一点说，除了周王朝的姬姓以外，其他王朝中的别姓公侯，不可能称之为“姬冢”，也不会将冢墓葬于远离京都的深山老林——这里既无山路，也无水路，交通闭塞，几乎与世隔绝。

郭老师的解疑令我释然，同时也燃起了我弘扬家乡历史文化的念头。

再次拜见郭老师时，这位学识渊博的学者又嘱咐我：“研究历史，考证疑案，是一项非常严肃、认真的工程，须持有严谨的科学态度。若确定无疑是周公姬旦的墓冢，那么我们鲁山团城山将彪炳千秋；若妄下结论，就会混淆历史真相，成为千古罪人。”他劝我还是立足于团城乡的辛夷种植，做一个辛夷专家。

许多年后，我的辛夷园建成，认识了邻近的一个园主。无意中与其聊起鲁山地方志，谁知这位园主虽不是专家学者，却对鲁山地方志颇有研究，并且写过论文，对很多问题有自己独到的见解。

受园主朋友影响，我对家乡鸡冢的探查之心又死灰复燃。一次与其聊起鸡冢的传说时，他突然拍案而起，大叫一声说:“这就对了！鸡蛋，就是姬旦，正是周公姬旦的名字！鸡蛋换土之说的‘姬冢’就是姬旦之冢，那时候没有文字记载，一代一代只是口口相传，将姬旦传成鸡蛋，也就不足为怪了。周公在历代统治者心中备受推崇，代代供奉，改朝而不断祀，若非是他，谁的坟墓能历经三千年而仍留有遗迹？”

鸡冢或为周公墓冢

如果说，郭成智老师对我的启蒙，像种子一样埋在我的生命里，那么，园主朋友的话如同惊蛰的春雷，使种子破土萌芽。

我生于斯，长于斯，熟透了团城山的方圆百里。在此，在郭成智老师与园主朋友的基础上，我提出一点自己的偏执之见，将埋在内心的想法大胆说出来。

首先，我想说的是，此冢如若不是周公姬旦之冢，谁的墓冢会这么宏大？拿黄帝陵来比，不过约200平方米。也许有人说，黄帝太久远，断祀太久，不足为凭。那就举一个更久远的，淮阳伏羲庙里的伏羲冢可没有断过祀，我曾经去过，伏羲冢被保护得非常完好，还亲眼见几位老者正一把一把往冢子上培土。我上前搭话，方知他们都是外乡人，年年都背一袋子土来赶庙会，给老祖冢上添土。然而，伏羲冢有多大？其直径也就 30 来米，面积最多也就七八百平方米，而团城乡的鸡冢将近 6000 平方米。这是什么概念？这不是冢，分明是一座山呀！

其次，园主朋友曾与我讨论过几个重点：一、周公非为帝王而为公侯，然其建国的功勋比开国帝王还要大，当时成王曾怀疑其有争位之意。周公死后，成王才后悔知错，所以，对周公倍加崇敬，赐予帝王祭礼。因此，周公之祭实为王祭。所以，其冢肯定大。二、周公于建国之初代替成王摄政七年，以周礼制度取代夏商社会残酷的奴隶制度，因而备受尊崇，以至后来改朝而不断祀，代代供奉，年年祭奠，所以其冢有只增不减的奇迹。

再次，本人认为鸡冢为周公墓冢还有以下几个重要的原因：

从地理上看，这里地势宏伟奇特，绝不是一般人能占有的。团城山环抱鸡冢，状如莲花。空中鸟瞰，如一座庄严神圣的大宫殿，气势宏阔而肃穆。团城山犹如天地间的乾坤轮，而冢子则是轮子的轴心。园主朋友第一次登观景台，就被其气势震撼得热泪盈眶，半天才说出一句话：“天地宇宙，总开关在鸡冢也。”

昭平湖向南十里路是泰山庙。当地人传说，此庙宏大，殿堂多层，石人石像众多，占据了整个南山之坡。这堂庙坐北朝南，应该是王室祭拜天地的庙堂大殿。

泰山庙向南五里直达接官亭，接官亭东南有小团营盆地，向西数里是旗杆街，具备了古代帝王来此祭奠的护卫礼仪。

旗杆街再向西是朝王殿沟。《鲁山县志》载：“团城山上有殿址，莫知其由。”

从接官亭向南十里就是鸡冢，鸡冢南边还有古墓沟、石碑湾之地名。虽然如今古墓沟里不见古墓，石碑湾里不见石碑，但这些地名的来历全都是无源之水吗？这些地名都与祭奠之事有关，难道仅仅是巧合？

从鸡冢向南还有玉皇庙，玉皇庙向南是五道庙（土地庙、龙王庙、火神庙、祖师庙、文王庙）。处于大山深处的鸡冢乡，却有着如此多的庙宇古地，应该不只是为了彰显山里的丰富文化吧。

从五道庙再向南，有地名叫花园沟，东有东花园，西有西花园，东西花园相连接，有十里之遥，不见花草，只有满山的玉兰树遮天蔽日，每树结满密密麻麻的辛夷桃，征兆来年春天的花山花海。这是否为王家祭祀地的风景区？

我也曾想，“姬冢”若实为周公之墓，为何不用“周”称，而用“姬”称呢？“周”是最尊贵之称，而“姬”是周王族的泛称，一般王族都是遵循自家的封号而不用姬氏的，哪一支失封之族才用姬姓？为此，我也曾四处考察。

2016 年，中国姬姓研究会会长姬传东来我市组织姬姓家族去周赧王墓祭祖，我也曾参加。

活动中，我找机会问他：“姬老师，周王室的公侯很多，都以各自的分封地为氏为姓，究竟是哪一支继承了姬姓？”他将我拉到一边，悄悄说：“你问得很好，为这事我跑遍了全国，最后在陕西找到一支姬姓。他们说，他们是周公的后代，春秋末期从洛邑迁去的。”

为此，我又专门查了《周公家谱》。据《周公家谱》记载：春秋末期，周王室发生政变，周景王欲立次子王子朝为继承人，然而周景王在单刘氏政变中去世，单刘氏刺杀了托孤大臣宾起，擅立幼子为周敬王。原文记载：“时敬王居于狄泉，谓之东王；尹氏立王子朝于王城，谓之西王。后敬王入于成周，尹氏、召伯、毛伯以王子朝以奔楚。十四代男，何，因遭王子朝之乱，未袭爵，卒。十五代男，敖，遭哀思之申立，也未袭爵。十六代男，鑋，字子献，悯祖父之失爵，终身未曾离桑梓，日以礼经教授弟子。”

由此看来，周公十四代“何”没有袭周公爵位，十五代“敖”也因为服丧其间没有再袭爵，十六代“鑋”辞爵返回故里，终生都没有离开老家，用礼经教育弟子。自此，周公家族辞官迁回老家，因为未袭爵，而不用周氏，只好用了祖氏的姬姓。

史书难道故意为之？

周公究竟葬于何处？司马迁的《史记》里有“葬于毕”的记载。

周公老家在陕西，他的哥哥武王立国二年就死了，他代侄子成王摄政七年，东征平叛，开疆扩土，建都洛邑，整理朝政，还政之后不久累病而死。司马迁在《史记·鲁周公世家》中记载：“周公在丰，病，将没，曰：‘必葬我成周，以明吾不敢离成王。’周公既卒，成王亦让，葬周公于毕，从文王，以明予小子不敢臣周公也。”

这段话是什么意思呢？就是说，周公在丰地有病了（丰就是镐京），病重之时嘱咐说，“一定要将我葬在成周（东都洛阳），用以表明我不敢离开成王”（意思是成王还小，离开他我不放心）。周公死后，成王也谦让，把周公葬在老祖坟，与爷爷周文王葬在一起，表示他不敢将周公旦当作他的臣子。

可对这些，我存有自己的疑惑。

疑点之一，周公卒于何处？《太平御览》中说，周公受到成王怀疑，于是“奔鲁而死”（这个鲁，就是周公的畿内封国鲁县）。

疑点之二，按此文说法，成王当时应在周公新建的东都洛邑当朝，所以周公说不敢离成王，希望死后能葬在成周，以表示对社稷的关心。事实上，周公去世后，成王一直就在镐京，直到二百多年后，平王才迁都洛邑。成王因不愿去东都，而分派周公的儿子君陈袭爵去管理洛邑。再者，如果周公将殁时留有遗嘱，那么，他的长子鲁公伯禽、次子君陈也都会遵从乃父遗愿，让周公葬于成周，就连成王也不可能违背周公遗愿。可见司马迁说的“葬于毕”不一定为真实记载。

那么，我为何敢说鲁山团城乡的鸡冢是周公墓呢？这岂不是挑战司马迁的权威吗？

几十年来，国家考古队把宗周（郜城）、毕地的古墓探了个遍，并未找到周公墓的一丝痕迹。

武王时，周有三个王陵区，即西郑周太王陵，京郑王季、文王陵，南郑周先公祖上墓地。毛叔郑家族历代任祭奠之职，因职责而居于郜地，在该地建有宫庙。因王陵在宗周以南，所以称南宫。毕原的王季、文王庙在北，称北宫，由毕公家族守护。如今，南郑周先公墓地与北宫之陵墓已被挖遍，并没有周公之墓。实际就已经推翻了司马迁“周公葬于毕”的说法。

古代的王侯陵冢是王家的最大隐私，不会轻易对外公示。史学家司马迁的记载也许是无意为之，也许是有意为之。试想，汉武帝时尊崇儒术，帝王怎会不朝拜周公？司马迁作为史官怎会不知周公之冢在何处？“葬于毕地”，怎知司马公本意不是为了保护周公墓冢而故意南辕北辙呢？

历代帝王陵墓多不载于史书，司马迁为何要把周公葬地堂而皇之地载于史书呢？岂非“欲盖弥彰”？

家乡的鸡冢藏于深山，在鲁之边境，是周王朝东都洛邑的南郊，周公极有可能葬于此。南郊，不正是王室的郊祭重地吗？况且这里又具备郊祭的配套设施——鸡冢前左有朝王殿，右有接官亭，接官亭向北有泰山庙，周围还有大团营、小团营，这些不都是王室郊祭的故名遗址吗？

姬旦封鲁与今河南鲁山的疑似周公墓

潘民中

周公姬旦获封鲁公之地望

司马迁《史记》对周文王姬昌的儿子、周武王姬发的弟弟姬旦泛称“周公”。为什么姬旦被称为周公？《史记·鲁周公世家》在“周公旦者，周武王弟也。自文王在时，旦为子孝，笃仁，异于群子”后，集解引谯周语曰：“以太王所居周地为其采邑，故为周公。”索隐曰：“周，地名，在岐山之阳。本太王所居，后以为周公之采邑，故曰周公，即今之扶风雍东北故周城是也。”太王乃古公亶父，是文王姬昌的祖父，周公姬旦的曾祖父。文王的父亲、周公的祖父是公季。文王“追尊古公为太王，公季为王季：盖王瑞自太王兴”说“盖王瑞自太王兴”，是因为周族在古公亶父时原居于邠（今陕西彬县），被戎狄攻战夺民。古公亶父遂离开邠，迁居到岐下（今陕西岐山县）。邠人举国尽归古公。他国闻古公仁，亦多归之。古公乃贬戎狄之俗，为室屋邑落，使周族兴旺发达起来。以太王所居周地为姬旦采邑，当是文王时的事。

《史记·鲁周公世家》载:“（武王）十一年，伐纣，至牧野，周公佐武王，作《牧誓》破殷，入商宫。已杀纣……告纣罪于天，及殷民。释箕子之囚，封纣子武庚禄父，使管叔、蔡叔傅之，以续殷祀。遍封功臣同姓戚者。封周公旦于少昊之墟曲阜，是为鲁公。周公不就封，留佐武王。”《周本纪》也载:“武王追思先圣王，乃褒封神农之后于焦，黄帝之后于祝，帝尧之后于蓟，帝舜之后于陈，大禹之后于杞。于是封功臣谋士，而师尚父为首封。封尚父于营丘，曰齐。封弟周公旦于曲阜，曰鲁。封召公奭于燕。封弟叔鲜于管，弟叔度于蔡。余各以次受封。”周武王灭商后，在遍封功臣同姓时，封周公姬旦为鲁公。鲁的地望是“少昊之墟曲阜”。《正义》引《括地志》曰:“兖州曲阜县外城即周公旦子伯禽所筑古鲁城也。”这条注释有点文不对题，既未解释“少昊之墟”，也未说明白周公所封的“曲阜”，更未讲清“少昊之墟曲阜”在哪里？少昊，三国学者宋衷和西晋学者皇甫谧都认为是玄嚣青阳氏。玄嚣是黄帝与正妃嫘祖所生二子中的长子。次子即昌意。《五帝本纪》称:“嫘祖为黄帝正妃，生二子，其后皆有天下：其一曰玄嚣，是为青阳，青阳降居江水；其二曰昌意，降居若水。”索隐说“江水、若水皆在蜀。”众所周知，黄帝部落活动区域在中原，说黄帝二子降居蜀地不可信。《大戴礼记》有“玄嚣降居于泜水”的记载。《左传》杜预注：“泜水，出鲁阳县西，经襄城、定陵，入汝。”杜预所说“泜水”的方位、流向与滍水同，所以《春秋地名考》曰：“泜水即滍水也。”全祖望说“盖音同字异耳”。昌意降居之若水，有学者研究认为古汉语若、汝相通，若水即汝水。这样就好了，滍水、汝水是淮河西北方向上源于豫西山地深处的两条流程最远的支流，二水距黄帝部落的核心居住地有熊之墟河南新郑不远，合情合理。玄嚣居住过的少昊之墟位于滍水中上游波水与滍水汇流处，即原鲁山城西二十五里耿集镇，今昭平台水库中的邱公城岛。为防洪水，先民沿波、滍汇流之夹角河岸堆筑了弯曲的堤坝，称曲阜。“阜者，茂也。言平地隆跃，不属于山陵也。”这里是夏孔甲时御龙氏奔鲁之所在，早在夏代就已名鲁了。可见，周武王灭商之后封周公姬旦为鲁公，是在今河南鲁山之鲁。

伯禽袭爵鲁公及鲁都东迁

《史记·鲁周公世家》载：“武王既崩，成王少，在强葆之中。周公恐天下闻武王崩而畔，周公乃践阼，代成王摄行政当国。管叔及其群弟流言于国曰：‘周公将不利于成王。'周公乃告太公望、召公奭曰：'我之所以弗辟而摄行政者，恐天下畔周，无以告我先王太王、王季、文王。三王之忧劳天下久矣，于今而后成。武王早终，成王少，将以成周，我所以为之若此。'于是卒相成王，而使其子伯禽代就封于鲁。周公戒伯禽曰：'我文王之子，武王之弟，成王之叔父，我于天下亦不贱矣。然我一沐三捉发，一饭三吐哺，起以待士，犹恐失天下之贤人。子之鲁，慎无以国骄人。'"据此知，武王崩，成王即位，周公摄政。伯禽则袭其父周公的鲁公爵位就封于鲁。伯禽就封之鲁仍为周公初封鲁公之鲁，即少昊之墟河南鲁山之鲁。"鲁公伯禽之初受封之鲁，三年而后报政周公。周公曰：'何迟也？'伯禽曰：'变其俗，革其礼，丧三年然后除之，故迟。'"因周公初受封少昊之墟为鲁公，是不就封留佐武王的，故伯禽袭爵就封之后用了三年时间"变其俗，革其礼"，然后才到王都向周公汇报。

据《今本竹书纪年》载，成王元年夏六月周公主持安葬武王之后，管叔、蔡叔与武庚作乱叛周。二年，奄（今山东曲阜）地商遗民及徐戎、淮夷也起而响应。三年，周公奉成王率王师讨伐管、蔡、武庚之乱，杀管叔、武庚，流放蔡叔。接着东进讨伐奄、徐戎、淮夷。四年占领奄。史称"周公东征，成王践奄"。讨伐奄、徐戎、淮夷的战事，伯禽也参加了。《鲁周公世家》载："伯禽即位之后，有管、蔡等反也，淮夷、徐戎亦并兴反。于是伯禽率师伐之，遂平徐戎。"正因为如此，五年周公奉成王命伯禽带着鲁公的封号居奄以镇抚之。所以《禽簋》铭文有“成王伐奄侯，因商奄之民，命以伯禽”的记载。这样的话，伯禽在少昊之墟作鲁公五年。而《周本纪》将“周公东征，成王践奄”放在“周公行政七年，成王长，周公返政成王”之后。如此说，伯禽在少昊之墟七年。还有一种说法，《鲁周公世家》之《集解》徐广引《世本》曰“炀公徙鲁”，宋衷曰“今鲁国”。炀公是伯禽次子。伯禽在位四十六年卒，子酋立，是为考公。考公四年卒，立弟熙，是为炀公。炀公筑茅阙门，六年卒。这样的话，就是说伯禽袭爵鲁公，终生都在原封地少昊之墟夏鲁之地。奄曾为商族旧都，周革商命后，奄仍居住着商族遗民，史称“商奄”，故有武庚叛乱奄商遗民起而响应的事情发生。周公在镇压了殷地（今河南安阳）管、蔡、武庚之后，之所以要奉成王东征践奄，就是为了彻底解决奄商遗民反周问题。

周公葬地与河南鲁山疑似周公墓

《鲁周公世家》载：“周公病，将没，曰：‘必葬我成周，以明吾不敢离成王。’”周朝初年，曾两次营建成周洛邑。一次在武王灭商之后回到关中，夜不能寐，思考如何统治东方广大新占领区问题，感觉“‘定天保，依天室，悉求夫恶，贬从殷王受。日夜劳来定我西土，我维显服，及德方明。自洛汭延于伊汭，居易毋固，其有夏之居。我南望三涂，北望岳鄙，顾詹有河，粤詹雒、伊，毋远天室。’营周居于雒邑而后去”。一次在周公奉成王东征践奄归来之后，“成王七年二月乙未，王朝步自周，至丰，使太保召公先之雒相土。其三月，周公往营成周雒邑，卜居焉，曰吉，遂国之”。还是为了巩固对东方原殷商地区的统治。周公遗嘱“葬我成周”，就是要葬在洛邑附近地区，其意思仍然是顾虑对东方的统治问题。周公殁，成王考虑的是他为周朝开辟所做的贡献，仅次于文王、武王，当和他们葬在一地。“周公既卒，成王亦让，葬周公于毕，从文王，以明予小子不敢臣周公也。”所以，关于周公墓，《史记·鲁周公世家》，《正义》引《括地志》：“周公墓在雍州咸阳北十三里毕原上。”《周本纪》，《集解》骃按《皇览》曰：“文王、武王、周公冢皆在京兆长安镐聚东杜中毕原上。”

今河南鲁山团城乡有一巨大古冢。民间称其为“鸡冢”。它北距少昊之墟夏鲁县故城仅十多公里，周围群山环抱。有地方文化研究者说当为“姬冢”，鸡冢乃姬冢之讹，甚至说是“姬旦冢”的省称。对这座疑似周公墓开展研究是很有意思的事情，也有一定的必要性。若按周公遗嘱“必葬我成周”。这里北距成周洛邑不远，在成周洛邑都畿之内，且是周公初封鲁公的核心区域，葬在这里是符合遗嘱要求的。是不是明里葬在了毕原，满足了成王对周公的敬重，暗里却葬在了这里，落实了遗嘱的嘱托！或明里葬在这里，暗里却葬在了毕原。若这种猜测成立，那么陕西毕原周公墓、河南鲁山疑似周公墓，必有一是真冢、一是衣冠冢之别，或彼或此都有可能。要解决这个问题，广泛挖掘文献资料深入论证是一方面，更重要的是用考古发掘结果来证实。还有一种可能，若是炀公才从原封地迁到奄即后来鲁国之地的，那这座古冢就可能是姬伯禽之墓。姬伯禽是第一个就封少昊之墟夏鲁地的鲁公，卒葬此地是顺理成章的事。姬伯禽之墓也可以叫“姬冢”，更何况伯禽之“禽”字又与鸡密切相关呢，民间传为“鸡冢”也是有说次的。

周公作为不就封的鲁公三年，伯禽袭封鲁公七年后东迁于奄。河南鲁山作为西周鲁公之都仅仅十年，就是按炀公才迁到奄地，也只有六十年。时间太短，没有留下更多的遗迹和文献记载。但鲁公迁奄却把原居地夏鲁县的文化积淀都带到了奄地，于是奄也有了“少昊之墟”“鲁”“鲁国”之名，有了“鲁山”之名，也有了“曲阜”之名。因商奄的“曲阜”之名是移植过来的，所以商奄根本没有曲阜实体的存在。直到东汉末年学者应劭才说“曲阜在鲁城中，委曲长七八里”。我们都去过今山东曲阜，其老城区内哪有七八里长的弯曲的山岗啊？可因为鲁公东迁于奄的鲁国往后绵延了几百年，文化积淀丰厚，后世学者遂往前追寻、层垒、叠加出了《帝王世纪》所列炎帝营都、黄帝徙都、少昊氏登帝位建都，等等。究其实那里只有奄为早期商都才是真的可靠的。

屈原故里探秘

王宝郑

引　言

近几年，屈原故里在鲁山这样的认知舆情不断发酵，起初人们质疑：不是说屈原故里在秭归吗？都知道课本上的爱国主义化身楚国大夫屈原，他的《离骚》被司马迁誉为“无韵之离骚”，是文学史上楚辞体的代表人物，屈原故里怎么会和鲁山扯上关系呢？随着时间的流逝，舆情的发酵，慢慢地，人们对这一问题不再吃惊，从诧异到淡定，原来中原文化博大精深，鲁山文化源远流长。

平顶山屈原文化积淀丰富，其地域历史悠久，长期属于楚国，是楚文化发祥地，有正史明确记载，自古有屈原庙存在，现在有犨城故城存在，汉柏古庙遗迹、屈姓村落分布，民间传说广为流传。

延笃——正史本传彰踪影

探究这一问题首先要从《后汉书》和其记载的延笃和屈原庙说起。所谓正史有记载，史实不可辩驳，出处有渊源，结论有实据。

延笃是东汉时期一位大政治家，为官清廉，政绩卓著，为后世所垂范。《后汉书》专列其传记载其事。

延笃，“字延笃，字叔坚，南阳犨人也”。少时师从唐溪典、马融，老师是当世经学名家，他也学道有成，“博通经传及百家之言，能著文章，有名京师”。他以“举孝廉”入仕。后以博士身份受到汉桓帝征召，担任议郎，在东观从事著作之事。后来桓帝以博士征召，拜其为议郎，后为侍中，经常为汉桓帝出谋划策。后迁左冯翊、京兆尹。延笃晚年“遭党事禁锢，永康元年，卒于家，乡里图其形于屈原之庙”。他死后因为德政双馨，为世人所崇，乡里人绘其图像，供奉于当地屈原庙中。延笃是经学名家，论解经传，多所驳正，所著诗、论、铭、书、应讯、表、教令，凡二十篇云。

延笃传中涉及两个基本文化问题。一是南阳犨，一是屈原庙。可以肯定，南阳犨即犨城、犨邑、犨县，故城在今鲁山县东数公里处。延笃虽然《后汉书》载为“南阳犨人”，但毫无疑问是鲁山人。这两个问题成为当代研究南阳鲁山汉代行政区划和屈原文化的基本材料，而屈原庙则具有更直接的文化渊源意义，成为当代研究屈原故里的最直接、最权威依据。因为在屈原文化领域找不到比记载屈原庙更早的文献。研究屈原文化不能绕开这一确凿史载。这一记载直接引发人们的疑惑：屈原为什么与犨城有直接关系？古犨城为什么会有屈原庙？

犨字——专有造字藏地征

斗转星移千百年，犨城早已经淹没在历史的典册中，而其城池不知何时已经成为田野里的一处荒丘，如果不是正史《后汉书》的记载，估计谁也不会将犨重新凝视，将其与屈原故里联系起来。犨不只是一般地名，而是代表着鲁山这一重要区域行政区划的设置与沿革。先有犨城，再有犨邑，再有犨县，在中国历史上存在长达两千多年。

犨可以说是生僻字，生活中不常用，从适用范围看是个明显具有鲁山本地专有性质。可以从字源上探究犨的基本意义。《汉语大字典》解释：犨，亦作“ 犨”。有两个含义。一指牛息声。《说文·牛部》：“犨，牛息声。”段玉裁注：“今本皆作犨……二指突出。”《吕氏春秋·召类》：“南家之墙犨于前而不直。”从造字规律看，犨字是会意字，两种含义都如此。

笔者以为，从牛息声含义看，犨字产生与鲁山犨城一带的自然地理和农业生产特征有密切关系。

鲁山处中原腹地，文明发展史很早，农业文明尤其发达，耕牛用于农业生产应该与中华农耕文化同步。由于西鲁这一区域以沙河为主流，支流纵横，从大尧山山脉岭地到古西鲁东部地区，形成了土地肥沃适于耕作的沙河流域，农作物种植源远流长，牛耕方式很早就普遍使用。参与过牛耕的人都知道，牛耕作时会有深沉的喘息声，这种特殊喘息声变成了犨字的意象本源。

如果从“犨”的第二个含义“突出”考察，犨字与西鲁东部一代的自然地理也非常吻合，恐怕也是与本地特殊地形地势具有直接关联。这一带地形典型特征是山水相依，山为鱼山，又称鱼齿山、鱼凌山，基本上是一条南北走向的土岭。水为沙河，古称滍水。滍水自悠长的鱼齿山土岭中间狭窄处穿过，而鱼齿山岭则在广阔的河侧平原上呈现出南北突出之势。这种突出的形势就被以会意方法用以“犨”字的造字上。而犨城即在鱼齿山南麓不远处。实际上，“犨”字是一种上下结构融合两种意义的汉字，上部表示“突出”，意会鱼齿山突出之特定地形。下部表示“牛喘息”，意会牛耕。这种解释十分契合西鲁特质，有深刻的文化传统在其中。

以上解释如果结合本地古河流犨水看，更具有可信性。犨水，古滍水的支流，《水经注·滍水》有明确记载。其载："滍水又东，犨水注之，俗谓之秋水，非也。"很早的时候犨水就俗称秋水。这可以解释为什么现在还有"秋河桥""秋河"地理名称。犨水"有两个源头"，《水经注》记载得也很清楚。笔者认为，古犨水与古犨城相因而名，最先见诸文字的是犨城，可以推定犨城是犨之本源。

犨城——可证西鲁为楚地

犨城之名最早见诸文献记载的是《左传・昭公元年》云："楚公子围使公子黑肱、伯州犁城犨、栎、郏。郑人惧。"犨即犨城。栎即今新蔡县东北部栎城乡所在地。郏即郏城，今平顶山郏县所在地。文献记载，鲁昭公元年即公元前541年，此时正是晋楚争霸、平分秋色的时候，但是已经过了楚国鼎盛时期楚庄王时期。鼎盛期的楚国地员辽阔，威震诸侯。《战国策・楚》载，苏秦感叹："楚，天下之强国也。"其北边势力竟然到达黄河两岸、陕西境域。《淮南子・兵略训》记载其盛："楚人地南卷沅湘，北绕颖泗，西包巴蜀，东裹郯淮。颖汝以为洫，江汉以为池，垣之以邓林，绵之以方城。"颍即颍水，今颍河。泗即泗水，在山东省中部。汝即汝水，今汝河。意思是，楚国之大，颍水汝水就像是楚国大城之间田地里的大沟，长江汉水就像是护城河，邓林（一言邓州，一言南阳）就像是其城垣，环绕着绵延不绝的方城即长城。方城，楚长城也，今天广布于湖北、河南，绵延至今天鲁山、叶县、舞钢市等地的广大山岭。平顶山境域的楚长城地理上属于桐柏山、伏牛山余脉，是豫西南山区与黄淮大平原的天然分界线。而其外的平原地区、至少延至颍汝，历史上被称为方城之外。

探究楚国历史可知，犨城诞生的背景是楚国已经过了鼎盛时期，但与晋国势均力敌，互有攻守。郑国、蔡国等夹于两大国的诸侯小国仍然仰鼻息于晋楚，所以楚国城犨、栎、郏三城，应该是楚国需要加强防守并巩固方城之外的战略边地。这时的方城之外、颖汝以南成为楚国与中原诸侯争霸的前沿地区。方城之外如此广大，以至于不能没有足够的军事要塞，因此楚国修筑犨、栎、郏三城外，又修筑了襄城、城父两座城池。公元前 540 年，楚灵王修筑汜城，因周襄王曾居之而称襄城。前 523 年楚平王命太子建大城城父，令其据守。这样方城之外形成了城池密布于战略要地。犨城诞生起，就成为楚国边陲重要城邑，不仅具有重要的战略地位，还成为楚国重要粮食基地。《史记·越王勾践世家》记载:“雠、庞、长沙，楚之粟也。”犨城在两汉时期是平顶山境域重要的县级区划设置。战略位置极为重要。

文献显示，犨县一直到南北朝时还存在，但后来多次遭变，唐宋后，犨县设置取消。古犨地介于鲁山、昆阳、父城、襄县、郏县之间，其管辖区域大致北至滍水、南至山岭、东接叶县常村、西接鲁山张良，兴于前 541 年，消失于唐宋代后，断断续续大约存在了1000多年。笔者认为，《后汉书》言延笃为犨人，没有任何问题，古犨城就是延笃故里。

西峡——论说联证定犨城

屈原故里是近几年文化名人故里争论的热点。根本原因在于古代文献的记载缺失和模糊。除了屈原自己的作品外，在先秦文献中，没有关于屈原的任何记载。直到司马迁作《史记·屈原列传》，但没有言及屈原故里问题，只是说“名平，楚之同姓也”。屈原故里成为千古之谜。中华文化是崇拜圣人先贤的民族，屈原故里之争成为当代名人文化的一个热点。

全国范围内看，传统的屈原故里主要是秭归说。但近年四川、湖南、河南、湖北秭归外的其他地方等开始主张屈原故里在本地，其中影响最大的是湖北秭归说与河南西峡说。笔者认为：客观上讲，各种论说都有自己的依据，但都不充分。比如秭归说是基于屈原仕宦游历地引发的，没有比较直接依据。犨城屈原庙则公认为是论证屈原故里可靠性非常强的最早文献依据，其正史记载，毋庸置疑。但这一依据阴差阳错却是由西峡说拿出来用作证据的。

西峡说认为，南阳历史悠久，自古是南北方通衢要道，楚人本是中原部族，是楚国故都丹阳所在地，殷周之际才南迁到丹阳。南阳有屈原岗等文化遗迹，而最重要的证据则是《后汉书・延笃传》中延笃“南阳犨人”的记载。但这个犨城其实不在南阳西峡，而是在今天的鲁山县东部张官营镇。鲁山在汉代属于南阳郡管辖，故有南阳犨城之说，时间变化，行政变革，鲁山早已经不属于南阳，出现错误认知是由于没有详察所致。

笔者认为，在故里问题上，一定要首先弄清故里的准确含义，不能与“故居”混为一谈。故居者，住过的地方，任何地方都可以有，一个历史名人由于其宦历多处可以有多个故居。但是故里只有一个，就是其祖居地，通俗地讲是世代生活的地方。很多时候人们把故乡等同于故里，有时候被称作“第二故乡”的称谓也只是意味着生活时间长而有特殊意义。如此，可以知道，全国多地出现的屈原故居，是不能作为屈原故里的真实依据的。一字之差，谬之千里。

庙祀——礼制传统证故里

犨城为什么最早会有屈原庙？鼎鼎大名的爱国诗人、楚国政治家屈原何以在犨城有庙祀？只有一种解释说得通：庙不常立，立必故里。家族祀祭，后世缅怀。

首先是关于屈原庙性质，应是属于家庙性质。中国古代帝王诸侯等奉祀祖先的建筑称宗庙，贵族、显宦、世家大族奉祀祖先的建筑称家庙或宗祠。宗庙不是简单的祭祀，而是中国古代礼制的一种体现，不是圣人贤士不可以立庙，不可以享祀。犯罪的帝王将相往往被剥夺庙祀的权利。所以说古犨城屈原庙必然与屈原故里有着千丝万缕的联系，极可能就是屈原逝世后家族的庙祀。

从楚国渊源探讨，鲁山与楚族早期国都丹阳就渊源关系。屈原在《离骚》中自称“帝高阳之苗裔”，而高阳部落就曾活动于平顶山境域，今卫东区有高阳山。

《史记·楚世家》记载:“楚之先祖出自帝颛顼高阳。”楚族的先祖季连是中华芈姓始祖，楚国封爵为子男，楚族早期国都在丹阳。丹阳公认在南阳，其有丹水等人文渊源。而西鲁和犨城一带应该属于楚都丹阳管理范围，属于一个文化区域。这有一个佐证就是荆山。《左传·昭公十二年》载:“昔我先王熊绎辟在荆山，筚路蓝缕，以处草莽，跋涉山林，以事天子。”今平顶山湛河区境内就有荆山。

如何解释中原与南方都有丹阳和荆山地名现象？中华文明有一个显著特征就是中原文化的南迁过程中，重置了大量中原地名。由此可以推断，楚国由中原发端，逐步向南方发展，地名重置情理之中 。由此看来，今天的平顶山鲁山、叶县、湛河区一带属于早期楚族居住地，属于楚文化发祥地区域。屈原作为芈姓族人，其始祖地在中原古丹阳一带在情理之中。

汉犨县屈原庙考

罗家湘

2011年，河南西峡县政府开始发力，在报刊组织文章，要将西峡打造成为屈原故乡。2013年8月，“西峡屈原及楚辞学”国际学术研讨会暨中国屈原学会第十五届年会在西峡县举行，“西峡屈原故乡说”正式推向学术界，引起学者们普遍关注。屈原故里西峡说有一条证据是来自《后汉书·延笃传》所谓南阳“屈原庙”：“延笃，南阳犨人也。……后遭党事禁锢，永康元年卒于家，乡里图其形于屈原之庙。”已有学者指出这属于鲁山屈原庙之误读。

延笃为鲁山县人，按“乡里图其形于屈原庙”之记述，屈原庙应在鲁山县，所以“图其形于屈原庙”的应是鲁山县之“乡人”。如果屈原庙在西峡，不可能有“乡人”之称，“乡人”也不会“图其形”于西峡这个外乡的屈原庙。鲁山与西峡相距较远，“乡人图其形”于他乡，既无意义和价值，也无情理可言。西峡于汉置析县为析县境，虽然犨县与析县于汉皆属南阳郡，但延笃作为犨县名贤不可能被“图其形”

于析县。因此，“图延笃形”的屈原庙应在鲁山。

按照汉代行政区划，延笃为南阳郡犨县人。汉代的犨县城位于今鲁山县张官营镇西北数里的前城、后城、紫金城3个村子。根据《左传·昭公元年》（前541）记载：“楚公子围使公子黑肱、伯州犁城犨、栎、郏。郑人惧。”这是犨城建城最早的记载。犨城为中国气候、水文等南北分界线所经过，同时也是古代国家的攻防要地，春秋战国时代，犨城为楚国方城据守的要点。《水经注》卷三十一引盛弘之云：“叶东界有故城，始犨县，东至水，达比阳界，南北联联数百里，号为方城，一谓之长城。”楚人建了犨城，但并不能保证犨城屈原庙也是楚人所建。那么，犨城的屈原庙是何时何人所建呢？本文就此略加考证。

一、犨城屈原庙不可能建于战国

虽然汉代有人活着就建立生祠的记载，但这种生祠战国有没有，不能确定。即使有，对于仕途偃蹇的屈原来说，也是不可能的。死后建庙，这是宗法社会的常态。屈原的身份为大夫，有立三庙资格。《礼记·王制》云：“大夫三庙，一昭一穆，与太祖之庙而三。”《礼记·祭法》云：“大夫立三庙二坛，曰考庙，曰王考庙，曰皇考庙，享尝乃止。显考、祖考无庙，有祷焉，为坛祭之。去坛为鬼。”但屈原自投汨罗江，死于溺毙，这样的死法为立庙带来了麻烦。《白虎通》卷十一“三不吊”条云：“有不吊三何？为人臣子，常怀恐惧，深思远虑，志乃全身。今乃畏、厌、溺死，用为不义，故不吊也。《檀弓》曰‘不吊三，畏、厌、溺’也。畏者，兵死也。《礼·曾子记》曰‘大辱加于身，支体毁伤，即君不臣，士不交，祭不得为昭穆之尸，食不得昭穆之牲，死不得葬昭穆之域’也。”兵器杀死、墙倒压死、水淹溺死，在古人看来都是大辱加身，尸体不得埋入族墓，灵位不得入于祖庙。屈原溺毙，虽有大夫之位，要立庙，恐怕需要特别申请了。在宗法制社会，屈原若能立庙，必然是其亲族所立，按照古人的认识，“神不歆非类，民不祀非族”（《左传·僖公十年》）。因此，非死者亲族是没有资格立庙的。亲族所立祠庙，又不可能只有孤零零的屈原庙，必然是屈氏家族的祠庙群。从文献记载看，犨县没有屈氏祠庙群存在的可能性。

从屈原死亡的时间看，战国时代，犨县也没有建立屈原庙的可能性。关于屈原的卒年，赵逵夫列举过前人的9种说法，从公元前289年到公元前261年，相差近30年。即使取最早的公元前289年，犨县一带也已不在楚人手中了。公元前301年冬，楚与秦、齐、韩、魏垂沙（河南唐河县西南）会战，楚军大败，主将唐昧（《吕氏春秋·处方》《荀子·议兵》作“蔑”）被杀，宛、叶以北的土地为韩、魏所取得。公元前291年，秦国又夺取了宛、叶两座城邑，秦楚边界推进到宛（河南南阳）、鄢（湖北宜城）之间。这时候的犨城在韩国手中，根本不可能为屈原立庙。

二、西汉时人们以汨罗江为凭吊屈原处

楚南公曰："楚虽三户，亡秦必楚！"（《史记·项羽本纪》）秦人的残酷入侵带给楚人巨大的伤害，激起了楚人的反抗意志。公元前279年秦将白起攻楚，先引水灌鄢城，淹死楚人数十万，又接连攻克郢、邓等城邑，向西攻到夷陵（湖北宜昌东南），烧毁楚先王陵墓宗庙，向南攻到洞庭、五渚、江南，向东攻到竟陵（湖北潜江东北）、安陵（湖北云梦）、西陵（湖北新洲西）。公元前278年，楚顷襄王迁都陈（河南淮阳）。楚考烈王十年（前253），又迁都于巨阳（安徽阜阳）。十二年后，楚考烈王再迁寿春（安徽寿县）。楚几次迁都选择在淮河流域，这里是楚人抵抗秦人的最后战场。楚人的抵抗虽然失败了，但仇恨的种子已经埋下。秦二世胡亥元年（前209）七月，陈胜、吴广打出大楚旗号，起兵于蕲（安徽宿县南）。接着刘邦起兵于沛，项羽起兵于会稽。秦最终亡于楚人之手。

屈原是坚定的抗秦派，秦人是不会纪念屈原的。经历了秦的统一战争和楚汉之争，近百年的沧桑巨变，为屈原立庙再也不是屈氏家族的事了。但就史料而言，对屈原的

国家祭祀只能追溯到唐代。汉唐之间对屈原的凭吊祭祀都是民间行为。“两汉时期，人们对屈原人格的认知，主要集中在忠直之臣、迁谪之客、狂狷之士这三个层面上。”汉代贾谊最早关注屈原和他的作品。公元前 177 年，贾谊被排挤到长沙做长沙王太傅，“过湘水，投书以吊屈原”（《史记·屈原贾生列传》），写了《吊屈原文》。在迁谪之客这一点上贾谊与屈原形成了共鸣，哀叹屈原“逢时不祥”，“独离此咎”，但也批评屈原：“历九州而相其君兮，何必怀此都也？”《礼记·曲礼上》云“知生者吊，知死者伤”，贾谊却打破吊文传统，用吊文来哀悼和评价古代的名人，开创了吊文的新风尚。后来淮南王刘安作《离骚传》云：“《国风》好色而不淫，《小雅》怨悱而不乱，若《离骚》者，可谓兼之。蝉蜕浊秽之中，浮游尘埃之外，然泥而不滓，推此志，虽与日月争光可也。”（班固《离骚序》引王逸《楚辞章句》本）视屈原为忠直之臣，给予《离骚》与《国风》《小雅》同等高度的评价。司马迁“读《离骚》《天问》《招魂》《哀郢》，悲其志。适长沙，观屈原所自沈渊，未尝不垂涕，想见其为人”（《史记·屈原贾生列传》）。他为屈原立传，将屈原塑造成为有志难伸、忠而被弃文人的典型。同时，司马迁也认同贾谊的批评，“又怪屈原以彼其材，游诸侯，何国不容，而自令若是”（《史记·屈原贾生列传》）。扬雄钦慕屈原，以屈原为狂狷之士，责怪他“何必湛身哉”，“乃作书，往往摭《离骚》文而反之，自岷山投诸江流，以吊屈原”。这些文人无论到没到屈原投江处，他们都是依托长江，心随波涌，伤悼屈原的遭遇，又批评屈原不能顺应时势，轻弃生命。西汉时代诵读楚辞的专家也来自长江以南。会稽朱买臣因善言楚辞而得汉武帝欢心（《汉书·朱买臣传》）。宣帝时，九江被公能为楚辞，故召见诵读（《汉书·王褒传》）。从这些事情可以看出，西汉时代，人们对屈原有同情，有赞叹，也有质疑。屈原作品的影响还处于从楚人传统的地盘之内向全国扩展的过程中。

三、犨县屈原庙的修建在东汉安帝至桓帝之间

犨县屈原庙修建的下限是清楚的，即延笃去世的汉桓帝永康元年（167），但上限不容易确定。不过，延笃所处时代的社会风尚及延笃的个人经历为我们探索这个上限提供了线索。

延笃死于两次党锢之祸之间。公元166年第一次党锢之祸和169年第二次党锢之祸是具有标志性的事件。在党锢之祸中，前后有七百多人被投入监狱。这些人抨击时弊，品评人物，参与“清议”，在社会上大都具有很高的名望，是东汉时代的名士。《世说新语·任诞》所记东晋王恭的一句话揭开了名士文化与屈原的关系：“名士不必须奇才，但使常得无事，痛饮酒，熟读《离骚》，便可称名士。”名士

文化以《离骚》为经典，屈原是名士们效仿的榜样。屈原的影响伴随着东汉名士文化的兴起而扩大到全国。

名士本指已出名而未出仕的人。《礼记·月令》："勉诸侯，聘名士。"郑玄注："名士，不仕者。"西汉武帝以来，选拔官员实行察举制度。士人要出仕，必须要有名望，才能引起官方的注意。按照儒家学说，孝悌节义、忠诚信用是做人之本，汉代政府引导人们在这些方面下功夫。顾炎武赞赏这种求名风尚，其论《两汉风俗》云："汉自孝武表章六经之后，师儒虽盛，而大义未明，故新莽居摄，颂德献符者遍于天下。光武有鉴于此，故尊崇节义，敦厉名实，所举用者莫非经明行修之人，而风俗为之一变。至其末造，朝政昏浊，国事日非，而党锢之流，独行之辈，依仁蹈义，舍命不渝，风雨如晦，鸡鸣不已，三代以下风俗之美，无尚于东京者。"顾炎武自汉武帝时论起，其最欣赏的当然是东京"依仁蹈义，舍命不渝"的党锢名士风尚。

党锢名士在与宦官、外戚的战斗中形成了独特的名士文化，其源头可以追溯到和帝时期。《后汉纪》卷二十二袁宏论将章帝之前与和帝之后区分开来，认为"逮乎元、成、明、章之间，尊师稽古，宾礼儒术。故人重其学，各见是其业，徒守一家之说，以争异同之辨，而守文之风盛矣。自兹以降，主失其权，阉竖当朝，佞邪在位，忠义之士，发愤忘难，以明邪正之道，而肆直之风盛矣"。《后汉书·逸民列传序》也认为和帝之后"帝德稍衰，邪孽当朝，处子耿介，羞与卿相等列，至乃抗愤而不顾，多失其中行焉”。《后汉书·陈寔传》论曰：“汉自中世以下，阉竖擅恣，故俗遂以遁身矫絜放言为高。士有不谈此者，则芸夫牧竖已叫呼之矣。故时政弥惛，而其风愈往。”和帝之后，士人与芸夫牧竖形成共识，“矫絜放言”成为新的社会风尚。胡宝国认为，在东汉中后期的党议活动中，“汝颍名士遂乘时而起，雄居士林之首”。黄宛峰在汝颍之外又加上了南阳名士，认为“以三郡士人为代表的官僚士大夫深深植根于地方宗族、乡党、士林广泛而坚固的基础上，才形成了政治气候”。三郡党锢名士与屈原虽生活时代不同，但在生存环境和反抗态度方面是一致的，屈原“高余冠之岌岌兮，长余佩之陆离”“制芰荷以为衣兮，集芙蓉以为裳”（《离骚》），以奇特服饰表现特立独行的性格；屈原中情好修，“亦余心之所善兮，虽九死其犹未悔”（《离骚》）的道德洁癖；屈原斥责小人“干进而务入”“凭不厌乎求索”（《离骚》），从不虚与委蛇，而是撕破脸的处事作风；屈原以死相抗，“伏清白以死直”（《离骚》），“知死不可让，愿勿爱兮”（《怀沙》）的战斗精神，被党锢名士引为同调，奉为偶像。《后汉书·党锢传序》云：“逮桓、灵之间，主荒政谬，国命委于阉寺，士子羞与为伍，故匹夫抗愤，处士横议，遂乃激扬名声，互相题拂，品核公卿，裁量执政，婞直之风，于斯行矣。”士人们终于理解了屈原，他们像屈原一样特立独行，批评时政，用个人的生命去维护道德尊严，再也没有人怪罪屈原“何必湛身”了。

东汉时代，屈原作品的注释多起来了。班固（32—92）、贾逵（30—101）、马融（79—166）等注过《离骚》，皆亡。唯存王逸（约89—158）《楚辞章句》。但班、贾之注与马、王之注宗旨不同。《楚辞章句》中保存的班固《离骚序》以保身怀方为宗旨，用经义标准裁量屈原，批评屈原“露才扬己，竞乎危国群小之间，以离谗贼。然责数怀王，怨恶椒兰，愁神苦思，强非其人，忿怼不容，沈江而死，亦贬絜狂狷景行之士。多称昆仑冥婚宓妃虚无之语，皆非法度之政，经义所载。谓之兼《诗》风雅，而与日月争光，过矣！”而王逸《离骚叙》认为班固之论“殆失厥中”，赞扬屈原“膺忠贞之质，体清洁之性，直若砥矢，言若丹青，进不隐其谋，退不顾其命，此诚绝世之行，俊彦之英也”。举例证明“夫《离骚》之文，依托五经以立义焉”，为辞赋之模范，“所谓金相玉质，百世无匹，名垂罔极，永不刊灭者矣！”对屈原的评价变化，反映出时代风尚的不同。以班、贾与马、王生活时代差异来划分，这个区分点可以放在贾逵死去的和帝永元十三年（101）。但这时候犨县籍贯的名人是宦官郑众（?—114），他在永元四年（92）帮助和帝诛杀窦宪，为宦官势力的壮大奠定了基础。要郑众在犨县为屈原立庙是不现实的。故犨县屈原庙可能设立的最早时间只能在114年郑众死后。

延笃的个人经历使他最有可能成为修建屈原庙的组织

者。延笃为平阳侯相时，有“表龚遂之墓，立铭祭祠”的经历，建庙祠祭屈原可以看作其表彰乡贤思想的自然延伸。延笃“少从颍川唐溪典受《左氏传》”“又从马融受业”的师承经历也会引导他对屈原加以关注。《后汉书·延笃传》李贤注引《先贤行状》曰:“典字季度，为西鄂长。”典应为其父堂溪协之误。堂溪氏为吴夫槩王之后，公元前505年，夫槩王自立，被吴王阖闾打败，奔楚，楚昭王封之于堂溪（河南遂平西北），后代以封地为氏。堂溪典血脉中的吴楚渊源和其父任西鄂（河南南召南）长的经历会让他关注楚地的传统。而马融晚年担任南郡太守，又有注释《离骚》的作品，洪兴祖《楚辞补注》注《大招》时引有马融关于“鹔鹴”的解释:“其羽如纨，高首而修颈。”这样的师承对于延笃关注楚文化是有导引作用的。延笃任京兆尹时，因斩大将军梁冀千里求利之使，而“遭党事禁锢”，“以病免归，教授家巷”（《后汉书·延笃传》）。犨城有汉高帝、光武帝征战的故事，有战国时代楚与韩魏相争的故事，当延笃有时间和能力在家乡进行文化建设时，他选择屈原的故事来表彰和传播，这当然不可能是血缘种姓的继承，而是出于对屈原忠贞高洁人格的认同，对于屈原不妥协、不放弃，敢于斗争、敢于牺牲精神的敬佩。党锢名士们在与宦官的斗争中需要屈原这样的人格和精神，延笃修建屈原庙，所要祭拜的正是这种伟大的人格和精神。“乡人图其形于屈原庙”，既是对延笃建庙功劳的肯定，也是通过对屈原人格和精神的肯定来支持党锢名士的斗争。

综上所述，可以得出以下几点认识：

一是对屈原的大规模纪念活动不是在他刚去世时就有人举行，而是等到东汉时代才展开。王逸的《楚辞章句》和犨城屈原庙是这种纪念活动的成果。

二是东汉时代对屈原的偶像化是出于现实政治斗争的需要。从西汉初到东汉初，文人们对屈原有褒有贬，力图用理性之光照亮多样化的传统。和帝之后，党锢名士对屈原无以复加的赞颂带有强烈的反抗现实的情绪，是对自我战斗意志和牺牲精神的肯定。

三是党锢名士选择屈原作为偶像，还与他们重建地方文化传统的努力有关。由于中央朝政荒废，奸臣当道，党人遭受禁锢，各归故里，对于皇权彻底失望，地方文化传统成为士人们联络情感，重组力量，寻求出路的依靠。由于党锢名士集中在南阳、颍川、汝南三郡，楚文化是其共同的文化资源，对于屈原的认同就成为三郡名士的必然选择。

黑山回照下的古战场奇观

袁占才

“鲁阳挥戈”成语 典出鲁山

鲁山县，在战国至隋代叫鲁阳，因故城地处鲁山之阳而得名。

鲁阳挥戈反日的故事，典出《淮南子·览冥训》:“鲁阳公与韩构难，战酣日暮，援戈而挥之，日为之反三舍。”

有关“鲁阳挥戈”的成语，《说文解字》《尔雅》《词源》《辞海》等有“却日戈、回天却日、回戈术、回日轮、戈挥景、指日戈、挥天戈、挥戈、挥戈术、挥戈退日、挥日戈、日避挥戈勇、转日回天、驻白日、鲁戈、鲁戈回日、鲁日回轮、鲁阳德、鲁阳戈、鲁阳挥戈、鲁阳驻日”等诸多词条。这些词条，用几个字调来换去，说的是一个意思。漫漫历史长河，形成了数千条的成语，在所有的成语故事中，恐怕，这一条的变化是最多的，似乎怎么说都可以。这些词条，用不太多的文字语言，讲述了鲁阳公的豪迈与英武，诠释了鲁阳公人能胜天的威仪，记录了鲁阳公的不朽功勋。

典故演绎为成语，这个典故必是动人心扉，读起来唇齿含香。《淮南子·览冥训》短短的几句描述，可谓绘声绘色。仔细想想，这个战斗场面是何等激烈：旌旗猎猎，杀声四起，鲁阳公与韩国的战斗正处于胶着状态。眼看天色已晚，双方仍然不分胜负。太阳将要落下西山，鲁阳公愈战愈勇，他举起长戈向日挥舞，竟然使太阳倒退了 90 里，光明再现，终于全歼敌军。

能够力挽狂澜，使太阳返回，从而扭转败局的人物岂非英雄？也难怪这一个成语，又衍生出这么多个成语。连诗仙李白也赞之："鲁阳何德，驻景挥戈。"而"诗魔"白居易亦引曰："至乃邹衍吹律而寒谷暖，鲁阳挥戈而暮景回……"历代多少名人大家歌之咏之，正如明刘基所言："却羡鲁阳功德盛，挥戈回日至今传。"从中足可明证，这个成语故事，古时是人尽皆知的。

考古学家李学勤在其一篇论文中曾谈到，一位台湾藏家收藏有一件秦器鲁阳戈，戈长 26 厘米，长胡四穿，援内均上扬，援起脊及缘，内有锋刃及一穿，在内上铸有"鲁阳"二字。由此亦可旁证鲁阳公决战杀场必胜的信心与壮举。

“鲁阳挥戈反日”的志书记载

“鲁阳挥戈”沿袭为一个成语，但在鲁山，挥戈反日处，演绎为“黑山回照”，成为古八景之一。

清康熙《鲁山县志》卷一载：“黑山，又名乌山，县北十八里。鲁阳公与韩构难，日暮挥戈，夕阳返照。后光武为王莽所追，至此昏黑，因举手祝天，日亦返照。”

清乾隆《鲁山县全志》载：“祖师庙，黑山庙皆在段店。”

清乾隆八年《鲁山县全志》在王雍《重修琴台记》中道：“北望乌山，挥戈返照之地，鲁阳公之旧迹尤有存者。”

1990年版《鲁山县地名志》载：“张店乡郭庄行政村庙西自然村，在张店西北2.6公里，黑山坡脚下。黑山坡主峰有黑山庙，因村在庙西侧，得名。”

该行政村还辖一个名叫庙东的自然村，因庙西人迁黑山庙东建房居住，得名庙东村，亦称庙前村。

从鲁山的历代志书中所记，“鲁阳挥戈”的黑山，位置在县北18里，今之张店乡郭庄村。而传“汉光武为莽所迫，至此值暮昏黑，举手祝天，夕阳回照”的黑山，在今瀼河乡境，与鲁阳公挥戈反日无涉。

挥戈反日的鲁阳公，与鲁阳文君公孙宽实非一人。

鲁阳公是鲁山一个重要的历史文化名人，之前一直藏于诗书之中，未受到鲁山的重视。近年来，鲁山文化界有识之士认真考察论证，找出“鲁阳公墓”和“鲁阳公挥戈反日处”（古“反”同今之“返”）的具体地址，并竖碑予以纪念。

很显然，就相关志书看，鲁阳公、鲁阳文君、公孙宽乃是同一个人，即鲁阳文子。

实质上，和墨子同一时期的鲁阳公公孙宽，与鲁阳挥戈的鲁阳公并非一人。

涉及鲁阳公的史料，在不少史书和出土文献中都有重要发现。最早的当数《国语》。

《国语·楚语下》记载了一段话，其意是说：公孙文子立了战功，楚惠王把梁邑准备封赏给他。文子辞谢说：“梁邑是楚国北部的要地，我怕后人据险而叛，于国不利。奉事君王要无恨心，有恨心就会犯上，犯上就会有二心。臣可以保证自己一生忠贞不贰，子孙后代我就不敢保证了。”楚惠王十分赞赏文子，说：“你的仁爱之心，惠及子孙，施及楚国，那我就遵从你的意愿吧。”于是就把鲁阳封赏给了文子。文子接受了，人称鲁阳文子，又称鲁阳文君，鲁阳公。

在流传至今的《墨子》53篇中，有《墨子·鲁问》一篇，主要记述的是，墨子以非攻理论，说服鲁阳文君放弃攻郑、攻宋打算的事。

平顶山市历史研究中心教授潘民中考证，公孙宽于楚惠王十一年（前478）接任司马一职，稍后几年获封鲁阳，其获封鲁阳时年龄当在40岁左右。鲁阳公的后半生曾谋划伐郑。《墨子·耕柱》有墨子与鲁阳公对话两则，《墨子·鲁问》有6则，这些对话肯定不会发生在同一时间，而是相当长时间内，多次接触、反复交谈的精粹，基本上是鲁阳公退居鲁阳前后与墨子的思想交流。墨子称鲁阳公为“主君”，口气诚敬，鲁阳公也能心平气和地与墨子讨论问题，二者相处得十分融洽。“鲁阳文君将攻郑，子墨子闻而止之”，“闻而止之”4字，说明墨子是听说后立即赶到并且制止。墨子若非是在鲁阳居住，按当时的信息条件，他是不可能立即听说伐郑之事并且立即赶到制止的。

1994年第4期《中原文物》中，登载有何浩的论文《鲁阳君、鲁阳公及鲁阳设县的问题》。何浩提出，鲁阳文君和鲁阳公并非一人。论文考据：春秋以至战国时期，由楚君任命的楚国县一级行政长官，多称为“公”或“尹”，所谓“某某公”，自必是指该县的县尹。战国早期以来，由楚君赐予封地并以封地之名冠以封号的贵族，称为“某某君”或“某某侯”，也就是指领有某地封邑的封君。县公、县尹属于官职，君侯属于爵称，两者区别明显，但在一些注释和著作中，却多有混淆。典型的就是鲁阳文君和鲁阳公。针对《淮南子·览冥训》中“鲁阳公与韩构难，战酣日暮，援戈而挥之，日为之反三舍”，东汉高诱注：“鲁阳，楚之县。公，楚平王之孙，司马子期之子，《国语》所称鲁阳文子也。”楚僭号称王，其守县大夫皆称公，故曰“鲁阳公”。三国时吴人韦昭参照东汉贾逵的看法，亦注释说：“文子，平王之孙，司马子期子鲁阳公也。”鲁阳文子，也即《墨子·鲁问》中的“鲁阳文君”，即楚惠王“与之鲁阳”后成为战国早期楚国封君的鲁阳君公孙宽。公孙宽，名宽，字文子，故又称鲁阳文君。

高诱、贾逵、韦昭之说相互呼应，看法完全一致。至北魏时，郦道元《水经注·滍水》说：“（鲁阳）昔在于楚，文子守之，与韩构难。”同样是将文子看作鲁阳的“守县大夫”。清代高士奇《春秋左传姓名同异考》也说：“公孙宽亦曰鲁阳文子，亦曰鲁阳公。”近人钱穆《先秦诸子系年·墨子游楚鲁阳考》从梁启超《墨子年代考》之说，“疑文子未必即宽”，却仍然认为《淮南子·览冥训》中的鲁阳公与《墨子·鲁问》中的鲁阳文君为同一人。此后，此说几成定论，很少有人怀疑。

《墨子·贵义》有“子墨子南游于楚，见楚献惠王”的记载。墨子游楚，也仅只一次。惠王十一年（前 478），文子为司马，稍后封于鲁阳，墨子止楚攻宋大概在惠王四十五年（前 444），所以说，墨子止鲁阳文君攻郑，亦大概在惠王四十五年或稍后，这时的鲁阳文君充其量也不过年近 60 岁，仍为鲁阳封君，这时的鲁阳文君肯定是惠王时原为司马的公孙宽。

何浩指出：判定《淮南子》中的鲁阳公是不是惠王时人，自然是判明鲁阳公与鲁阳文君是否为一人的根据之一。

而《淮南子·览冥训》谓“鲁阳公与韩构难”，这必然是公元前 403 年赵、韩、魏三家分晋列为诸侯后的史实。这应该是楚悼王时的事。如果说鲁阳公与韩战属于前 393 年负黍之战的一个组成部分，上距墨子年近 60 岁的鲁阳文君攻郑已 50 来年。事实表明，惠王时的文子与悼王时的楚韩之战毫无关系。

何浩文还说道:《淮南子》所记鲁阳公与韩战，全文既无一字点明文子，也无一字提及墨子，此事本与文子、墨子无涉。

清华大学出土文献研究与保护中心陈颖飞，在其所撰《楚国封君制形成与初期面貌新探》一文中，考证：曾侯乙简的年代明确，即曾侯乙墓的入葬年代，楚惠王五十六年（前 433）或稍后。此前，能确实的楚封君材料目前仅子国封析一条，楚惠王十二年（前 477）受封。仅仅 40 余年后，曾侯乙墓出土了大量的楚封君材料，除见于戈铭的“析君”外，简文的封君名有 12 个，鲁阳公、旅阳公、旅公、坪夜君、阳城君、乐君、贝兮公、鳌阳公等。鲁阳公和旅阳公是一人，此说为后来发现的包山简证明。两名都见于包山简“城郑”一事的纪年简：鲁阳公以楚师后城郑之岁。

包山简所追记“城郑”的这位“鲁阳公”，李学勤认为是楚韩争郑之战中的一年，当是公元前 394 年。近年新出清华简《系年》第二十三章，记载了楚悼王初期与郑、晋的大战，其中鲁阳公拒晋郑“入王子定”，主持其中一战，并且在最后的决战，即楚悼王五年（前397）的武阳大战中，“率师救武阳，与晋师战于武阳城之下”，最终“鲁阳公、平夜悼武君、阳城桓定君三执珪之君与右尹昭之竢死焉”。因此，《系年》的这位鲁阳公应是包山简“城郑”的鲁阳公之父辈。传世文献有“鲁阳公”“鲁阳文子”“鲁阳文君”，分载三事。《国语·楚语》记“鲁阳文子”辞惠王封梁而得鲁阳，韦昭注认为他是“司马子期子鲁阳公”，即公孙宽。《墨子》载大量“鲁阳文君”与墨子的对话，包括墨子劝阻他攻郑，孙冶让注“文君即公孙宽”。这两条记载确应指公孙宽。《淮南子·览冥训》描述了“鲁阳公”与韩激烈交战，高诱注“《国语》所称鲁阳文子也”，认为这位“鲁阳公”就是“鲁阳文君”。据包山简、清华简《系年》的记载，这是不对的，这位与韩激战的应是死于武阳的“鲁阳公”之子，即包山简的“鲁阳公”，与韩有亡父之仇。

因此，目前材料所见鲁阳公至少有三代：第一代封君公孙宽，即“鲁阳文子”，辞楚惠王封梁而封鲁阳，不排除他活到了曾侯乙墓下葬年（前433）的可能；死难于武阳之战（前397）的鲁阳公是第二代或第三代；“以楚师后城郑”（前394）、“与韩构难”的鲁阳公是第三代或第四代。

鲁山墨学家张新河、张九顺著《墨家鲁阳悬疑案》一书，较为详细地对于墨子里籍与事迹进行了考实。该书第十六章“鲁阳公挥戈反日考”，对于鲁阳公挥戈反日的具体年代与地点进行了考据。文中考据道：

其实，“与韩构难”除鲁阳文君公孙宽外，楚国历史上确还有另一位鲁阳公——骐期。

据古典文献记载，在楚国鲁阳称鲁阳公的有两个人：一个是汉高诱注《淮南子·览冥》中的司马子期之子公孙宽（鲁阳文子，鲁阳公，鲁阳文君）；另一个人是唐余知古在《渚宫旧事·卷二》述及“悼王薨，鲁阳公骐期及阳城君杀王母阚姬而攻吴起”的名叫骐期的人。在时间上，正是楚悼王芈疑执政时期（悼王元年—二十一年，前401—前381）；在地点上，鲁阳和阳城（今河南省方城）相邻；在条件上，鲁阳文君公孙宽年龄已在90岁以上。据此，“挥戈返日”的鲁阳公只能是鲁阳公骐期。其时，鲁阳文君公孙宽，虽参加了这次楚、韩会战，但已不能挥戈上阵。骐期应是鲁阳文君的子辈，他就是鲁阳文君以后的又一位鲁阳公。

如此，从上述史料看来，即便鲁阳公公孙宽与“鲁阳挥戈”的鲁阳公是两个人，那么，公孙宽原是有攻郑的计划，后来听从墨子劝谏，放弃了攻郑的打算，亦是明君。而后一个鲁阳公更是能够“挥戈反日”，无疑，两个人都是英雄。

“鲁阳公墓”与“鲁阳挥戈反日处”的具体地点

鲁山多部志书都有“鲁阳公墓”的记载。说墓在城西北三里，大古城西北二里。这位鲁阳公，即是“与韩构难，战酣日暮，援戈而挥，日为之反三舍”的鲁阳公。

大古城的四至位置大体在南至鲁山县城壕琴台北侧，北至火车站南侧，西到核桃树庄东，东到化肥厂将相河西的范围内。大古城西北二里许当在宗庄乃至县委党校附近。

2017 年 11 月 28 日下午，以鲁山县炎黄文化研究会会长邢春瑜、执行会长袁占才为首的县文化界人士一行近十人，先到县委党校西隔墙，将相河上游考察鲁阳公墓遗址遗存的大体位置。

我们去查看时，将相河治理正在进行中，两岸泥土翻新，表层绿色筛网覆盖，以防天气干燥尘土飞扬。党校西侧一块空地，荒坟乱草被一片枯萎遮掩。通往党校西边大潘庄、横跨在将相河上的是一座约 5 米高的石桥。陪同的宗庄村支部书记赵富兴和县委党校常务副校长聂留军分别介绍说：党校院内及其周边，原是大片的坟茔，数百座。这些坟茔究竟是何年代的已不可考。在通往大潘庄路的北侧将相河的东侧曾发现有大古墓，并且还有盗洞，老百姓传是大官的墓。这座 5 米高的石桥不是普通的石桥，而是一座石碑桥。通体全部是古石碑和石碑的碑座砌成。石桥约建于 20 世纪 60 年代初，石碑皆是附近古墓上的。我们一听，甚是诧异，因桥上没有栏杆，看不清楚，就纷纷跑到桥下察看，果然发现桥全部是石碑，不少石碑纹理不同，且多带有文字。这些文字有的长期浸泡在水中，沾染有泥土，有的裸露在外，风吹日晒，漫漶不清。分辨出的多是明清的。砌入桥体内的不得而知。我们甚是惋惜，说这座桥应该好好保护起来，有朝一日扒开细看，恐怕还真会有惊人的重大发现。

根据史料记载，结合考察情况，鲁山文化界人士认为，鲁阳公墓的位置，大体就在去往大潘庄石碑桥的北侧，将相河的东侧。

考察过鲁阳公墓旧址，我们又赶往张店乡黑山头。因为路径不熟，我们把车停在去往段店的公路旁边，披荆斩棘，登上位于楝树庄北的黑山庙坡，亦即黑山头。这里离县城正好 18 里。

黑山其实就是一座突兀的孤山。山脚南北长约 2000 米，东西宽约 1000 米，海拔约 200 米。其偏东南是白山庙坡，其北面是崇山峻岭，有走马岭和青条岭相连。在白山庙坡西侧的山腰上，有古道去汝州北通负黍（古地名，又名黄城。在今河南登封西南。战国时，韩、郑、楚屡在此交争，公元前 256 年自韩入秦。鲁阳公与韩构难，挥戈反日，说的就是夺取负黍的事）、洛邑。站在黑山之巅往西往南远眺，正是太阳西落之时，平川十数公里，村庄与高楼尽收眼底，确有黑山回照之感。黑山庙墙上有“黑山回照”大字，询问庙内主持朱安民先生，朱先生虽说不太清楚黑山庙之渊源，但大体也知道其来历：一在于鲁阳公挥戈反日，一在于王莽撵刘秀，还在于墨子和鲁阳文君有诸多故事，并说这庙内所敬黑山爷即墨子和鲁阳公也。祖祖辈辈，世世代代，一方民众称此山为黑山，建庙为黑山庙。朱先生并介绍，庙上原立有8通石碑，现多已不存。

为了更具体地弄清楚黑山庙的来龙去脉，我们请朱安民联系郭庄村的支部书记。支部书记不在家，安排一名退休的老师接待了我们。在庙西组东头一农户家的大门口，也果真意外地发现了一块40厘米高、20厘米宽的残碑，碑上文字经石随欣粉笔拓印、泼水辨识，依稀为“重修济源庙碑记六次古八景之一黑山返照在……有济源神庙历年者……之……盛典不旬……而鸟华严飞庙”。“而鸟华严飞庙”6字模糊不清，亦可能有错，而“黑山返照”，则清晰可辨，其意明显当指鲁阳公挥戈反日后，渐趋黑暗的山又被回返的太阳照射明亮。

上述，根据史料记载，结合口碑及传说，并实地考察，鲁山文化界认为：此黑山，即“鲁阳公挥戈反日处”遗址也。随后，我们又来到张店乡郭庄村黑山庙半山腰前。观察地理地貌，此处北望段店，南眺县城，颇有气势，果是伏击作战的好地方。

随后，县炎黄文化研究会找到一块旧碑，把“鲁阳公墓”字刻上去后打磨做旧，立于县委党校西、大潘庄石碑桥北侧。又碑刻“鲁阳挥戈反日处”，由县政协文史委主任石随欣撰写碑文，矗立在黑山半山腰一块巨大的连山石前。

复原英雄埋葬之地，明示“鲁阳挥戈”成语典出旧址。两块碑，两个鲁阳公的事迹，解一个千古史案。

尧帝祠庙探微

郭伟宁

作为古之一代圣君，帝尧之遗迹遍布华夏。《路史·余论》称说“唐之为名在在有之”，并称“尧、舜二祠天下不胜多矣”。鲁山尧祠（庙）与现知国内数处较为著名的尧庙对比，有其独特的价值与意义。

一、鲁山尧祠是已知的建造最早的尧帝祠庙

鲁山尧帝祠（庙）位于今鲁山县城西北董周乡董村村北、张庄村西的眠凤山上，群众俗称尧庙或尧神庙。如今有正殿 3 间。建于夏孔甲帝时期，已有约 3700 年历史，是已知的建造最早的尧帝祠庙。

鲁山，古名鲁阳，即夏代之鲁县，是世界刘姓发源地。刘姓起源于夏孔甲帝时期的刘累。刘累，为帝尧裔孙。关于刘累豢龙后迁鲁设尧庙（祠）以祀帝尧之事，典籍多有

记载。《史记·夏本纪》:“帝孔甲立，好方鬼神，事淫乱。夏后氏德衰，诸侯畔之。天降龙二，有雌雄，孔甲不能食，未得豢龙氏。陶唐既衰，其后有刘累，学扰龙于豢龙氏，以事孔甲。孔甲赐之姓曰御龙氏，受豕韦之后。龙一雌死，以食夏后。夏后使求，惧而迁去。”《史记》引《左传·昭公二十九年》:“龙一雌死，潜醢以食夏后，既而使求之，惧而迁于鲁县。杜注:‘鲁县，今鲁阳也。’刘累所畜龙一雌死，潜醢以食夏后，夏后飨之，既而使求之，惧而迁于鲁阳，其后为范氏。”《读史方舆纪要》:“尧山在县城西北四十里，夏孔甲时刘累迁鲁立尧祠于山上 ，因名。”北魏鲁阳太守郦道元在《水经注·滍水》也提到了尧山与尧祠:“滍水出南阳鲁阳县西之尧山。尧之末孙刘累，以龙食帝孔甲，孔甲又求之，不得，累惧而迁于鲁县，立尧祠于西山，谓之尧山。”

刘累迁鲁立尧祠以祀帝尧，在文学作品以及笔记类杂史中也有记载。汉时鲁山名鲁阳，属南阳郡。张衡《南都赋》云:“夫南阳者，真所谓汉之旧都者也。远世则刘后甘厥龙醢，视鲁县而来迁。奉先帝而追孝，立唐祀乎尧山。固灵根于夏叶，终三代而始蕃。非纯德之宏图，孰能揆而处旃。”晚唐时期鲁山令皇甫枚在其《三水小牍》中有《鲁山尧庙》篇，云:“汝之鲁山县二十里曰鲁山，民讹曰路山，则古曰尧山也。岊山有唐尧庙，故《文选·南都赋》云‘甘厥龙而为醢，视鲁山而来迁。奉先帝而追孝，立唐祀于尧山’是也。”

与之相比，国内一些较为知名的尧庙建造时间则晚得多。可考的记载，最早的山东古济阴成阳（今山东菏泽、鄄城）帝尧庙建造于东汉。

二、鲁山尧祠尧庙是唯一的尧帝后裔建造的家庙性质的祠庙

众多典籍记载表明，鲁山尧祠尧庙是唯一的尧帝后裔建造的家庙性质的祠庙。区别于鲁山尧祠尧庙“后人立祀”，前文所列其他各地尧庙尧祠，或为以庙伴陵（山东成阳帝尧庙），或为纪念重大事件（如纪念帝尧诞生的望都尧庙，纪念尧帝建都的清徐尧庙、临汾尧庙，纪念尧访舜的中牟尧舜祠）等。

家庙起源于先民的自然崇拜和祖先崇拜，即家族为祖先立的庙。庙中供奉神位等，依时祭祀。家庙制度的发展演进经历了一个漫长的过程。一般认为，宗庙制度和祭祖礼制形成于商周，并经秦汉逐步完善。《礼记·王制》：“天子七庙，诸侯五庙，大夫三庙，士一庙，庶人祭于寝。”《文献通考·宗庙十四》：“仁年因郊祀，赦听武官依旧式立家庙。”民间建造家族祠堂，可追溯到唐五代时期。各地大规模营造祠堂，则在明清两代。此时入闽各家族经过长期

发展和繁衍，族众日益增多，家族为团结族人大兴土木，故一时建祠之风盛行。

而早在夏代孔甲帝时期，刘累已经在鲁山尧山立尧祠祭祖。由此，后裔立宗祠追祀先祖可以追溯到夏代。从原始氏族社会到奴隶社会演变时期，或者说奴隶社会形成初期，在鲁山所处的汝滍流域，文明已经发展到一定地步。据专家考证，鲁山滍水流域，是三大部落之一的蚩尤部落聚居地，这一地区，是华夏文明策源地之一。故而，刘累于此立尧祠祭祀帝尧，便也不足为奇了。这为研究家庙家祠制度的演进形成具有重要意义。

三、鲁山尧庙尧祠历经修复是持续时间最长的帝尧祠庙

鲁山尧山，为鲁山至汝州所经过。鲁山尧祠自夏建立，汉张衡《南都赋》用 28 字叙述刘累立尧祠以祀帝尧的史实。至北魏，鲁阳太守郦道元在《水经注》“滍水”也提到了尧山与尧祠：“滍水出南阳鲁阳县西之尧山。尧之末孙刘累，以龙食帝孔甲，孔甲又求之，不得，累惧而迁于鲁县，立尧祠于西山，谓之尧山。”

明嘉靖《鲁山县志·山川》记载：“尧山，在县西北十五里，滍水所出。昔尧之孙刘累以豢龙事夏后，惧罪逃

于鲁，立尧祠于此，故名。”清乾隆《鲁山县志·山川》记载：“尧山，西北三十里，自苍头山南来，亦高耸。巅建帝尧庙，详古迹。”该志“古迹”则记述了尧祠的方位，与鲁山县城的距离，并加注称：“云：鲁县立尧祠于西山，谓之尧山。汉承尧之后，故追孝而立之。又云：刘累自夏迁于此，终于殷周秦三代，然后汉兴乃蕃盛。”比对两志记述，乾隆志没有采用康熙志的“县西十五里”说，当是对前志的纠正。

在乾隆《鲁山志》中，还记有“尧帝庙”，位置在“西乡”，虽具体方位阙如，但与同处西北的仓头的普陀堂置于一起，大约不会相错多远。这与尧山位于今董周乡境内吻合。一志分列“尧帝庙”“尧祠”，可能为既有庙，又有祠，也有可能就是同一个地方。明嘉靖《鲁山县志·庙祠》：“尧舜庙，在白象堡，建于元之乙卯年末，为兵毁。永乐十四年，里民沈才兴即故址建之。”康熙《鲁山县志·古迹·祠庙》称：“尧舜庙，白象堡。”白象堡，即今鲁山县张店乡白象店一带，再西为董周乡境，再西北即仓（苍）头山。嘉靖志所言尧庙建造年代，未知所据。至迟在元代，尧庙增祀舜，故称尧舜庙。

20世纪80年代，尧山出土一方碑志，不远处，有祠庙遗址，石头地基与砖瓦尚存。不仅表明尧山之所在，也说明该山祠庙废墟为尧祠遗址。后村民复建尧祠。此地挨近刘累隐居的邱公城，他率族人于此立尧祠以祀帝尧，较之远隔百里、山高路远的原石人山，可信度要高许多。

2022年9月，我同炎黄文化研究会几位老师到位于今鲁山县董周乡的尧庙采风，鲁山知名书法家上官化隆题写的“尧祠”匾额静静地立在祠庙一角，虽经风雨侵蚀，但依然清晰可辨。我们也听到了一些关于尧帝祠庙的传说。其中一个这样讲道：

太平保有一座建于村北山巅道观玄台观，其始建无考，后经明正德年间，清乾隆、道光年间多次重修，有祖师殿、五瘟殿、三官庙、广生殿，道房、山门、墙垣相对完整。玄台观大殿三官殿敬设尧、舜、禹三元大帝尊神。在三官殿里，中间位置是禹的塑像，禹左边是舜的塑像，禹右边是着尧的塑像。

三位尊神为什么没有按长幼顺序排列呢？这还要从董村的尧舜庙说起。

董村北古代有一座尧舜庙，庙里敬的是尧、舜、禹三位尊神。当地传说，尧听说太平保北部有座山像一朵盛开的芍药花，是一个风水宝地，想在此修建道观。尧派舜前去打探，舜不愿意去，推给了禹。

禹来到山上一看，真是一个宝地，直接坐到了正位上。尧等不到禹回来汇报情况，就派舜去找禹。舜来到这里一看，也不想离开了，就坐在了禹的左边。尧等不到禹和舜，只好自己前往找禹和舜。尧来到山上一看，发现这里真是一块风水宝地，怪不得禹和舜一去不回来了。可他看到禹和舜坐到了高位上，只好无奈地坐到了禹的右边。

因为这个，三官殿里三官的座次与别的地方的三官座次不一样。也正是因为这个原因，坐在中间的禹是一副欢喜的相貌，坐在右边的尧却是一脸的严肃。

作为帝尧后裔祭祀祖先之所在，鲁山尧祠（庙）3700年间屡次毁废，又屡经修建，并从最初的家庙性质的祠庙，逐步演化为具有宗教意义的祠庙。此时，在鲁山人民心目中，尧帝早已不仅仅是一个上古的帝王，尧庙也不再仅仅限于帝尧后裔祭祀祖先。鲁山尧庙已经成为传承中华文明，尊崇先贤，建设中华民族共有精神家园的重要场所。

仙人洞探秘

雷小军

探寻仙人洞那日，是个有着些许薄雾的深冬。

仙人洞位于河南省鲁山县观音寺乡西陈庄村石门沟组，属于伏牛山东麓与平原过渡地带的浅山地区。三面，是连绵的群山，路侧，是险峭的沟崖。仙人洞位于路东侧的陡峭崖壁中。因是冬日，虽林木众多，然叶子落尽。疏落间，薄雾里，仙人洞半隐半现地藏在岁月的崖壁里，宁静安然，兀自安居。

“考古中国”的重大发现

河南，鲁山，仙人洞，3.2 万年，人类头骨化石……

以史为鉴，察往知来。每一项考古新发现，都在不断填补历史链条上的缺环。2021 年 9 月 27 日 9 点 15 分，北京，国家文物局四楼多功能厅，“考古中国”重大项目重要进展工作会上，专场发布了旧石器考古成果：鲁山县仙人洞遗址发现的距今 3.2 万年人类头骨化石，是目前河南地区已知年代最早的早期现代人化石。

这个发现，为我国百万年的人类史、一万年的文化史、五千多年的文明史又增添了更多有力实证。

国内外研究表明，距今 3 万—5 万年是现代人出现和发展的关键时期。虽然经考古证实，中原地区存有旧石器文化，证明旧石器时代中原地区已存在人类活动，但一直缺乏人类化石这一直接证据，尤其是现代人阶段的人类化石。

在河南考古百年百大考古发现评选中，栾川孙家洞遗址、灵井许昌人遗址等旧石器时代遗址入选，这次在鲁山仙人洞发现的人类头骨化石和“栾川人”“许昌人”有什么区别呢？

栾川孙家洞遗址距今约 40 万年，发现 6 颗古人类牙齿。这是河南省境内首次在洞穴中发现的中更新世直立人（猿人）化石，与北京人属同一时期。孙家洞遗址中发现的中更新世猿人化石，填补了中原地区未在洞穴中发现古人类的空白。

灵井许昌人遗址已发现至少 5 个许昌人个体，年代为距今 10.5 万—12.5 万年，处于现代人起源的关键阶段。许昌人头骨的混合性特性，尤其是镶嵌性头骨形态特征，反映东亚更新世人类演化特点既具有一般性的趋势，同时还呈现一定程度的地区连续性和人群间交流。为探讨东亚地区晚更新世早期人类的演化提供了极其重要的研究材料，对中国现代人起源研究具有重要意义。

以往研究表明，中原地区这一阶段已有繁荣的旧石器文化，从文化上证明了中国旧石器文化连续发展，但缺乏最为直接的人类化石证据。

而河南鲁山仙人洞遗址发现的人类头盖骨化石，不仅丰富了中国旧石器文化晚期的考古资料，而且为研究中国现代人起源与演化提供了重要的化石依据，填补了中原地区这一阶段人类演化的空白，对研究中国现代人起源、演化具有重大意义。

可是，仙人洞为什么会在鲁山发现？

河南鲁山的前世今生

欲流之远者，必浚其泉源。

中华民族历史悠久，中华文明源远流长，中华文化博大精深。中原地区是华夏文明和中华文明的发源地，拥有深厚的人类文化积淀。鲁山县位于河南省中西部，伏牛山东麓。鲁山三面环山，是连通宛洛的重要门户，素有“北不据此，则不能得志宛襄；南不得此，则不足以争衡伊洛”之谓。沙河古称“滍水”，横贯全境，滋养孕育的滍水流域文明，是中华早期文明不可或缺的重要组成部分。石器时代，这里即有人类活动。炎黄五帝时期，鲁山是史前三大民族集团之一——华夏集团的重要活动区。

鲁山历史悠久，文化底蕴深厚，早在夏代，即有“鲁”之地名。西周时期，是伯禽代周公首封之地，史称“西鲁”。境内有楚长城遗址、汉代冶铁遗址、唐代花瓷遗址、古琴台遗址；是世界刘姓发源地，汉字鼻祖仓颉、春秋战国时期思想家墨子、唐代文学家元结、宋代抗金名将牛皋的故乡。

鲁山还是中国墨子文化之乡、中国牛郎织女文化之乡、中国温泉之乡、中华名窑花瓷之乡、天然氧吧县中国长寿之乡、中国屈原文化传承基地、河南省仓颉文化之乡、河南省丝绸文化之乡。曾经有专家调侃，鲁山的文化元素丰富而厚重，随手一摸就让人浮想联翩。

鲁山地理环境气候条件优越，属于亚热带向暖温带过渡地区，是我国秦岭—淮河南北气候分界线，是湿润半湿润分界线。全县年均降水量为950毫米，降水量由西南1100毫米向东北递减为750毫米以下，仙人洞降水约为750毫米。

四季分明，气候温和，地理环境优越，是古人类生活居住的理想场所。那么，仙人洞是如何被发现的？

考古人员的执着探源

文明走过的漫漫长路，还有哪些未解之谜等待揭晓？

一代又一代考古工作者躬身田野、执着探源，在铸就民族血脉的基石上深深镌刻文化自信，令悠久的传承不再是史书中泛黄的记忆。

据说，仙人洞的发现，与一个人的执着密不可分。他，就是张水木。

张水木是鲁山县库区乡人，就职于平顶山市文化广电和旅游局，却对田野考古充满兴趣。2017 年，张水木任市文物局局长，开始酝酿进行大规模的旧石器专项考古调查。省文物考古研究院负责人将年轻的在读博士赵清坡推荐给他。赵清坡是洛阳嵩县人，本科读的是生物学，在吉林大学就读旧石器时代考古专业硕士研究生，毕业后到河南省文物考古研究院工作。

2019 年 3 月 26 日，平顶山旧石器考古调查项目全面启动，这也是河南省旧石器时代系统性考古调查的首个项目，项目计划进行五年。经过一年多的发掘，除刚来平顶山时由当地文物部门提供的 10 个洞穴外，考古队又发现洞穴 40 多处、旧石器点 80 多处，捡取化石及旧石器标本 200 多件，基本上达到了调查开始前所定的目标。

2020 年 6 月，考古队来到了鲁山县观音寺乡西陈庄村，发现了“仙人洞”。

这，便是缘起。

经过无人机的盘旋观测，得出的结论是，仙人洞位置虽然陡峭，应该可以攀爬进入。于是，赵清坡与队员们花了两个多小时，披荆斩棘，开辟山路，终于进入其中一个洞穴。据说，在洞内地表捡到了一批类似于化石的标本。晚上在清洗整理标本的过程中，竟然发现了特征极其鲜明的人类头盖骨化石。第二天，赵清坡带上头盖骨赶到郑州，得到了专业人士非常确定的答复，随即去北京找国内权威人士做进一步鉴定，著名古人类学家吴秀杰看到标本后，肯定地说："是人类头盖骨化石，就这一片就已经算是重大发现了！"

发现头盖骨化石后，经国家文物局批准，河南省文物考古研究院于2020年9月起对仙人洞遗址进行了考古发掘。

可以"触摸"的古老传说

考古发现，是蕴含着丰富知识、智慧、艺术的无尽宝藏，它延伸了历史轴线，增强了历史信度，丰富了历史内涵，活化了历史场景。

"作为一名考古人，一辈子能有这样一次考古发现和经历，死也值了。""考古中国"会议公布成果后，张水木曾经感慨。

鲁山仙人洞是一处旧石器时代中晚期洞穴遗址，该洞穴保留珍贵的原生堆积，其中至少3层出土人类遗存。据说，考古工作进行得非常辛苦也非常精细。他们采用文化层内划分操作层的方式，按照5厘米一个水平层，逐层向下发掘。对出土的每一件化石和石制品进行登记、拍照，详细记录三维坐标及倾角和走向等；发掘出的土全部过筛，并运至山下，集中进行浮选。发掘结束后，在剖面采集光释光测年样品及孢粉分析、磁化率、粒度、土壤微形态等所需的土样，为综合研究留取资料。

据考古资料显示，仙人洞海拔 576 米，处于陡峭崖壁上，分大小两个洞，分别定名为仙人洞 I、仙人洞 II，仙人洞 I 长 9 米，宽 3 米，高 3.9 米，洞内面积约 30 平方米，地层堆积厚约 2.58 米，共分 8 层，头盖骨化石即在此发现；仙人洞 II 长约 20 米，宽 2—5.2 米，最高约 8 米。

仙人洞 I 遗址中除头骨化石外，还有十多件人类牙齿和头骨断块。洞内堆积丰富，共分 8 层，遗物多出自第 1、2、5 文化层。出土数十件人类牙齿、头骨断块及大量动物化石、石制品，目前可鉴定动物化石标本 287 件，包括 16 科 22 种：普氏原羚、普通马、山羊、棕熊、梅花鹿、马鹿、豪猪、野猪、狼、獐、麝、猕猴及啮齿类小型哺乳动物等，距今约 3 万—4 万年。此外，洞内还发现石制品 14 件，包括石片、刮削器和断块，属中国北方传统石片工业范畴。

通过铀系测年法测定，仙人洞遗址出土的其中 2 件人头骨断块最小年代分别为距今 3.2 万年、1.2 万年。经古人类学家鉴定，距今 3.2 万年头骨断块为人额骨，厚度在现代人变异范围之内。

中国科学院古脊椎动物与古人类研究所研究员、中国著名旧石器考古学家高星在“考古中国”重大项目重要进展工作会上点评时表示，鲁山仙人洞遗址出土的人类化石及相关材料，为研究中国—东亚早期现代人群的演化过程和特点，分析该地区旧石器时代文化的连续发展，当时人类的文化特点、生存方式和生活环境，解决有关现代人起源与演化的相关争论，提供了非常重要的材料和信息。

这些考古成果，将模糊的古老传说变成了可触摸、可见证的历史事实。

远古人类的峭壁“豪宅”

仙人洞所处的西陈庄村处于鲁山、汝州和宝丰交界处，该村有一个洞穴，当地人称“羊圈洞”。考古队在羊圈洞调查过程中，意外地发现了对面的两个洞穴，因为地势陡峭，很少有人进入，当地村民称之为“仙人洞”。

我们一行“探秘”人，小心地顺着已经“开发”出来的山路蜿蜒而上，小路依稀有影，被山石、枯枝覆盖，大家手脚并用，借助树枝辅助，艰难上行，历经一个多小时，仙人洞才透露一点神秘容颜。“路”愈加险要，陡峭的崖壁上，应该是考古队安置的铁索。洞口在上，需要仰望。一边是峭壁，一边是崖沟，双手紧拉着铁索依然心悸，几乎没有了继续往上的勇气。在大家的鼓励下，终于“举步维艰”地爬到洞口，仙人洞I已被铁门锁上，保护了起来，里面有考古的痕迹，数年的淤土，历史的痕迹，层层堆积。仙人洞II仅距数米，岩石、铁索、树干即为“路”，又费尽艰辛地爬上来，这个未锁，我们还能进去，一行七人，站在洞内，并排站立，还颇觉宽敞。

仙人洞具有以下几个地理优势：首先，地势险峻，有安全保障。在没有铁器作为工具的旧石器时期，古人类通常会将高于地面的洞穴或者树木作为居住地，以此避免地面野兽的袭击，保护自身安全。仙人洞遗址位于陡峭崖壁上，位置较为隐蔽，能有效保障居住者的生命安全。其次，水源充足，有生活保障。仙人洞遗址附近有树林、山区和河流，为古人类的生活提供的丰富的食物来源和淡水资源。由于古人类不会制作盛水的容器，淡水源的存在更为方便。最后，面积较大，有环境保障。仙人洞的洞内面积比较大，大约有 30 平方米，可以容纳近 10 人，生活环境较为舒适。在当时的条件下，甚至可以称得上是个“豪宅”。

可以看出，仙人洞当时是经过居住者的精心选址，并用心经营的。

砥砺前行的中华文明

弄清“从哪里来”，方能明晰“到哪里去”。仙人洞的发现，让我们对中华民族“从哪里来”有了更多的了解，也让我们对“到哪里去”有了更明确的方向。

置身在仙人洞中的我们，从洞口望去，外面风光尽收眼底。洞口险峭，可防野兽。洞穴的下面，河水潺潺，方便取用。感受古代人现代生活的我们，不禁感叹，古代的人类是智慧的。能够选择洞穴安身，不仅避雨挡风，还可防野兽攻击。风景旖旎，水源充足，安全舒适。

古人今人若流水，共看明月皆如此。外面仍是寒风索索，躲在仙人洞中的我们，却深感温暖如春。抚摸斑驳洞壁，任凭岁月冲刷，历史的沧桑、文明的荣耀却注定被深深铭刻，依然为我们提供不竭的智慧源泉。

历史烟云随风消散，岁月长河恒久沉淀，文化魅力历久弥坚。听着古老的故事，眺望远处的山岭，俯瞰眼前的乡村，目睹仙人洞的现容现貌，触摸历史的斑驳，想象古代人的生产生活，岁月沧桑，从只片中，阅读曾经岁月，探寻人类的痕迹。

仙人洞历经3.2万余年，湛寂恒常中，审视这岁月变迁，默然地告诉我们：人生的来处，文明的源头，生命的意义，前进的动力，无比博大的岁月与苍穹，以及源远流长、博大精深的中华文明。

焦赞山探幽

杨　娥

一

大秦岭余脉向东延伸，逶迤出了气势恢宏的八百里伏牛山。鲁山县西北部的焦赞山是偎依在牛尾上的外方山，轻轻地一甩，便甩出了海拔 1289 米的巍巍高峰，挺拔俊逸，层峦叠翠，植被丰茂，风景秀美，汇聚了钟灵毓秀的山水气脉，不仅嫣然了鲁山西北山区的自然风光，而且也孕育了古代西鲁绵远悠长的人文历史。

古朴的高山风情，魔幻的历史传奇，使我很早就想撩开焦赞山神秘的面纱，一览古战场刀枪剑戟的磅礴气势，凭吊西鲁英雄慷慨悲壮的侠义风骨。2022 年新年伊始，受鲁山县炎黄文化研究会袁占才主席指示，探秘焦赞在大焦山的历史踪迹，完善文献资料。于是，我从鲁山县赵村镇寨子沟村北上，经铁佛寺登上了大焦山，探幽大宋忠良杨延昭收复猛将焦赞、孟良的史料痕迹。那些珍贵的文化元素和古战场碎片从沉睡的高山密林间向我缓缓走来，我的内心无比震撼。

二

时间追溯到一千多年前，五代十国逐鹿中原，朝代更迭像翻书页一样随便，公元923年李存勗在魏州（今濮阳）称帝建立后唐，此后灭后梁定都洛阳，951年郭威篡夺后汉政权，建立后周定都汴梁（今开封），960年禁军领袖赵匡胤在陈桥驿发动兵变灭后周，五代结束。赵匡胤建立宋朝后，与其弟宋太宗相继扫荡群雄，最后于979年攻灭北汉，基本统一全国，十国结束。

在频繁的战争中，时局很不稳定，枭雄群起，猛将逐鹿。大焦山位于洛阳、鲁阳、南阳的交通要塞，是宛洛古道的重要关隘，成了屯兵扎寨的军事重地。

相传，北宋年间，鲁阳出了两条好汉，一个叫孟良，一个叫焦赞。孟良是鲁山本地人，出身富豪之家，为人豪爽，因为喜欢结交朋友，济贫扶弱散尽了家财，被其父驱赶，遂带领弟兄朋友沿瓦屋楼子河一路北上投奔焦赞。

焦赞则是一个独行大侠，因在河北雄州老家与官府结怨，刺杀了当地的行政官吏，为躲避官府通缉，流落到了中原，一路行侠仗义，收容了不少性情中人，在大焦山落草为寇，做了山大王，过起了除暴安良、劫富济贫、悠然自得的侠士生活。

焦孟二人志趣相投，相谈甚欢。于是，焦赞就把他安置在下汤镇西北 12 公里的孟良寨山（原为无名山峰，因宋将孟良曾在山顶筑寨扎营而得名）安营扎寨，在孟良寨山下有一条起伏的山岭叫“造反岭”（今赵村镇堂沟境内与土门搭界），焦赞、孟良曾在那里拉杆造反，把人马拉进孟良寨壮大武装力量。孟良寨与焦赞寨两地相距 30 里，双山对峙，好似一对“孪生兄弟”。焦孟二人安顿妥当后插草为香，义结金兰，相约同生共死。又拜老婆寨的阿郧婆婆（后被悍匪所灭）为干娘，三个寨子互为犄角，遥相呼应，彼此相顾。

孟良山主峰海拔 823 米，巍峨横亘，气势磅礴，有土地可耕，有猎物可狩，他们高筑寨墙，操练兵勇，干起了劫富济贫的绿林营生。至今孟良寨方圆 3 公里内，当年留下的山韭菜仍郁郁葱葱。登临古寨，残垣断墙，巨石垒垒，山寨犹存，只是暗淡了刀光剑影。

从焦赞山众多的遗址遗迹、地名起源、历史传说的文化碎片中可以大致理出北宋大将杨延昭收复焦赞的历史脉络。

大焦山绵延 30 多公里，群山拱卫，峰峦相叠，十分隐秘；主峰万仞峭壁，云横碧嶂断，雁没青天还，天然的屏障使这里易守难攻；西延十余里与汝阳接界，地势险要，一条狭窄的官道仅容一人单骑通过，是贯通南北的古驿，名叫关岈，素有一夫当关万夫莫开之称；站在焦山崖壁东望鲁阳宝丰城池如海市蜃楼，北望汝阳村庄依稀可见，向南俯瞰宛城若明珠镶嵌，向西瞭望十八垛如十八坐罗汉蔚然成坚实的靠山。

寨子沟村民常海像说书一样讲起了焦赞山传奇，他说：当年焦赞率众登上大焦山只见群峰颔首，千岭回龙，山形地貌藏龙卧虎，自然风物旖旎万象，是一块风水宝地。于是决定在大焦山筑寨扎营。他依山就势在焦山顶峰的万仞挂壁修筑寨墙。其寨墙底宽 6 米多、最高处 9 米有余、断断续续连接约 3 公里之长，寨子四周隐约可见瞭望台、寨眼等军事设施。东、南各设计两个寨门。至今东寨门和南寨门遗址尚存。焦山主峰东北有个地方叫“吊桥岈”，两面是刀切崖夹峙，岈底宽丈余，岈深约 70 余米，焦赞把进寨的吊桥设在这里，进可攻退可守，敌兵插上翅膀也难以飞进。

坐拥焦山虎帐，焦赞十分惬意。这里既有特殊的地理环境，又有得天独厚的自然优势，距离吊桥岈不远有一条土坪岭名叫“跑马岭”，是焦赞在此练兵习武、跑马射箭的地方。山顶土地平旷，焦赞的“操军场”设在这里，是操练兵马集结军士的演兵场。山寨内是平坦的开阔地，足有上百亩，有个地方叫卧龙岗，左右两个涌泉，可供人、马饮水，寨子背面有一个平塘，叫大王坪（今汝阳境内），是焦赞兵勇操练休养之地，也是粮草供应大后方。这对当时占山为王者来说，大焦山真是个好地方。从此，“焦不离孟，孟不离焦”，两个山大王建立了自己的王道乐土。

三

爱江山也爱美人。土门中学的李长兴老师对焦赞山传奇故事、历史典故和地名起源了如指掌，他说：焦赞山下的“背妻庄”因焦赞娶亲背妻而得名，当时的土门人烟稀少，村子里也就三两户人家，靠打猎为生。有一年冬天大雪封山，一个姓张的猎户带着女儿围猎一只野猪，那头野猪趟着积雪慌慌张张地撞进了焦赞的军寨，猎户和女儿穷追不舍，顺着野猪的蹄印深一脚浅一脚地追进了密林。一抬头，三个壮年汉子挡着了去路，野猪就躺在他们的脚下。为首的一个红脸大汉英俊神武，提着一杆铁枪笑眯眯地看着他们说：“老伯，大自然之物，上天恩赐，见者有份，这野物就分一半与你们吧。”从此鲁山西北部留下一个规矩，只要猎人狩到猎物见者有份。一直被恶霸欺凌的猎人十分感激，与焦赞结下了忘年之交。猎户的女儿也很崇拜焦赞的侠勇仗义，就顺理成章地成了焦赞的压寨夫人。

焦赞很宠爱这个飒爽英姿的夫人，在焦赞山第二主峰建造了一座梳妆楼，其实是避开军营他们两人的私密寝宫。梳妆楼旁有一个巨大的圆石形如妆台，是焦赞夫人坐在那里梳妆的地方。石凳粗粝温婉，宛若伊人刚刚离去。石镜圆润光滑，影影绰绰地反射着山川林木的芳华，映衬出天地间的悲欢故事。磐石犹在，诉说着英雄伉俪的风华传奇，布满沧桑的纹路里刻印着历史的悲壮和柔软。

距离“梳妆楼”不远，有一个“望乡台”，是焦赞和夫人遥望家乡的地方，每当一场战争之后，焦赞总会登上“望乡台”感慨万千，身怀武艺，思念家乡，空怀报国之志，却不能投身疆场，杀敌报国建功立业，内心总会有一丝丝遗憾随着呼啸的山风在焦赞山上回荡。焦赞并不是简单粗暴的莽汉，他在寻找着一条路，寻找一条能配得上英雄名分的路，寻找一条能带领弟兄们走向光明的路。

四

焦赞、孟良的绿林征伐，虽然没有危害百姓，但他们抢掠富商，打劫豪绅，引起了社会恐慌，危及了朝廷统治。北宋大将军杨延昭奉旨招降焦赞。杨延昭决定先从军事力量相对薄弱的孟良寨下手。于是他从鲁阳下汤北进，把军队驻扎在距孟良寨不到两公里的杨家庄，用岩石堆砌防御的堡垒，传说由呼延大将军镇守，叫作“呼延寨”，现在部分遗址尚存。因为杨家将是大宋臣僚，这道沟就叫作“呼延臣沟”，现更名为“鸿雁沟”。

杨延昭装扮成樵夫模样，摸清了孟良寨的军事部署，然后带领将士从杨家庄北坡一路硬攻，把孟良寨硬生生撕开了一个口子。进入寨内，一群喽啰慌作一团，就是不见了大王孟良。原来那天是十月初八，孟良到焦赞营寨为大哥祝寿。杨延昭号令众匪徒，愿意报效朝廷的收编为杨家兵勇，其他的发放银两，遣散归家，接着让几个熟悉路道的兵士做向导直奔焦赞山而去。

杨家庄的老人们讲，那一天下着鹅毛大雪，成坨的雪片飞舞着，遮得人看不见前行的路。大焦山铺地白，整个世界笼罩在银色的穹庐下。杨家将在大焦山上扎了两个营盘，（今为土门乡上营、下营）封锁了焦赞孟良下山的路口。

大焦山酝酿着一场恶战。杨家将在上下营休整了三天，开始围困山寨，可是围困了一个冬天却没有拿下。杨延昭十分纳闷："天寒地冻，焦赞军马粮草给养怎么解决？"放哨的士兵禀报："焦赞寨上不时有麦糠纷纷飘落。"杨元帅非常惊异，大冬天怎么会有麦子可收？于是找来当地的猎户询问，原来山寨上有一块风水宝地，长短有一里地，并排可种三耧麦子，即种即收，前面用耧耙播上种子，后面即可收割金灿灿的麦穗，人们把它叫作"回垄地"，兵马粮草一应供给，永远也困不着山寨人马军需。

于是杨元帅改变了战术，让猎人带路重新勘察焦赞山寨的地形和布阵状况。仍然是久攻不下，杨家将损失惨重，第三天黄昏时分大雾弥漫，山寨北面断崖处有一支天兵天将降临，原来是六郎之弟杨延嗣英灵显圣来相助六哥，只见他白铠白甲银袖挥舞，断崖处旋即变幻一道悬桥，杨家将伏兵顺着杨七郎搭建的虹桥从天而降，把整个寨子撒豆子一样团团围困。首先攻上梳妆楼，拿下了焦赞夫人。焦赞瞬间失去了战斗意志，起了降顺宋军的念头。

两阵交锋，英雄比武。杨延昭一身白色铠甲在雪光映照下闪着粼粼的光泽，孟良一听杨延昭破了孟良寨就破口大骂。杨延昭不急不躁，学习诸葛亮七擒七纵孟获的胆略，一连三次用计谋胜了孟良，点点到位，既不伤及性命，又不损其颜面，孟良心服口服终于心甘情愿地投降了杨延昭。

焦赞在一旁看得明白，暗自佩服："这真是一条好汉！"他本来有心归附朝廷，但也要看看这位元帅的诚意，更不能不战而降。英雄相见，况且两个人都使用长枪，不战几个回合又怎分出高低？即便是投奔了这位英雄，也不能失了大王的身份，让人低看了自己。

操军场上军士列队，杨元帅提枪跨马向前几步，一杆银枪横担在马脖梁上，拱手一揖，说道："各位好汉，你们一个个身怀绝技，聚义山林，只为草莽；驰骋疆场，方是英雄。何不与我一起边关御寇，建功立业，名垂千秋。"焦赞听罢一声断喝，一杆铁枪迎上前来："今日枪杆子上见分晓，我若战败，随你驱使，汝若不敌，大焦山就是尔等坟场！"

说时迟那时快，眨眼之间，两个人影战在一起。杨延昭白衣银枪神出鬼没，焦赞褐衣乌枪呼呼生风，大枪抡圆电闪雷鸣，这个力劈华山，那个泰山压顶，无论是空中的花絮还是地上的积雪都随着两人腾挪旋转，飞舞成雾雪旋风把二人团团围着，看得人眼花缭乱。激战正酣时，却见两人双双收枪拱手作揖，同时赞叹:“英雄好枪法！”

这真是不打不相识，英雄惜英雄。二人下得马来，手挽着手走出雪雾，进入军帐。焦赞、孟良设宴三日款待杨延昭不杀之情，招安之恩，维护英雄颜面之仗义。

这下刚刚上任鲁阳关巡检之职的杨延昭，就立下了不小的功劳，接连又收服了焦山周围的其他贼寇，替朝廷去除了很大的隐患，自是壮勇并集，兵马强盛，改旗易帜，于焦赞山上扯起杨家金字旗号。从此众人畏服，边患少息。焦孟二人成为杨元帅麾下的两名虎将，随同杨家将南征北战，屡建奇功，是杨家将抗击辽军的两位传奇人物。

五

走进焦赞山，随便问起一个老人，讲起“樵夫诡计捉孟良　六郎单骑收焦赞”的故事，都是声情并茂如身临其境。黄良旭老师说，杨家将收编焦赞孟良的战役中，阵亡的将士本来要安葬在杨家庄，可是当他们带着收编的军队从焦山南下走到赵村镇的小尔城时，朝廷派驿使送来加急战报，边关形势危急，诏杨延昭挂帅疾驰三关抗辽。于是就近选了个依山傍水的地方，深挖墓穴把这些阵亡的将士和他们使用的兵器一起埋葬在了这里。具体的位置在小尔城西、牛岭石东路南的田埂上，20 世纪 60 年代时尚见墓冢成圆形，长满了茅草，有小麦秸垛那么大，人们把这个地方叫“杨家坟”。为了保持对杨家先烈的尊崇，一代一代地就这么叫着。老辈人传说，古时候每当清明节的夜里，小尔城人擦黑就紧闭了门户，给杨家上坟的人让路。这一夜小尔城马蹄嘚嘚，“杨家坟”灯笼火把彻夜通明。黎明时，再看杨家坟彩纸飘飘，坟脚石前的祭香尚未燃尽。黄老师强调说杨家坟传说绝非空穴来风，是有历史渊源的，起初上坟的应该是滞留在杨家庄的杨家后代，之后由于杨家将在朝廷被奸臣所害，要满门抄斩，杨家后人就不敢再大张旗鼓地招摇。只是在清明的夜里偷偷祭拜。60 年代初有一个黄姓居民耕地，在杨家坟地挖出一个宋代兵器的铜箭头和一柄铁制大刀，由于锈迹斑斑，刻字很难辨认，依稀若“杨”字痕迹，这给杨家坟一个有力的佐证。由此可以推断这座古墓埋葬的，的确是一个或者多个杨家武将。

杨家将多慷慨悲歌之士，他们忠勇不阿，铁骨侠肠，大宋江山的每一寸土地上有他们血染的风采。作为杨家之后，我不禁肃然。“杨家庄”“呼延寨”“孟良寨”“焦赞山”“上营”“下营”“马槽”等，这些背负传奇故事和历史风烟的地名，演绎了一场场铁马冰河的英雄史诗。

在浩渺的历史云烟中杨家将与焦赞、孟良传奇故事版本很多，无论是史料记载还是民间传说都有自己的原始依据。1990 年 12 月，中州古籍出版社编印出版的《河南省鲁山县地名志》记载:“焦山北侧与汝阳县交界坳岭处，有七郎庙（始建不详）。据传，宋代杨七郎曾在此山以武力征服山大王焦光赞，当地村民为纪念七郎，立庙祠之。”土门办事处李宝泰老师介绍：杨七郎显圣助杨六郎攻克焦赞，六郎战后奏明天子，朝廷在七郎显圣处的跑马岭下建庙宇一座，如今，这座七郎庙尚存，香火依然旺盛。这些传说辅助证明了杨家将在焦赞山的活动踪迹。

六

回眸北宋历史，虽然版图辽阔，但它的政治经济文化中心在东京汴梁，距离鲁山也就三两天的路程，皇城之下，岂容匪患横行，派杨家将剿灭或收编也在情理之中。

至于焦赞、孟良为什么在鲁山西北部为王，一是政治形势所趋，从五代十国时期到北宋年间，各路豪杰逐鹿中原，建立了一个个割据政权，时势造英雄，他们也想雄霸一方，见机行事。二是自然条件优越，一山坐三县，进退自如，防守固若金汤，出兵可长驱挺进，是兵家必争之地。

如果要考究他的历史真实性，大焦山遗留的那些古战场、古建筑和兵器的遗迹，有相当多的遗址、文物和老百姓口口相传的故事相辅相成环环相扣，足以佐证。赵村镇寨子沟村民常清廉、常太生（二人已故）在山寨各捡到一个铜箭头。一个是三棱型，一个是铧尖型，各有三寸长。这也足以证明，焦赞山是古战场无疑。寨子沟与土门交界的东嘴石壁上留有杨家将饮马的石槽，石壁上拴马的铁环犹在。焦山村河里也有几个长方形的石槽，村庄被命名为上马槽和下马槽，是杨家将曾经饮马的遗迹，给杨家将焦赞山剿匪留下了铁的证据。

李宝泰老师说，1984 年，他和鲁山县文化馆的王忠民老师一起登焦赞山考证，当地有个叫乔文秀的人，家里收有焦赞的兵器。果不其然，老人说，确有此事。早年，他和山民在寨内开荒种地，曾刨出过很多锈迹斑斑的古物，像是兵器，有箭头等物，还有焦赞丁勇佩戴的腰牌。最美的是一条二尺许的古兵器，他说是焦赞的狼牙棒，顶端有齿状，由于年久断成了两截，1958 年上交时，偷留下了半截，当了猫绊子，后来被走村串乡收古物的掏 5 元钱买走了。

《河南省鲁山县地名志》记录：“1954 年，焦山村民宋发财上山挖药捡到焦赞铜印一枚，重 2.5 斤，交鲁山县文化馆收藏，后被许昌地区文物部门提走。此后附近村民又陆续捡到古铜剑、铁铸大刀、古瓷碗等文物。”无论是正史或者野史都是历史留下的痕迹。

铿锵的古寨，断垣的寨门，横亘的操军场，空阔的跑马岭，陡峭的吊桥岈，神奇的回垄地，温婉的梳妆楼，寂寞的望乡台，奔腾激越的上营下营，悲壮神秘的杨家坟场，厚重辽远的历史传说，铁环叮当的饮马槽，裹满了历史尘烟的铁刀铜箭冷兵器……仔细聆听刀枪剑戟隐隐作响，风萧马嘶车辚辚，鼓角争鸣战犹酣。这些多元素的文化碎片给焦赞山蒙上了神奇的面纱。

波澜壮阔的历史长河中，每一个地方有每一个地方的文化情结。正是这些灿若星海的地方文化，汇集了浩瀚的中华文化大系，在一代代有情怀有担当的文史传播者的赓续传承中，中华文化才能源远流长，历久弥新。

石碑沟牛皋墓是衣冠冢还是英雄归葬地

石随欣

位于鲁山县熊背乡桃园沟村石碑沟自然村的牛皋墓年代久远，其建成年代已不可考。该村名曰“石碑沟”，便是由于此地有牛皋墓，墓前原立有石碑。勒石当在建墓后的明代。

牛皋，字伯远，生于北宋元祐二年（1087），卒于宋绍兴十七年（1147），汝州鲁山（今河南鲁山县）人。他戎马一生，身经百战，多次取得抗金和抗击伪齐战役的胜利，屡立战功，是一位功勋卓著的抗金名将。牛皋后被田师中害死。现牛皋故里河南鲁山石碑沟有牛皋墓葬，浙江杭州、湖南岳阳、河南平顶山等地也有牛皋墓或者疑似牛皋墓。一代抗金名将身葬何处，成为一桩疑案。石碑沟牛皋墓，究竟是衣冠冢，还是英雄身后归葬地？

口碑资料支持石碑沟为牛皋终葬地

为探究牛皋墓葬，笔者曾多次走访当地村民。据当地村民讲，石碑沟牛皋墓有两处，一处当为疑冢。墓葬规模并不大，其标志并不明显，仅在墓侧有两株高大的娑罗树，其中一棵树中空，容一人并不显得狭促，三人方能合抱。树龄当在数百年，有可能即为葬牛皋时所植。规制简单并植树以志的做法，符合当时的客观条件。可惜，1958 年，鲁山大炼钢铁，娑罗树被伐，充作燃料。牛皋墓前所立石碑，也被作为石料用以修建围坝，难觅踪影。

数百年来，石碑沟牛皋墓祭祀不断。石碑沟地处偏僻，当地村民讲，偶尔来了生人，村民们多会知道。可是，人们代代相传，白天，牛皋墓并不见有人来祭祀，只是每年重大节日，一早起来，总会见到有人祭祀的痕迹。这大约是牛氏偷偷祭祀牛皋的遗风。牛皋逝时，鲁山早已沦陷，为金人统治地。金亡，鲁山又为蒙古占领。蒙古至元八年（1271），蒙古改国号为元，鲁山属元。15 年后的南宋祥兴二年，即元至元十六年（1279），南宋灭亡，持续 150 多年的南宋与金、蒙古、元对峙才宣告结束。元朝统治下的民族融合难以完全弥补撕裂的民族情感，暗中祭祀牛皋也是一种必然。近百年后，鲁山归明，汉族政权重入主中原，儒家传统文化与思想归于正统，公开在故里鲁山祭祀牛皋也成为一种可能。然而，200 多年间形成的夜里祭祀牛皋的行为，却作为一种习俗保留下来。

现存牛皋墓位于石碑沟村中间，围约 9 米，墓前有碑，书“南宋著名抗金将领牛皋之墓”，为2016 年重建。

牛皋之忠孝思想对其归葬故里的影响

牛皋生活的鲁山，地处汝滍流域，是中华文明发源地之一。牛皋深受中国传统思想的影响，一生忠孝为本，便不足为奇。

牛皋慈孝为先。鲁山当地民间传说，牛皋幼年丧父，他每日里打柴为生，侍奉母亲。年长娶亲生子，与老母和妻儿相依为命，是至孝至慈之人。牛皋爱国忠君。《宋史》记载，牛皋初为射士，“金人入侵，皋聚众与战，屡胜，西道总管翟兴表补保义郎”。可见，牛皋从军前即自发组织地方丁壮开展抗金斗争。《建炎以来系年要录》卷三二曰：“建炎四年（1130）正月，京城留守上官悟以京西南路招抚司中军统领牛皋为本司同统制，兼京西南路提点刑狱公事。”至此，牛皋正式充为军职，卫国抗金。三个月后，“金人攻江西者，自荆门北归，皋潜军于宝丰之宋村，击败之”，取得了抗金斗争史上的重大胜利。加入岳家军后，更是身先士卒，忠勇无畏，屡建奇功。牛皋尊上礼下。他征战一生，战功卓著，却从不恃功自傲，自觉服从岳飞调遣。他身先士卒，爱兵如子，深得将士爱戴。岳飞遇害，田师中任都统制，成为牛皋顶头上司。对于秦桧主和阵营成员，牛皋也做到尊重服从，甚至在岳飞父子被害，牛皋自身处境危机四伏的情况下，他还亲赴田师中所设之宴，以至于中毒身亡。作为部将，更由于牛皋骨子里的忠义思想，致使他不可能拒绝上司宴请。还可以归纳出牛皋深受儒家思想的影响方面，不再赘述。

忠君爱国思想贯穿了牛皋的一生，甚至有学者论其为“愚忠”，这大体是就其洞庭擒杨么而言的。牛皋有政见，有兵略，绝非评书《岳飞传》中所塑造的一勇之夫。李心传《建炎以来系年要录》记载牛皋在行在见宋高宗，因言“伪齐必灭之理，中原可复之计”，有理有据，有胆有识，其学识可见一斑。牛皋定然受过中华传统文化的浸染。而叶落归根观念作为中华传统忠孝思想的主要内涵，必然会在他的身上有所体现。而数百年前的元结，客死长安，不远千里归葬故里鲁山，便很好地诠释了这一观念。其后，与鲁山颇有渊源的郝经、张宗泰等，均在故后终归葬故里，其实也从另一个侧面佐证了牛皋归葬鲁山的可能性。牛皋是慢性中毒，《宋史·牛皋传》录有其遗言，表露了他没能战死疆场的莫大遗憾。牛皋之父早卒。牛皋加入岳家军时已46岁，母亲当已年迈，终年征战，不具备安置母亲的条件，大约其母也是终葬鲁山的。牛皋对于身后事的安排，史书无记载，也当不必记载，但留嘱归葬鲁山陪伴双亲当在情理之中。

归葬鲁山的现实条件

牛皋逝时，鲁山已归金国统治。史载，宋金两国边防，在金一边，远较南宋懈惫。腹地鲁山，虽有两国交锋，但当更为松懈。牛皋之子曾于此对金作战，顺便安葬牛皋之遗骨，是一种现实之可能。

据南宋周必大《文忠集》卷一四六记载，牛皋有子牛僎，淳熙十一年（1184），宋孝宗征求鄂州副都统制人选意见，周必大推荐牛僎。二月九日，孝宗御笔《议鄂州军帅》：

> 今欲迁郭杲鄂州都统制，副帅目下未有人，且令杲兼江陵郡统制，卿以为何如？却奏来。

周必大回奏称：

> 有牛僎者，是皋之子，王宣之婿，臣虽不识其面，甚知之。久在襄汉，曾随王宣立战功于汝州、确山，解围蔡州。隆兴二年，拒金人于陂子河，过桥破敌，其功尤为俊书。郭杲荐章云：宽

严得体，廉约自将，恪于奉公，长于御众。因此召审察留之殿司。若用为副，令就戍襄阳。

奏章中所言牛僎岳父王宣，本是牛皋的副手，曾长期驻守襄阳。牛僎任鄂州副都统制是孝宗淳熙十一年（1184），距牛皋被害已经三十七年。牛僎在河南境内立战功于汝州，于确山，于蔡州。宋时，确山属蔡州，鲁山属汝州。尤其值得关注的是，隆兴二年（1164），牛僎战于陂子河，过桥有功。陂子河在何处，史无记载。今河南省鲁山县有背孜乡，与汝州搭界。背孜境内一条河流自北向南，纵贯全境，今名荡泽河，是沙河的重要支流。“陂子”极有可能是“背孜”的另一种写法，这在地理记述中屡见不鲜。这样看来，牛僎在孝宗淳熙十一年（1184）之前，至少有两次在汝州作战，两次路过鲁山县境。古三鸦路上的交口，又是必经之地。牛皋故里石碑沟毗邻交口，此地的牛皋墓，极有可能是牛僎亲建。墓内所葬，当为牛皋遗骨。

处于政治军事边缘地位难以享受至高哀荣

汴梁、颍昌一战，牛皋功勋卓著，无出其右者，由此出任捧日天武四厢都指挥使、成德军承宣使，兼枢密行府提举一行事务。宋禁军中，捧日、天武、龙卫、神卫称上四军。捧日为骑军，天武为步军，皆属殿前司。龙卫属侍卫亲军马军司、神卫属侍卫亲军步军司。各军皆分左右厢。端拱元年（988），置观步军龙卫、神卫四厢都指挥使及殿前捧日、天武四厢都指挥使为长官。牛皋任职虽然多是虚衔，但恩宠几乎无以复加。

然而，这大约是牛皋最后的辉煌。绍兴十一年（1141），岳飞以“莫须有”的罪名被害于大理寺狱。宋金议和得以实现，主和派成为朝廷主要势力，主战派受冷落，甚至面临被诛害的风险。王贵已经敏锐地觉察到主战派命运的凶险，而忠勇耿直的牛皋好像并未高度警惕似乎随时可能来临的凶险，他并未效仿王贵急流勇退，却再无大的建树，仕途也变得暗淡。他被害前数年几无功绩《宋史·牛皋传》说：“宣抚司罢，改鄂州驻扎御前左军统制，升真定府路马步军副统总管，转宁国军承宣使、荆湖南路马步军副总管。”其实在此前的绍兴五年（1135），牛皋平定杨么，升任武泰军承宣使，改行营护圣中军统制。不久，牛皋便又任湖北、京西宣抚司左军统制，加龙、神卫四厢都指挥使。鄂州，一直是岳飞军驻防地，牛皋“改鄂州驻扎御前左军统制”之事，或在“宣抚司罢（岳飞罢黜兵权）”之前，即使果如《牛皋传》所说是在其后，牛皋担任鄂州驻扎御前左军统制，也属当然。这很大程度上是由于追随岳飞抗金屡立战功的必然结果。此后较长一段时期，南宋与金处于对峙状态，边境相对平和，战事稀少。遍查正史，再无牛皋破敌有功、获得升迁的记载。由此可知，牛皋虽未受岳飞一案牵连，但仕途似乎走到了尽头，此前其屡立战功一路升迁的传奇人生也暗淡下来。牛皋因为功勋卓著，又没有给主和派以借口，所以这一时期，看似风平浪静，他似乎没有遭受大的波澜，但在主和派与主战派势不两立的大背景下，主战派代表人物的牛皋受到忌惮、提防甚至谋害，便也成为一种必然。牛皋没有在宋金交战的惊涛骇浪中牺牲，却为田师中所毒害，不能不说是一幕悲剧。悲剧的主角，断然无法享配哀荣，以至高礼遇安葬。

牛皋逝于鄂州并无安葬杭州的条件

岳飞被害是在绍兴十一年，牛皋被毒杀是在绍兴十七年。此六年间，牛皋一直驻防鄂州。被田师中毒杀，同样是在鄂州，而不是在杭州。

岳飞被解除兵权后，原担任岳飞军中军统制的王贵任武安军承宣使、鄂州驻扎御前诸军权都统制，接替岳飞掌握兵权，并将都统制司移于鄂州城东黄鹄山麓。高宗、秦桧对王贵存有忌心，在制造岳飞冤狱时，就有意将案情牵连到他。万俟卨“诬飞使于鹏、孙革致书宪、贵，令虚申警报以动朝廷”，而书“由宪、贵已焚之矣”，因而到岳飞被杀害后，王贵就被改命为“福建路马步军副都总管，罢从军”，改授侍卫亲军步军副都指挥使、福建路马步军副都总管之虚衔，实际上是罢其兵权，贬为闲职。之后，张俊就推荐田师中去“代掌岳飞军”。虽然鄂州军易帅，但都统制司未见迁移，原岳家军防务仍在鄂州。

此支武装力量长期驻扎鄂州，是由于当时宋金形势所决定的。绍兴十二年（1142），宋金达成和议，宋称臣赔款，割让从前被岳飞收复的唐州、邓州以及商州、秦州的大半。金宋东以淮水、西以大散关（今陕西宝鸡西南）为界，形成长期对峙局面。此后二十年间，宋金维系着相对平和的关系，宋金对峙局面形成。偏安临安一隅的南宋背海立国， 以临安为主的东南地区是南宋的政治核心区域。南宋为防备金、蒙入侵，边防分为三大区域：淮河沿线区域属前卫防线。湖北、江西、江苏等地长江沿线属第二道防线联卫地区，这条防线虽然战事较少，但由于其地理位置非常重要，属大别山北麓和两淮左侧的庇护。长江天堑是南宋的最后一道防线，是以都城临安为中心的东南地带重要屏障，一旦失守，宋将不保。将川陕地带作为边卫地区。时人认为“吴为天下之首，蜀为天下之尾，而荆楚为天下之中”，金蒙“以吾之精兵皆在于东南，其所虑于我者亦东南也”。长江沿线是国家所必争不可失之地，布防有十路大军，其中一支即为鄂州驻军。牛皋作为鄂州军重要将领，自然要常驻。“绍兴十七年上巳日，都统制田师中大会诸将，皋遇毒。”田师中三月三上巳节设宴“大会诸将”，宴请的只能是鄂州军的重要将领，设宴的地方也只能是鄂州，而非杭州。感觉不适，皋“亟归”，当是其军营或者住所。第二天卒。在主和派把持朝政的背景下，仅作为鄂州军将领，况疑似被其主帅所害的牛皋，无论如何是不能享受到葬于杭州之礼遇的。

栖霞岭牛皋墓当修建于岳飞完全平反之后

岳飞的平反经历了一个漫长而曲折的过程。绍兴十一年十二月二十九（1142 年 1 月 27 日），万俟卨、秦桧一党上报高宗，提出将岳飞处斩刑，张宪处绞刑，岳云处徒刑的建议。高宗下旨：“岳飞特赐死。张宪、岳云并依军法施行，令杨沂中监斩，仍多差兵将防护。”当日，岳飞在狱中被赐死。岳飞家人除岳云被害外，多流放岭南。依宋律，岳飞的尸体应当草草地埋葬在大理寺的墙角下。狱卒隗顺涉险将岳飞偷运出城西北的钱塘门，葬于九曲丛祠附近北山山麓的平地上，坟前种橘树两棵以为标记，假称“贾宜人墓”。

绍兴二十五年（1155），在岳飞被害 14 年后，秦桧寿终正寝，而且死后也备享哀荣，被追封为“申王，谥忠献，赐神道碑，额为‘决策元功，精忠全德’”。秦桧之子谋求相位遭拒，秦桧家族已经呈现失宠迹象，此前长期噤声的主战派开始呼吁为岳飞平反，但高宗任用杀害岳飞的元凶之一万俟卨担任相职，实质上彻底断了主战派的念想。主和派依然牢牢占据上风。

绍兴三十二年（1162）五月，赵构退位，赵昚登上皇位，是为宋孝宗。与赵构不同，赵昚作为南宋第二代领导核心，是一位胸怀大志、抗金复国的有为之君。宋孝宗为了鼓舞士气，兴师北伐，登基之初即打着高宗的旗号下诏：“追复岳飞原官，以礼改葬，访求其后，特与录用。”宋廷对岳飞“近畿礼葬，少酬魏阙之心，故邑追封，更慰辕门之望”。

即使是孝宗赵昚即位后，赵构充任太上皇，仍然左右着南宋局势。孝宗当政27年，赵构作为太上皇，老而不死，几乎“监督”了赵昚主政的全过程。淳熙五年（1179）岁末，即孝宗即位并为岳飞“昭雪”之后的第十七年，朝廷为岳飞赐谥，对岳飞的历史功过正式评价。太常寺拟请“谥以忠愍”，被赵昚退回，“令别拟定”，后赐谥号为“武穆”较之“忠愍”评价大为逊色。

嘉泰四年（1204），“开禧北伐”前夕，宋宁宗赵扩采纳朝臣韩侂胄的建议，将岳珂为岳飞所作的辩白文书宣付史馆，追封岳飞为鄂王，赵扩指出：“（岳飞）虽怀（郭）子仪贯日之忠，曾无其福；卒堕（李）林甫偃月之计，孰拯其冤。”“可特追封鄂王。”强调“虽勋业不究于生前，而誉望益彰于身后”，“岂特慰九原之心，盖以作六军之气”，目的在于给活人一个说法。此后宁宗赵扩、理宗赵昀时期，主战派与主和派势力此消彼长，历经反复。嘉定十四年(1221)，杭州栖霞岭南麓，建岳飞墓，亦称岳坟。在岳坟前铸造秦桧、万俟卨等人跪像。而此时，距岳飞父子被害已经将近 80 年了。

在岳飞冤案尚未得以完全平反的漫长历史时期，将逝于鄂州的牛皋礼葬于临安，几乎是难以想象的事情。

临安栖霞岭很可能不是牛皋终葬地

牛皋殁时，正值宋金议和后两国局势相对稳定时期。主战派遭受重创，牛皋当首当其冲，备受冷落；主和派权势炙手可热，如日中天。以牛皋当时之职位，资格远不够远涉千里葬于杭州。

如今最有名的牛皋墓位于杭州西湖栖霞岭剑门关紫云洞口，坐西朝东，成圆形拱顶，下条石围砌，上封土植草。直径 3.5 米，高 1.8 米。外围圈式短墙，依山傍道。墓前立“宋辅文侯牛皋之墓”碑，墓碑上刻“宋辅文侯牛皋墓记”。墓道前构筑两柱一间石坊。墓后及两侧有半圆形回龙墙，其右侧立清光绪元年（1875）秋八月《重修辅文侯牛公墓记》碑。墓前方又有长 13.7 米、宽 3 米的墓道，中立一高 4 米的石牌坊，坊柱上镌明徐渭（文长）撰“将军气节高千古，震世英风伴鄂王”对联。整个墓地修竹掩映，古朴庄重，与岳坟遥遥相望。

南宋景定年间（1260—1264），牛皋被追封为辅文侯。此等爵位较之岳飞的“鄂王”相去甚远。而早在40年前，岳坟已建。当是牛皋为岳家军重要将领，且屡立奇功，故尊享在临安栖霞岭立兆的哀荣。宋明清时代，墓碑书文，如为当朝，则依例冠以“大”“皇”等敬辞，从栖霞岭牛皋墓墓碑书文仅著“宋”之朝代称谓看，其建成年代当不是有宋一朝。

现在所知最早关于牛皋墓的作品就是牛皋墓前徐渭联。联出自其七律《吊牛皋墓》。徐渭自撰《畸谱》：“嘉靖二十年（1541），徐文长二十一岁。寓阳江。夏六月，婚。得潞兄讣。秋，兄淮至阳江，余随之归，寓广省久。冬，始抵玉山，岁除矣。改春大雪，往岳庙看绿萼梅，诗二首，刻文略。”大约《吊牛皋墓》即作于此时。《西湖新志》卷九：“宋辅文侯牛皋墓，在剑门岭紫云洞南，新修。”《西湖新志》著者胡祥翰是清末民初人，所谓“新修”，当然不是新近修建，而只是重修。

1955年，清理孤山墓葬时，原牛皋墓废，1987年重修。现墓、墓碑及石坊为重修之物。

综之，牛皋墓修建当甚晚于其卒年，其为衣冠冢或者空墓的可能性大。

其他地方（疑似）牛皋墓为纪念性墓冢

目前除栖霞岭牛皋墓之外，还有数处牛皋墓或者疑似牛皋墓，但都不是其尸骨埋葬地，而是纪念性墓冢。早些年，湖南岳阳牛皋岭发现疑似牛皋墓。墓位于湖南省岳阳县步仙乡关王村。据媒体报道，当地村民传说牛皋岭上有牛皋墓。墓穴有 3 米多宽，4 米多长，环绕墓穴的石堤有 1 米多高，20 多米长，墓前还有一个 4 平方米左右的祭祀坪，牛皋墓前碑牌林立，有石牛、石马、石狮、石象把门，一对招魂望石碑上刻有楷书“有功万代名声远，无私千古自流芳”。中间牌上有“双凤朝阳”“二龙戏珠”“麟吐玉书”等栩栩如生的图案。据当地村民讲，墓前原有石马、石牛、石狮子、墓碑，碑上书“南宋岳家军名将牛皋之墓”。1949 年，这些石料被用来筑解放堰。堰体一块青石条长约 2 米、宽约 0.2 米，上刻有“牛皋岭”三个大字，大字下面刻有“南宋牛皋岳家军之……庭擒杨么时屯兵斯……大中华民国三十年……”等模糊字迹。据专家考证，这里曾是牛皋擒杨么的古战场，墓葬，当是后人为纪念牛皋而设立。

平顶山市新城区花山村牛皋墓位于平顶山市应滨街道花山村。墓坐北向南，围约 10 米。墓前有碑，书“大宋将军牛皋之墓”。墓后立有祠，均为 2015 年复建。祠墓原建于清乾隆二十八年（1763）。时，滍阳绅民集资修葺宋村牛皋祠和东花山牛皋墓，滍阳近乡举人李绿园应邀撰写了碑文《宝丰宋村宋统制牛伯远祠碑记》，并作有《宋村牛伯远祠》诗一首：“背嵬兵捷朱仙镇，仙人关与和尚原。有开必先古权舆，宝丰东南古宋村。……龙山脚下滍水旁，到处只用靴尖蹴。宋家统制牛伯远，横截中断肆杀戮。……所以战场人多吊，唯有宋村快凭眺。地当通衢每过此，下车来揖伯远庙。”20世纪60年代，宋村及牛皋祠被白龟山水库淹没。之所以滍阳有牛皋墓，是因为这里有古宋村，乃为牛皋军宋村大捷之古战场。也属纪念性墓葬。

当然，由于史料阙如，加之年代久远，牛皋到底葬于何处，终成千古之谜。本文只能就牛皋墓葬最有可能于鲁山之可能性做一探讨，希望引起学界重视，进一步挖掘研究相关史料，揭开牛皋墓的神秘面纱。

溯源鲁山插花地

王顺利

什么是"插花地"

20 世纪 30 年代初，鲁山县境内有部分乡村土地、居民沿袭旧制，仍隶属临汝管辖（今汝州市）。由于这些地方，交错插花在鲁山县境内各地，当时称之为"插花地"。

据专家研究考证，插花地也叫飞地、嵌地、寄庄地等，是指两个区之间没有明确归属的区域。两个或两个以上区域因地界互相穿插或分割而形成的零星分布的土地。如两个区域的土地互相楔入对方，形成犬牙交错的地界，或一个区域的土地嵌进另一区域范围内。插花地给生产组织和土地利用造成许多困难。

鲁山插花地的成因

鲁山境内的插花地，源自明代兵屯。《明史·兵志》记载："天下既定，度要害地，系一郡者设所，连郡者设卫。大率五千六百人为卫，千一百二十人为千户所""河南都司，旧有洛阳中护卫，后并汝州卫，又有伊府仪卫司"。据清嘉庆《鲁山县志》总纂武亿考证"汝之设卫，盖仿此例"。

清乾隆《鲁山县志》记载："汝州长营，旧碑文有云：洪武二十五年（1392）某月日，太祖高皇帝御左顺门，谕指挥葛川伊王，于明年出阁河南，你可先于五百里地内屯田多种小麦，以便家口就食。葛川遂奉命于汝州、襄城、鲁山、郏、叶等处屯种。设百户二十，典仪所六。"卫下设屯，屯下设营，营及其附近村庄，为兵营屯垦区。当时鲁山之丁屯、沈屯、余屯，及叶县之孙屯，皆为兵营屯垦之地。卫、屯均直隶汝州。据清嘉庆《鲁山县志》总纂武亿考证："鲁山诸营，依旧志可考者，凡二十二，皆隶于汝州卫。"

清乾隆《鲁山县志》记载：鲁山境内22营，即"城北：毛家营，离城五里。城东：三里营，三里；詹家营，七里；东詹家营，二十五里；柳树营，二十八里；徐家营，三十里；清水营，二十五里。城东南：柳营，三里；胡家营，十八里；朱家营，三十里；陈家营，三十二里；叶小营，三十里；纪家营，三十二里；王家营，三十五里；曹家营，三十六里；磙子营，四十里；萧家营，五十五里；张官营，六十里；梁官营，六十里；洪官营，六十五里；毛家营，六十五里；高家营，七十里”。

鲁山自唐宋隶属汝州，直至民国二十三年 (1934)。鲁山县境内的 3 屯 22 营，虽然零星分布在鲁山县境内各地，但不属鲁山县管治范围。乾隆《鲁山县志》记载：“伊府（葛川伊王）惟征屯粮，而地则犹是县地，屯户编籍与县民同听县治。迨设汝州卫，而县无与矣。然屯营豪强，欺凌民户，与夫作梗。县治者县官与卫官争论，必直而后已。”

鲁山插花地的裁撤

清顺治十六年 (1659)，裁撤汝州卫建制，各屯、营直属汝州。从此，凡屯营居民，科举、田赋、纳税、词讼等事均到汝州办理。这些屯田距汝州较远，但一切事务仍听命于汝州，加之稽查难周，所在各县又不能干涉其政，涉及官方事物多有不便。雍正十一年（1733），河南巡抚拟将各屯营的插花地并入所在县管辖，但遭到插花地各屯营村民的反对。盖因插花地距离汝州较远，兵差杂役负担较轻，而附近县治，又不能过问，成为一方“自由领地”。插花地归属之议未成。

乾隆《鲁山县志》记载：“顺治十六年裁卫，而地隶汝州矣。尔时，朝议‘近县归县，近州归州’，不知何以仍因旧贯。州县参错，县虽近而义难越俎，州处远而鞭长不及，两不便云。”

民国二年（1913），汝州废，置临汝县，各屯、营仍归属临汝县。民国二十三年三月，国民党河南省政府决定将各插花地就近划归各县管辖，委派阎振东、郑保年负责处理，办公地点设在宝丰县西大营。各县成立划界委员会，主办归属与划界事宜。勘定划界以就近安排、便于管理为原则，以山川河流、自然界线为依据划分。从此，鲁山县境内的插花地问题得到彻底解决，原兵屯的22营全部归属鲁山县管辖，长达500余年的插花地成为一段历史。

第三辑　人物传奇

犨水犨城思仇犹

杨　裕　王丙乾　陈国朝

《史记·樗里子甘茂列传》载:“智伯之伐仇犹。”《汉书·地理志》曰:“临淮郡有仇犹县。”从以上史书所述两地名证明，在远古时期便有仇犹民族的生存。另据史学家孙作云先生考证，仇犹氏族为蚩尤族后裔，与蚩尤同属龙蛇图腾社团，亦生活在中州河南中部的鲁山县滍水一带。

今平顶山市境区的滍水之右有犨水，系滍水支流，因仇犹族居住而得名。犨水沿岸之犨城的早期聚落，即为仇犹氏族故地。

一、犨水探源

郦道元《水经注》云:“滍水又东，犨水注之，俗谓之秋水，非也。水有二源，东源出其县西南践犊山东崖下，水方五十许步，不测其深，东北流迳犨县南，又东北屈迳其县东，而北合西源水；西源出县西南颇山北阜下，东北迳犨城西，又屈迳其县北，东合右水，乱流北注于滍、汉。高祖入关，破南阳太守吕齮于犨东即于是地，滍水之阴也。”此段文字，论述了犨水相关的四个问题：一是认定此水名为犨水，正俗称“秋水”之误。二是申明犨水之源出于践犊山与颇山，同时指出犨水东源为践犊山东崖下“水方五十许步，不测其深”的深潭为犨泉。三是认定了因犨水冠名的犨城，位于东西二源犨水的交汇处。四是注明汉秦犨东之战的战场在滍水之阴，具有很高的史学研究价值。

清乾隆《鲁山县全志·山川志》所述“犨水”，引《水经注》注文后说:“今按西源犨水，俗名泥河，经犨城北杜家庄入宝境，至下石桥达滍。东源俗名秋河，绕犨城南，自汝属梁官营入宝境，至下石桥合西犨水达于滍。”并记述:“践犊山，县东南六十里，东犨水所出，详‘犨水’。颇山，县东南六十里，西犨水所出，见《水经注》，今失考。”文中说，西源犨水民间俗称“泥河”，东源称“秋河”，犨、秋一音之转。

清乾隆《宝丰县志·山川志》云:“犨水，旧志分秋河、泥河，实指犨水也，而‘秋’为音讹。其所云泥河乃其西源水也。下引《水经注》犨水注（见前文)。水在县东南六十里外，为邑边境宝、叶二邑之分界。今采访，西源犨水俗呼泥河，发源颇山，绕犨县北，自鲁邑杜家庄入邑境，至下石桥遂达滍。东源犨水俗呼秋河，发源践犊山，绕犨县南，自汝属梁官营入邑境至下石桥，合北犨水东达于滍。”此说与《鲁山县全志》相同。

另据清嘉庆《宝丰县志·地理志·山川》所云，犨水，除引用《水经注》和乾隆《宝丰县志》相关记述外，尚引《汝州志》曰：“秋河在县东南七十里，发源鲁山县杨家林，流经叶县入沙。旧志有秋河铺，今废。泥河在县东南六十里。发源鲁山县大夷山，流经叶县孙祠保。”此说秋河发源杨家林，泥河发源大夷山，两水皆流经叶县境内入沙河（滍水）。此外，清道光《宝丰县志·舆地志·山川》所述之犨水，与乾隆《宝丰县志》同。

1994年版《鲁山县志·水文·河流》中载：“泥河发源于磙子营乡樱桃山西侧，于叶县注入沙河，全长22公里；犨河发源于磙子营乡樱桃山东侧，于张官营镇梁官营东北汇入泥河，长13公里。”又据《鲁山县地名志·河流》记载：“犨河，河水流声如牛喘息，故名。源于磙子营乡樱桃山东麓……至朱堂汇入沙河，平时流量约0.5立方米/秒。汛期流量约170立方米/秒；泥河以其河床多积泥而得名，源于磙子营乡樱桃山北麓，流经东岗阜、磙子营至平顶山市郊区曹镇东犨河村入沙河，河床宽50米左右，全长23公里。”以上史料对犨水的记述，就发源地名称而言，《水经注》为践犊山、颇山；《汝州志》为杨家林、大夷山；《鲁山县志》《鲁山县地名志》为樱桃山。其实，皆为一山之异名所称。关于该水名称，有曰犨河，亦曰秋河、泥河，而犨河则谓之统称。

犨河因何得名，始于何时，世说不一。《鲁山县地名志》云:“河水流水如牛喘息声，故名。”其依据为《说文》释犨:“牛息声，从牛雔声。”对此，王宝郑先生认为:“关于犨水的得名原因，今或认为古犨河因水流湍急如牛喘而得名，而实际古犨水与古犨城相因而得名。水流如牛喘息者不是主因。从造字规律看，犨字是会意字……从牛息声含义看，犨字的产生与古犨城一带的农业生产有密切关系……于是，牛耕作时的喘息声，便成为犨字的意象本源。最先见诸文字的是犨城，可以推定犨城是犨之本源。”（见王宝郑撰《平顶山古犨城与屈原庙探论——兼论屈原故里》）

关于“犨”字的诠释，笔者认为它是寓意字，其中记载着古老的雔氏家族当年的发展史。从字形结构分析，从牛从雔，上雔下牛，从中显示上边的“雔”为族姓，下边的牛为从业。说明当时居住在此地的先民为雔姓氏族，以牧牛为业。从地理位置分析，犨河平原（含灰河）土地开阔、平坦、肥沃、水草丰富。在渔猎社会末期，生活在这里的先民已以从事驯养、放牧牛羊为生计，逐渐成为该氏族之本业，故而孕育出“犨”字。

雔族之“雔”为双音字，既读 chou，又读 qiu。《说文》:“雔，双鸟也，从二隹，凡雔之属皆从雔，读若酬，市流切。”犨水俗名“秋河”，在音节上“秋”同“雔”。雔字，又同“仇”。《说文》:“仇，雔也，从人九声，巨鸠切。”

那么，该氏族焉何以“犨”为族姓？按照孙作云关于图腾崇拜信仰学说解析，与其族人对龙图腾崇拜有关：“我们知道原始的人名或族名，是以图腾之名为名的，则至少古代有一部分地名是原始的图腾名。并且原始的图腾社团，从渔猎生活进入农业生活以后，各个的社团变成地域的社团，这些地方的社团更以其图腾之名自呼或被呼。”（《孙作云文集·中国古代图腾研究》）此外，史学家李玄伯在《中国古代社会新研》中说：“图腾团地域化的痕迹在中国古史中尚能看出，即图腾的名称因团的定居而改作地名。是从一个图腾变成两派，一派仍作姓用，一派作地名用。姓仍旧是非地域性的，地名则完全地域化了。”故而，图腾最初是氏族的姓氏，然后才作为地名存在。

关于犨族以龙为图腾的缘由，在犨水一带不乏例证。在《犨城屈原庙与屈原文化研讨会论文汇编》中，诸多专家学者普遍认为：犨城屈原庙是屈原家庙。犨水流域曾是屈原故里。公元前 304 年，屈原在政治上受到打击后，被楚怀王流放汉北，回到故乡，曾作《惜诵》抒发怨愤之情。其文辞中云：“矫兹媚以私处兮，愿曾思而远身……吾方高驰而不顾。驾青虬兮骖白螭。”屈原深谙故乡犨地有虬（虯）龙之传说。其中“驾青虬兮骖白螭”句乃言升天时用青龙拉车，以白龙作边马，离开这纷乱繁杂、善恶不分的人间社会。诗文中之“青虬”，乃指虬龙。“虬”同“虯”。《说文》“虯，龙子有角者也，从虫声，渠幽切。”论及犨水之源，在公元500年的北魏时期，还是一个“水方五十许步，不测其深”的深潭（见《水经注》），假若再往前推移一万年，其潭渊之深、之大可想而知。或许此潭渊乃虬龙所居，其名即为“虬龙谭”，从此潭流出之水称之为“虬龙河”，而居于斯地之民畏虬龙而崇拜之，遂以虬龙为图腾，并以“虬”为族姓。世代相传，逐渐演变为秋、雔、仇、犨、厹等同音字。久而久之，雔族人世繁壮大，以牧牛为业，故而有此“犨”字。其水及族众聚居之地，皆以“犨”为名，从中显示其图腾之地域化。公元前541年，“伯州犁城犨”，楚国在犨水汭位筑城，遂有“犨城”之名。20世纪50年代之前，张官营乡的前城村仍称“犨村”。《鲁山县地名志》记述：泥河……至平顶山市曹镇东“犨河村”入沙河。如此以“犨”派生出的地名，永远记载着犨河的起源与变迁。

二、犨城追溯

据古籍文献记载，犨邑古城始建于春秋，于公元前541年，由楚国大夫伯州犁所筑。从考古研究证明，犨城是一座很久远的邑都聚落，最早可追溯到炎黄时代。

犨城故址位于伏牛山支脉山前的犨河冲积平原，筑于犨水两源交汇处。远在上古时代，栖居该地的雔氏族众在此河畔结草为庐，兴业为家，渐成聚落。世代沿袭，故名为之犨邑。其犨地处于滍水之阴，与滍水相依相从。滍水为蚩尤氏族所居，而雔族与蚩尤族为裔属关系，或为氏族部落联盟。

早在远古时期，雔族民众在犨河平原上棚穴而居，草衣木食；蛮荒遍野，蛇兽为邻。延至生活稳定，以放牧为业。其后，他们垦土造田，耕作稼穑，从事农耕，并积土成垣，遂成为聚落。嗣后，轩辕黄帝东来，与炎帝战于阪泉之兆，征师诸侯，战蚩尤于涿鹿（滍鲁）之野。黄帝“九战九不胜”，实施离间计，应龙叛而杀蚩尤，助黄帝攻灭龙蛇社团，鏖战告终。此后，雔族民众离乡背井，逃难他方。犨地易主颛顼高阳。《史记·五帝本纪》云：“帝颛顼高阳者，黄帝之孙，昌意之子也。”颛顼高阳之裔孙屈原在《楚辞·离骚》开篇云：“帝高阳之苗裔兮……唯庚寅吾以降。”据文献记载，高阳颛顼曾生活在滍汝一带。在今平顶山市区东北部的焦赞、孟良山，即为古高阳山。《魏书·地形志》载：“广州：广汉郡，领县二，昆阳……高阳（县），太和元年（477）置，有滍水、南襄城、东西二蒲城，高阳山、皮城、首山祠。”《襄城县志》曰：“县南十五里有古高阳山，山长十余里，直至南辛店而止……山脚有寺，名高阳山寺。”而今平顶山市区的城南大道，冠名为“高阳路”。

继帝颛顼高阳之后，历经帝喾、帝尧、帝舜及夏、商、周，犨城数易其主，其原因是该境域不仅是战略要地，而且是粮食生产基地。《史记·越王勾践世家》中云:“复雠、庞、长沙，楚之粟也。”（索隐：刘氏曰:“雠，当作犨，犨，邑名，字讹耳。则犨、庞、长沙是三邑也。”）如上文字，是说犨邑乃楚国北方产粟之地，以故王者必争。春秋初，犨属郑国。公元前678年，楚文王治军北进中原，出方城之外，略滍汝之域尽归楚图。楚文王“封畛于汝”，犨地归楚。公元前541年，楚太宰伯州犁扩筑犨城。《左传·昭公元年》曰:“楚公子围使公子黑肱，伯州犁城犨、栎、郏。”其后，犨城又易主于魏、韩、秦。公元前221年，秦统一六国，推行郡县制，设南阳郡辖犨县。公元前207年6月，刘邦帅军与南阳太守吕齮战于犨东，破之（见《史记·高祖本纪》)。汉承秦制，设犨县，属南阳郡。东汉因之。三国、两晋、南北朝皆于此设犨县或犨城县。《水经注》中曾记述有“犨县”“犨城”等地名。隋唐以降，犨城逐渐颓废，仅留故墟尚存。

经考古研究证明，犨邑故城是一座古人类聚落与古城池。据《鲁山县文史资料》第七辑所载王忠民撰写的《鲁山县古代文化遗址一览表》中A7“前城遗址”、A79“犨城遗址”以及潘民中等编写的关于“犨邑故城遗址调查”资料记述：犨邑故城位于鲁山县张官营镇西北2.5公里的前城、后城、紫金城一带。犨邑故城分内外两重，外城呈斜方形，城垣南北长1200米左右，东西宽约1000米，四面城垣已颓废为土岗，俗名二里岗。内城位于外城西北部，面积约18万平方米，为高约3米的台地。1949年后，当地村民曾在此捡到铜箭头、铜镜、印鉴、铁器等，并从中挖掘出石墓门、空心砖等器物。考古所发掘出土的文物有石斧、石凿、石铲、石环、石镰、石弹丸、红灰夹沙泥质陶片、磨光红陶等。器型有鼎、高柄豆、短柄豆、红色夹沙陶罝残器，粗、细绳方格布纹筒瓦片等，同时还出土有石刻“犨城”二字碑一幢。其文化层叠压关系为：表层为唐宋遗物，其下层依次为汉、战国、春秋、周、商、龙山、仰韶文化层。其中龙山、仰韶文化层之遗物，标志着于史前曾有人类在此生活。就“犨城”地名而言，很可能为雔族部落的聚居之地。

三、仇犹族寻踪

涿鹿（滍、鲁）之战，以蚩尤为代表的龙蛇社团战败，炎帝蚩尤被杀；其族众部分被轩辕黄帝的熊虎社团俘获、沦为奴隶；余之大部分外逃避难。在其雔族族众中，有一支沿汝水而下，徙至淮河中下游的洪泽湖北岸一带生活，更名为雔尤，亦名仇犹。嗣后，族人繁衍增多，便在此地建立“仇犹国”。战国末年，为秦所征服，置仇犹县，隶临淮郡。汉因之。《汉书·地理志》载：“临淮郡，武帝元狩六年置（莽曰：淮平），辖县二十九，厹犹县（莽曰：秉义。师古曰：厹音仇）。”《中国古代史教学参考地图集》所录《西汉末年农民战争形势图》中标有“临淮郡”之地名，位置在淮河中下游的淮水之阳、洪泽湖西北部。该书《中国古今地名对照表》亦标示：“临淮郡（汉）江苏泗洪（县）东南。（西晋）盱眙（县）东北。”

雔族的另一支族众，随九黎、三苗循西北而上，渡黄河入太行山区。其中三苗族至太行山东麓，今河南省济源县西北部山区，建立苗邑。春秋时地名尚存。周定王（瑜）元年（前 606），楚令尹斗越椒篡权作乱失败，楚庄王诛灭越椒族，“越椒子斗贲皇奔走晋国，晋侯用为大夫，食邑于苗，谓之苗贲皇”（见《东周列国志》）。九黎族于今山西省上党、壶关、长治、黎城一带建立黎族国。商朝末年，为西周文王姬昌所灭（见《尚书·西伯戡黎》）。而雔族则在今山西省阳泉市盂县大山中定居，建立“仇犹国”。这里四面环山，山高林密，道路险峻。山区为滹沱河盆地，物产丰富，古时与外界不通。周贞定王（介）十二年（前 457），为晋国大夫智伯所灭。《史记·樗里子甘茂列传》云：“游腾为周说楚王曰：‘智伯之伐仇犹，遗之广车，因随之以兵，仇犹遂亡，何则？无备故也。’”集解许慎曰：“仇犹，夷狄之国。”索隐：《战国策》以“仇犹”为“厹由”。《韩子》作“仇由”。《地理志》“临淮有厹犹县”。正义引《括地志》云：“并州盂县外城俗名原仇山，亦名仇犹，夷狄之国也。”《韩子》云：“智伯欲伐仇犹国，道险难不通，乃铸大钟遗之，载以广车，仇犹大悦，除涂内之，赤章蔓支谏曰：‘不可，此小所以事大，而今大以遗小，卒必随，不可。’不听，遂内之，蔓支因断毂而驰，至十九日而仇犹亡也。”

关于智伯伐仇犹国一事。《吕氏春秋·权勋》篇云：“中山之国有厹繇者，智伯欲攻之而无道也，乃铸大钟，方车二轨以遗之，厹繇之君将斩（俞樾曰：斩当为錾，凿也）岸堙溪以迎钟，赤章蔓支谏曰：‘诗曰：唯则定国。我胡则以得是于智伯？夫智伯之为人也，贪而无信，必欲攻我而无道也，故为大钟方车二轨以遗君，君因斩岸堙溪以迎钟，师必随之。’弗听。有顷（俞樾曰：顷衍文，有读为‘又’）谏之。君曰：大国为权而子逆之，不祥，子释之。赤章蔓支曰：为人臣不忠贞，罪也；忠贞而不用，远身可也。断毂而行。至卫七日而厹繇亡。”智伯攻灭仇犹国后，该地归晋所有，改名原仇，其山名原仇山。隋大业二年（606），改原仇县为盂县。2003 年 8 月 20 日，山西“太原人民网”记者罗盘报道：“8 月初，在山西盂县金龙大街发现一处古城遗址，经考古研究，确定为春秋战国时期的古仇犹国城址。据文物专家称，该遗址的发现，对研究古仇犹国文化和晋文化都有重大的学术意义。”通过山西省、市、县旅游文物局考古勘察，盂城金龙大街贯穿古仇犹国城，古城遗址现存城墙数十米。考古发掘出土的器物主要为：春秋战国时期的陶器、青铜器和车马器，其中主要有鼎、豆、壶、马镳、马牿、马辖和 8 把战国青铜短剑。而今，山西省阳泉市和盂县政府正在组织挖掘整理、探讨研究当地以“忠义”为核心的仇犹文化。

据《史记集解》《史记索隐》《吕氏春秋》及其他史料对仇犹的记述，可以看出，秦汉时期的许多学者已重视对仇犹族的研究。诸如，秦相吕不韦《吕氏春秋》的“厹繇”、太史公司马迁《史记》的“仇犹”、汉班固《汉书·地理志》的“厹犹”、刘向《战国策》的“厹由”、许慎《说文》的“仇犹”与“叴犹”、《韩子》的“仇由”、《韩非子》的“仇吾”、郑樵《通志·氏族略》的“仇吾氏”等诸多不同的名字，其实都是在不同的历史环境下将雔族族姓与蚩尤的名字融合的结果。

孙作云在《蚩尤考》中，曾对“仇犹”做精辟的论述。他说：“蚩尤的后人在春秋时代，在晋国地方有被隔绝在山谷中的仇由国，这仇由国（一作厹繇、仇犹）就是蚩尤国。而仇由国《史记·樗里子甘茂列传》正义引《韩非子》（案：见《说林》下）作酋国。是仇由国缓读之则为仇由，急读之则为‘酋’。而蚩尤一名，缓读则为蚩尤，急读之则为‘球’或‘酋’。《吕览》之内繇即《战国策·西周策》之‘厹由’，亦《韩子》之‘仇由’，《史记》之‘仇犹’……郑樵《通志·氏族略》又误为‘仇吾氏’；《韩非子》云：‘仇吾国为智伯所灭，因氏焉，或作仇繇。’……仇由之‘由’亦作繇，古繇尤通用。卜辞亡尤即无繇，是仇由可作仇尤。仇尤、蚩尤一音之转，是仇尤即蚩尤，蚩尤可单称蚩，仇尤可单称仇，由此可以证明仇由必为蚩尤之后。其国名犹被蚩尤之旧称。”依此论述，犨可作为“雔”，亦可称“仇”或“酋”，可以推断，昔时的雔地即为仇尤族的故墟所在。

仇（雔）犹氏族是由伏牛山区古人类从母系氏族部落嬗变进化而来的一支本生氏族部落。犨水发源于伏牛山支脉践犊山（今称樱桃山），为滍水支流。犨城傍水而筑。仇（雔）犹族以虬龙为图腾。滍水因蚩尤氏族居住而得名，滍、雔为从属。蚩尤为蛇，以蛇为图腾，蛇为龙之祖。故而，仇犹为蚩尤之后。

墨子是鲁山人十四证

郭成智

墨子是为劳动人民立说代言的平民圣人。他苦而为义，摩顶放踵，奔波一生，宏愿未酬，晚年改姓埋名，隐居鲁山黑隐寺山洞中，并终老自葬于此，鲜为世人所知。加之墨家思想不能为封建统治者所用，秦汉大一统的建立，视墨家为异端，其后人也四散蔽居，转入地下。至明末，墨家已近绝传。因而两千四百多年以来，墨子里籍诸说纷纭，成为中国先秦史上的一桩悬案。

概括起来，探究墨子里籍者，其有八说。

一、宋国人说。墨子卒后约三百年，司马迁《史记·孟子荀卿列传》称："盖墨翟宋之大夫，善守御，为节用，或曰并孔子时，或曰在其后。"这短短二十四字中，太史公除称墨子"宋之大夫"外，又用了两个"或曰"，墨子究为何方人氏，已成悬案。

二、鲁人说。历史大约又前进了三百年，东汉学者高诱为《吕氏春秋》作注，在《慎大览》中云："墨子名翟，鲁人也，著书七十篇，以墨道闻也。”指出墨子为“鲁人”，但这个“鲁”是东鲁（曲阜）还是西鲁（鲁阳），却没说清。

三、楚国人说（鲁阳说）。历史又走过漫长的一千五百多年，到清乾嘉年间，考据家毕沅、武亿认为：“鲁即鲁阳，春秋时属楚”，高诱的“鲁人”即楚国鲁阳人。

四、鲁国人说。历史过了一百一十年，到清末光绪九年（1883），学者孙诒让，根据墨子出游多起于“鲁”和《渚宫旧事》载鲁阳文君说楚惠王曰“墨子北方圣贤人”之句，又认为墨子是鲁国人，即山东曲阜一带人。

五、印度人说。又过了二十多年，民国初期的1929年，胡怀琛发表《墨子为印度人辩》。1935年卫聚贤《古史研究》也以墨子“色黑”“鼻高”，相貌如外国人，认为墨子是印度人。

六、阿拉伯人说。几乎和印度说同时，又有陈盛良和金祖同二君，认为墨子书中，不少句法与回文相近，就又认为墨子是阿拉伯回教徒。

七、齐人说。又过了四十年，到20世纪70年代中期，美籍华裔学者宋正介先生以墨子弟子多齐人，又认为墨子为齐国人。另有沈恩浮先生也以《史记》有“盖墨翟宋之大夫”句，而认为齐国有“盖”邑，而认为墨子为齐国人。

八、滕州说。1982年原山东省社科院院长刘蔚华教授，在曲阜一带到处寻觅墨子遗迹，一无所获，于1982年发表《墨子是河南鲁山人——兼论东鲁与西鲁的关系》。不久，笔者也发表了《墨翟故里考辨》一文，再次肯定了楚人说，认为墨子是河南鲁山人。于是，山东大学张知寒先生又提出了滕州说。然而，滕州说并未否定鲁国说，坚持墨子既是滕州人又是鲁国人。而滕州历史上又从不属于鲁国，墨子是滕州人，就不是鲁国人，是鲁国人就不是滕州人。为了和张知寒先生进行讨论，并就教于张先生，故笔者先后又发表《墨子本来就是鲁阳人》《再论墨子是河南鲁山人》《〈墨子〉中的鲁山地区方言》《墨子姓氏、先祖考略》《墨子年代考述》《墨子里籍滕州说质疑》《墨家思想的历史光辉及其现实价值》《墨子鲁山人十二证》《墨子与鲁山风土》等十篇论文，从不同侧面，对楚国鲁阳说进行了周密论证，得到了国内外学者的赞同与支持。

墨子是楚国鲁阳人，笔者有以下十四个方面的证据。

一、古人有考证结论

东汉高诱为《吕氏春秋》作注，在《当染》篇云："墨子名翟，鲁人，作书七十二篇。"在《慎大览》篇云："墨子名翟，鲁人也，著书七十篇，以墨道闻也。"到乾隆四十八年（1783），曾任翰林院修撰、左庶子和河南、山东巡抚的清代著名考据家、经学家、方志学家的毕沅，在《墨子注·序》说："高诱注《吕氏春秋》以为'鲁人'则是汉南阳县，在鲁山之阳。本书多有鲁阳文君问答，又亟称楚四境非鲁卫之鲁不可不察也。”到嘉庆元年（1796），清代方志学家、考据家，曾任山东博山县知县的河南偃师人武亿（祖籍山东聊城），在他主纂的《鲁山县志》和《跋墨子》中写道：“《吕氏春秋·慎大览》高诱注：‘墨子名翟，鲁人也。’鲁即鲁阳，春秋时属楚，古人于地名，两字单举一字，是其例也。《路史·国名纪》：‘鲁，汝之鲁山县，非兖地。’”

二、鲁山古县志有墨子记载

清嘉庆《鲁山县志·集传》中记的第一个人物就是墨翟，而在《艺文志》中，对墨子记载更详。并对墨子著作、年代及其学术思想，进行了多方考证，是清代以来，研究墨子及其学说的重要论著。而且，清嘉庆《鲁山县志》是我国唯一记有墨子的古志书，山东省和滕州市以及河南商丘地区历代修了那么多志书，却没有墨子的任何记载。刘蔚华教授给笔者信中说：“我曾在曲阜一带寻觅墨子的遗迹，一无所获，连后人追忆的遗存也未发现，地方志书也没有这方面的记载，我断定墨子是西鲁人，即河南鲁山人。”

三、墨家弟子多楚人

方授楚先生考证，墨子弟子中，国籍可考者仅 13 人，这 13 人中，齐国 5 人，楚国 4 人，宋、鲁、秦、郑各 1 人（《墨学源流·墨子之传授》)。《吕氏春秋·上德）载:“墨者巨子孟胜，善荆之阳城，阳城君令守于国。……孟胜死，弟子死之者，百八十三人。”孟胜为楚国人，又在为楚国阳城君守城中战死，其弟子殉难者就有“百八十三人”，可见墨家弟子楚人之众。

另据罗其湘《墨家宗教传承的民间轶闻》(《求索》1992 年第 1 期）载:“明朝末年，行将衰亡的墨家隐灵教，遵循神秘的教规，不远千里，从位于鄂西白云谷的隐灵洞府追踪到河南选择继承人，终于选定了一个单传七代的农家青年。”后来这个青年竟成了墨家隐灵教的末代巨子。

墨子已经死了两千年，墨家还要从千里迢迢的鄂西白云谷，追踪到河南来寻找继承人，这说明河南是墨子故乡，楚地是墨家活动的中心地区，墨家弟子多楚人的原因也就不言自明了。

四、墨子卒于楚国鲁阳

去台学者钱穆《先秦诸子系年》，杨荣国《中国古代思想史》以及《辞源》，都言墨子死在楚国。今位于鲁山县城西南约 15 公里处的熊背乡，有土掉沟和黑隐寺两个村庄，土掉沟一带的群众说：“墨子晚年回到这里，改姓黑而隐居，这样‘墨’字的‘土’掉了，故名土掉沟。黑隐寺村本有一座宋时的古寺叫兴佛寺，墨子改姓黑后在此隐居了，人们才把兴佛寺叫成了黑隐寺，村名也由此而来。”墨子生前隐居此地，死后自葬在山洞里。

墨子生于公元前 480 年，约卒于公元前 393 年，活了 80 多岁（参见《求索》1995 年第 2 期，拙作《墨子年代考述》）。如墨子不是鲁山人，然何要在落叶归根之时，从山东跑到河南鲁山而做游魂外鬼呢？

五、墨子自称是“楚国人”和“中国人”

《渚宫旧事》载鲁阳文君说楚惠王曰：“墨子北方贤圣人。”《吕氏春秋·爱类》载：公输般为云梯欲以攻宋，墨子闻之自鲁往，见楚王曰：“臣北方之鄙人也。”《墨子·公输》载，墨子止楚攻宋至郢，见公输般说：“吾从北方，闻子为梯。”以上《渚宫旧事》所记，是鲁阳文君当面向楚王介绍墨子，《吕氏春秋·爱类》所载，是墨子亲口向公输般直陈，这些话绝不会错的。当着楚国的国君说自己是“北方人”，自然墨子也是楚国人。墨子说自己是北方人，当然只能是楚国中的北方人，如果墨子是楚国以北的鲁国人，他应说墨子是“北国”人。鲁阳正处在楚国的北方边境，当然墨子是楚国的鲁阳人（参见《史学月刊》1993 年第 1 期，拙作《再论墨子是河南鲁山人》）。

再者，《墨子·鲁问》中，墨子两次谈到自己是“中国人”。如鲁阳文君对墨子说：楚之南有个吃人的国家，生了长子就吃掉，滋味好的话还要送去给国君吃。国君吃得高兴时，还要赏赐孩子的父亲。这不是一种恶俗吗？墨子曰：“虽中国之俗，也犹是也，杀其父而赏其子，何以异食其子而赏其父者哉？”这里墨子拿中国的风俗做对比，称自己是“中国人”。在同篇中，越王要以故吴之地封墨子时，墨子对公尚过说：“均之粜，亦于中国耳，何必于越哉？”这里墨子又一次说自己是“中国人”。“中国”的概念，原指华夏民族活动的中原地区，即使在墨子时代，也多指中原地区一带的诸侯国，而山东原属东夷之地，墨子说自己是“中国人”，当然墨子是地处中原的鲁阳人。

六、墨子和鲁阳文君关系密切，交往频繁

墨子当时为“圣人”，又常活动于楚、越、齐、鲁、宋、卫之间，交接者多为各国的国君和要人，然而墨子却与鲁阳文君这个小小县公接触频繁，交往极深。《墨子》中记载，他与鲁阳文君就有六次对话，像老朋友一样商讨天下大事，而且鲁阳文君还把墨子推荐给楚惠王，要惠王重任墨子（参见余之古《渚宫旧事》）。如果墨子不是鲁阳人，他们缘何会有那样密切的关系，并有暇频繁相见，而鲁国国君与墨子则关系殊少，《墨子》中记载他们之间的对话仅有两次，其关系非常一般。另外《墨子·鲁问》中还记有墨子与鲁阳文君这样一段话：“鲁阳文君将攻郑，子墨子闻而止之。”这段话告诉我们墨子居于鲁阳，因为“闻而止之”，即是听说了马上就去制止，说明墨子住地与鲁阳文君很近。如墨子住在鲁国，在当时交通条件下，是不可能“闻而止之”的。从此也可看出墨子是鲁阳人，不是鲁国人。

七、鲁山有“墨子故里”石碑

位于鲁山县风景名胜区石人山脚下的二郎庙村，1935年还保留着一通“墨子故里”碑。据二郎庙村老人张冠文

回忆：此碑高 1.7 米，宽 0.7 米，上额圆头，有龙凤呈祥图案，下有 0.5 米高的碑座，碑为黑灰色，中间阴刻欧体四字：“墨子故里”。

戴鸿喜老人说：“墨子故里碑是民国二十四年（1935）秋，二郎庙扩街修路时拆掉的，东街绅士窦同镶把拆掉的碑运他家去了。”据位于二郎庙村东 15 公里的赵村街的李万善老人回忆说：“1942 年汤恩伯为取上汤‘上’字的吉利，命姚伟团在上汤（这里有温泉叫上汤，故村名也叫上汤）修花园、建学校、修浴池，墨子故里碑铺地基用了。”

八、墨子著作中有大量鲁山方言

据笔者考证《墨子》中有几十处鲁山地区方言，如“荡口”、“隆火”、“安生生”、“强梁”、“不材”（没材料）、“将养”、“待客”等，还把“好不好”“行不行”“成不成”都说成“中不中”。为了把滕州方言与鲁山方言进行对照比较，笔者曾去滕州进行考察，结果发现这些方言滕州都没有。如鲁山把唠唠叨叨说废话的人叫“荡子嘴”（“荡口”），而滕州人只叫“磨叨”或叫“吁磨”。鲁山人叫生火、点火为“隆火”，而滕州人只叫“点火”或“引火”，不叫“隆火”。像“安生生”“强染”“不材”“将养”“待客”这些方言滕州根本没有。滕州把“好不好”“行不行”“成不成”“可不可”都说成“管不管”，不叫“中不中”。另外，鲁山人习惯说“饥”不习惯说“饿”，如问“你饥不饥”，不问“你饿不饿”（参见《求索》1993 年第 1 期，拙作《〈墨子〉中的鲁山地区方言》）。而滕州却恰恰与此相反，而习惯说“饿”不习惯说“饥”。从此可以证明，墨子是土生土长的鲁山人。

九、鲁山有墨子的后裔

墨子原为夏后氏，是夏禹之师墨如后裔（参见《河南社会科学》1994 年第 4 期，拙作《墨子姓氏、先祖考略》）。墨子青年时，学习成长于故乡鲁阳，中年后为实现墨家的政治主张，周游各地，又为了与儒家抗争，多出入于儒学发源地之鲁国。到晚年又回到故乡鲁阳，在土掉沟和黑隐寺改姓黑而隐居，并卒于此地。至今黑隐寺一带仍居住着十来户黑姓人家，他们无不称自己是墨子后裔。黑姓本是罕见姓，但唯独鲁山熊背一带多黑姓。笔者曾多次访问原县人民武装部部长黑丙午同志，他说他们祖上传下就说原姓墨，墨子是其先祖。

十、鲁山有墨家传人

据初步调查，鲁山到解放前夕，一直活动着一个“成义堂”的组织，这“成义堂”，既不敬神，又不立庙，只尊墨祖（墨子）。他们不讲修仙成道，只劝善禁恶，济世救人，并主动设堂讲道，登门传经，赶会劝善。在“成义堂”内他们对主持人称“善钜”，对外称先生。群众则称他们为“善人”或者先生，还有称他们是“念善书的”。据鲁山县文化局郑建丕同志调查，1949 年后仍在世的“善人”，有鲁山马楼乡黄仕郎沟村的王实先生、张良镇杨庄村的张五先生、磙子营乡萧何村的王思宾先生、瀼河乡瀼河街的赵喜先生和瀼河乡赊沟村的李小旦先生、赵村乡十亩地湾村的辛加功先生等。

十一、鲁山有墨子传说、遗迹

鲁山墨子遗迹很多，紧靠熊背乡的瀼河乡境，沙河北岸的一座山峰叫风筝山，是墨子与鲁班比巧放风筝的地方。

在风筝山的北侧的西茅山，有墨子讲学的茅山道院（学校），还有三个村庄，北边的叫黑石头，西边的叫木匠庄，南边的叫盆窑。墨子带着弟子们，在这里间日做工，隔日传习兵法武艺，有时还把木匠庄的鲁班请来切磋技艺。这东、西茅山又是《墨子·备梯》中所说的墨子“管酒怀脯，寄于大山，昧茅坐之，以樵禽子”向禽滑釐传授守御之法的地方。除此，在鲁山县城西五里岭西侧，荡泽河与沙河交汇处，有墨子及其弟子带兵为鲁阳公解围，击退韩兵，“日返三舍”的明山、娘娘山、抱子坡（见《淮南子·览冥训》）。另外，辛集乡龙鼻村北的三峰山有墨子井，四棵树乡庵窟沱寺（又叫文殊寺），有墨子与鲁班在银杏树上“抽中心板”而保留下的古银杏树。

在鲁山城西的赵村乡中汤村，有墨子种莲藕的墨莲池，有墨子在此染布晒布的晒布崖，中汤村北的山上还有墨子住过的墨子洞，与墨子练兵习武的墨子城等。

除了以上遗迹，鲁山还有墨子庙、墨子祠8处，辛集乡徐营村还有一个敬墨子的“穷爷庙”。

十二、鲁山有墨家遗风、轶事

据栗凌岐和张怀发调查（见《鲁山文史资料》第6期），直到解放前夕鲁山西部和嵩县交界的广大山区还活动着很多“堂匠班”。“堂匠班”实际是个“施工队”，它由各种工匠组成，专门帮助穷人家修房盖屋，挖渠垒堰，不计报酬。原“堂匠班”成员瀼河乡黑石头村的杨清海老人，和熊背乡横梁河村的栗凌岐先生回忆说:“堂匠班”是墨家为了“兼爱”和“行义”,而组织起来的济世救人的劳动组织,因鲁山墨家组织叫“成义堂”“堂匠班”,也就是“成义堂”组织的匠人劳动班子的意思。

“堂匠班”有严格的劳动纪律和群众纪律,干活儿不怕吃苦,而且每个人在住房或工棚里,要设一个墨祖(墨子)牌位,晚上要跪拜,吃饭时要先向墨祖供奠,再由领班讲一段经(墨子的书),大家跟着背诵几遍后,才能开始吃饭。

十三、鲁山有墨子后学后裔

高似孙《子略》云:“孔墨之后,墨离为三,儒分为八。”《韩非子》曰:“有相里氏、相夫氏、邓陵氏之墨,墨离为三。”《庄子·天下》又曰:“南方之墨者苦获已齿,邓陵子之属。”显而易见,相里氏、相夫氏之墨,当在北方。

今墨子诞生地二郎庙乡的墨庙村旁有个相家沟村,多为相姓,当地群众一直相传相家与墨子有亲戚关系。今已80多岁的戴鸿喜和张冠文老人回忆说,原二郎庙街的墨子祠庙,一直由相家住守,墨家后期组织“成义堂”“劝善居”“堂匠班”皆由相家倡立,此相姓即相里氏、相夫氏之后裔。

十四、墨子为夏人后裔

墨子法夏绌周，与儒家相对立。《淮南子·要略训》云：墨子“背周道而用夏政”。孙星衍《墨子后序》云：“墨子与孔子异者，其学出于夏礼。”《墨子·公孟》篇，墨子谓公孟曰：“子法周而不法夏也，子之古非古也。”墨子崇尚舜禹，思想学说出于夏，是因为墨子为夏人之后，禹师墨如是其先祖（详见《河南社会科学》1994年第4期，拙作《墨子姓氏、先祖考略》）。鲁山北濒河洛，紧临夏都阳城（今登封市境）、阳翟（今禹州市）。而山东远为东夷之地，又是孔子故乡。孔子以“仁”维护种族统治，墨子倡“兼爱”平等精神；孔子以“天命”禁锢小人犯上作乱，墨子以“天志”“明鬼”压王公大人行天下之义；孔子鼓吹上智下愚，鄙视劳动人民，墨子举贤荐才，推崇劳动创造精神；孔子大喊“刑不上大夫，礼不下庶人”，墨家义正词严宣称“杀人者死，伤人者刑”（参见《中州学刊》1992年第5期，拙作《墨子里籍滕州说质疑》）。墨子只能生在夏人之居的鲁阳，不会生在东夷之土的鲁国。

注：本篇论文，作者以《墨子鲁山人十二证》为题于1993年4月撰成，曾在《河南史志》1993年第4期摘登；曾在《学习论坛》1993年第9期和《中州今古》1993年第5期发表，并被收入新编《鲁山县志》中。后，作者补续二证即现所发之稿，发于1998年《鲁山文史资料》第十四辑。

元德秀事略考

石随欣

元德秀是一代名士，影响广泛而深远。然而记述其事迹的数十种典籍，几乎全部源于新、旧《唐书》及《元鲁山墓碣铭》，且这几部著述有的地方模糊不清，甚至相互矛盾，这为研究元德秀生平带来了诸多困难，并由此产生了一些不同认识。在此，笔者试图通过对几种典籍资料的对比、论证，还原、展示一个真实的元德秀的形象。

元德秀里籍

关于元德秀里籍，大体上有四种说法：1. 河南人。《旧唐书》："元德秀，河南人。"李华《元鲁山墓碣铭》："鲁山令河南元公……" 2. 河南河南人。《新唐书》："元德秀字紫芝，河南河南人。" 3. 洛阳人。潘民中《元紫芝琴台》称"洛阳人"。4. 陆浑（今嵩县）人。1994 年版《鲁山县志・元德秀传》:“元德秀，字紫芝，河南陆浑（今嵩县境）人。”

前两种说法并不矛盾，只不过《新唐书》所言更为具体。查1999年版《辞海》，“河南”释条②:“古县名。周雒邑王城，战国时称河南，秦置河南县。治今洛阳市西郊涧水东岸……金废入洛阳县。”释条③：郡、府、路名。汉高帝二年（前205）改秦三川郡。治雒阳（今洛阳市东北）。……隋初废，大业时又曾改豫州为河南郡。唐初改为洛州，开元元年（713）改洛州为河南府。释条④：道名。唐贞观十道、开元十五道之一。由此，我们可以得知，在元德秀出生时，“河南”既可指河南县，又可指河南道，而元德秀生活、为官的主要时期，河南又可以指河南府，即洛州。查阅新、旧《唐书》诸列传，在里籍介绍方面，多言“某州某县”而绝少除“河南”之外其他贞观九道、开元十四道之名，大约因为“道”的区域太过辽阔（河南道开元以后治汴州，辖今山东、河南西部两省黄河故道以南大部，江苏、安徽两省黄河以北地区），言之“道”失之精确的缘故。由此，《新唐书》中第二个“河南”应指河南县，第一个“河南”并非河南道，倒有可能是指开元元年（713）改洛州而置的河南府。因为开元元年，元德秀才十七岁，他开元二十一年（733）进士及第时，洛州已经改为河南府二十一年了。而《新唐书》成书时间则是在三百多年后的北宋嘉祐年间。后世修史的人很有可能以当时的地名作为元德秀的出生地。

至于“陆浑说”，笔者不敢苟同。《旧唐书》：“秩满，南游陆浑，见佳山水，杳然有长往之志，乃结庐山阿。”《新唐书》：“爱陆浑佳山水，乃定居。”《元鲁山墓碣铭》也说“南游陆浑”，这些记载都清楚地表明，元德秀只是喜爱陆浑美丽的山水，才定居那里，并度过了他的晚年。陆浑只是他的第二故乡。

综上所述，“洛阳”说虽不见典籍直接记载，却有一定依据。根据表述古人里籍的惯例，笔者认为应该这样表述：元德秀，河南（今洛阳市）人。

元德秀生卒年份

目前，关于元德秀的卒年有两种说法。一为《唐书》中的“卒于天宝十三载（754），一为《元鲁山墓碣铭》所称的卒于天宝十二载（753）。而关于元德秀享年的说法一致，都说是五十九岁。

这两种说法哪一种更可信呢？

我们先看《旧唐书》。在后唐时期，就已经做了不少修撰的准备工作。《旧唐书》的作者离唐代很近，有机会接触到大量唐代史料，特别是唐代前期的史料。尽管成书时间短促（941—945），比较粗糙，但其对唐代初、中期的记述较为完整，仍具有很高的可信度。

再看《新唐书》。该书是1044年至1060年完成的，其中包括元德秀传在内的列传一百五十卷文稿即耗时十四年。《新唐书·元德秀传》较《旧唐书》为详，且有自己的观点。新增了几项史料，除“德秀乳孤”情节荒诞外，“五凤楼献演”、苏源明等人评价元德秀等内容既丰富了元德秀的形象，又真实可信。

至于《元鲁山墓碣铭》，世人一直给予极高评价。李华与元德秀感情很深，一直把他视为兄长。元公去世后，他悲痛万分，曾作《三贤论》，并亲笔撰写了墓碣铭，人谓一绝。也只有此文提到了元公去世的确切日期。李华作此文的时间已无从得知，只知道颜真卿为“四绝碑”书丹的时间是唐建中三年（782）八月，此时距元公去世已近三十载。李阳冰篆额的时间人们也已无从得知。按说碑文的说法是可信的。是《唐书》的记载出现了讹误，还是四绝碑在成文、传世的某个环节出现了问题？

可能的情况是后者。因为我们在《旧唐书·李华传》中可以读到这样一段文字：

> 华尝为鲁山令元德秀墓碑，颜真卿书，李阳冰篆额，后人争模写之，号为“四绝碑”。

从中得知，在《旧唐书》成书之前，“四绝碑”已广为传世，想必修史者一定曾读过，只不过没有采用十二载这种说法罢了。而且，《新唐书》为元公列传时，一方面大量引用李华《三贤论》，另一方面沿袭“十三载”说，而坚持不用“十二载”说，应该自有其资料依据。

另据介绍，清光绪《嵩县志》记载，“天宝十三年七月二十九日，元鲁山卒于陆浑草堂”，该说日期不符，但卒年却与新旧《唐书》、数本《鲁山县志》说法吻合。因此，笔者认为，元公的生卒年应遵循《唐书》的说法：生于万岁通天元年（696），卒于天宝十三年（754）秋，享年五十九岁。

元德秀之母何时去世

元德秀是至孝之人，其事迹被《孝论》等著作引用，赞扬有加。然而，元母卒于何时，元公何时为母守孝，历来都有疑问。

清嘉庆《鲁山县志》由当时河南史学界享有盛誉的武亿主编。该书考证认真，对有争议的史事，广征博引，以敢于大胆提出异议为后人所称赏。该志在《元德秀传》后加按语云：“考德秀五十九卒于天宝十三载甲午，其生实当万岁通天元年丙申，开元二十一年登第，德秀年已三十八。开元二十三年为鲁山令，年四十余矣。《新书》云：‘既擢第母亡，庐墓侧。服除，以穷困调南和尉。’据是，则德秀丧终已四十一，时已为鲁山令。前此尉南和补龙武军录事参军，亦尝间历岁月。《新书》所指‘擢第母即亡’者益失其实。”

以《嘉庆志》提法为代表，不少人可能会对《唐书》的说法质疑。事实到底如何？因为唐宋礼部试士，在春季进行，故称春闱。依照《旧唐书》的记载，元母辞世当在开元二十一年（733）春或稍后。元德秀为母守孝，“久之”，任南和尉，具体多长时间，人们无从得知。《新唐书》说“服除，以穷困调南和尉”。在古代，孝服的穿着时间有着较为严格的规定和习惯。元母去世，德秀孝服名为“斩衰”，是五服中最重的一种，服期三年，去除本年，为两周年（一说实服二十七个月）。期满，称“服阕”。《新唐书》说“服除”，而不说服阕，该服是否有提前解除的可能性？《元鲁山墓碣铭》中有“先人未附于兆，身迫当室，缄未忘之哀。参调求仕，铨试超等，补南和尉”这样的话。但以元公之至孝本性，即使是迫于生活困难（有孤侄），提前去除孝服任官的可能性也是微乎其微的。在古代，身有官职的人遇到父母之丧，必须辞职回去守孝，居丧期间不能处理公务，因为过度悲伤，容易耽搁公务。这种丧假，称为“丁忧去职”。服期满，才能申请复任官职。为官的尚且要去职，何况当时元德秀还未为官，这种可能性是不大的。《元鲁山墓碣铭》中又说，“居无爪翦者三年（当与服期同，为两周年或二十七个月）”，因为并非三周年，所以《旧唐书》说“久之”，《新唐书》称“服除”。

以此推断，可能的情况是：元德秀开元二十一年（733）

春第进士，继而母丧，德秀庐墓、守孝、刺血写佛经、画像。开元二十三年（735）春或夏任南和尉，同年，任鲁山令。

需要指出的是，《旧唐书》说："德秀早失恃怙，缞麻相继"，开元二十一年（733），德秀已经三十八岁，母亲早逝的说法是站不住脚的。《嘉庆志》也指出了这种谬误，认为"传文于'恃'字牵入，非是。宜作'早失所怙'"很有道理。该志还引用唐代诗人皮日休《七爱》中"辇母远之官，宰邑无玷疵"句证明"于时宰到官犹奉母也"，认为《新唐书》所指"擢第母即亡"者"益失其实"。考新旧《唐书》及《元鲁山墓碣铭》，均言德秀擢第后母亡，而后才为官。相比之下，皮诗是文学作品，其可信度是稍低的，不能以此作为依据。

元结事迹杂考

马　驰

颜鲁公《元次山碑》：

> 大历七年（772）正月，元结丁母忧期满归朝，不幸遇疾，"四月庚午（二十日；公历五月二十六日），薨于永崇坊（坊址在今西安市城南雁塔北路陕西省委至西安科技大学一带）之旅馆，春秋五十"。《新唐书·元结传》亦称："罢还京师，卒，年五十。"是碑文和正史均认为元结享年五十岁，以终年上推五十年，其生年则为开元十年（722）。

然而，元结早于乾元二年（759），即在接受唐肃宗召见期间，就曾对人讲自己上年的岁数为"四十"。四年后，又在醉别友人王契的诗《序》中点明：癸卯岁，京兆王契佐卿年四十六，河南元结次山年四十五。时次山顷日浪游吴中，佐卿顷日去西蜀，对酒欲别，此情易邪！在少年时，握手笑别，虽远不恨，以天下无事，志气犹壮；今与佐卿年近五十，又逢战争未息，相去万里，欲强笑别，其可得乎！……江畔主人鄂州刺史韦延安令四座作诗，命余为序，以送远去。

按：癸卯岁，即唐代宗广德元年（763），是年元结自云四十五岁。上溯五年，即肃宗乾元元年（758）时，元结又自报年龄为四十岁，可见元结对自己岁数的说法是前后贯一的。

由上可知，元结的诞辰应在己未岁，即唐玄宗开元七年（719），迄大历七年（772）薨，享年五十四岁。碑铭和史传中关于元次山享年五十的记载，错误显然。

山　棚

《元次山碑》称：乾元二年（759），元结奉诏命于唐（州治在今河南泌阳县）、邓（州治在今河南邓州市）、汝（州治在今河南汝州市）、蔡（州治在今河南汝南县）等州招集义军，“山棚高晃等率五千余人一时归附”。在新修《鲁山县志》和一些学者的研究中，均在“山棚”与“高晃”之间置顿号，即视“山棚”为应募的某义士姓名。其实，大谬不然。

关于“山棚”，虽然在唐代文献中首见于《元次山碑》，但由于碑文撰者未对其义做进一步解释，故让人产生误会。正史对“山棚”有较明晰的交代：

> 东畿西南通邓、虢，川谷旷深，多麋鹿，人业射猎而不事农，迁徙无常，皆趫悍善斗，号曰“山棚”。权德舆居守，将羁縻之，未克。至是，元膺募为山河子弟，使卫宫城，诏可。

可见，“山棚”是指唐代东都洛阳西南一带迁徙无常的山居猎户，是一支特殊群体的称谓。由于“趫悍善斗”，到了晚唐，犹是国家招安对象。

“山棚”的含义，直到宋代才有了根本的演变。南宋文人赵彦卫说：

> 唐之东都，连虢州，多猛兽，人习射猎，而不耕蚕，迁徙无常，俗呼为“山棚”。今人谓锡宴所结采山为“山棚”。

值得注意的是，以高晃为首的“山棚军”，在元结的指挥下，“大压贼境，于（史）思明挫锐，不敢南侵”。“结屯泌阳守险，全十五城。”泌阳城在今河南唐河县，为唐代唐州治所。又，肃宗上元元年（760），置南都于荆州（州治在今湖北江陵县），“以荆州为江陵府，仍置永平军团练兵三千人”。由于此前元结的“山棚军”自山南东道调归“无兵”的荆南节度使节度，颇疑永平军的中坚即“山棚”出身的将士。

为山南西道节度参谋

《元结传》：乾元二年（759），元结蒙天子召见，以《时议》三篇，博得龙颜大悦，遂“擢右金吾兵曹参军，摄监察御史，为山南西道节度参谋”。《元次山碑》则称：“乃拜右金吾兵曹，摄监察御史，充山南东道节度参谋。”元结初授官职中的“西道”“东道”云，究竟以何说为是？

先来说“道”。道在这里是指行政区划名。唐太宗贞观元年（627），在并省州郡的基础上，因山川行便，分天下为十道，山南道则为其一。唐玄宗开元二十一年（733），又析十道为十五道，山南东、西道，即为原山南道的一分为二。道初置采访使，职权如汉代的刺史之职。肃宗至德（756—758）以后，诸道皆有节度使之设。山南西道节度使，治所在兴元府（府治在今陕西汉中市东），管开（州治在今重庆开县）、通（州治在今四川达县）、渠（州治在今四川渠县）、兴（州治在今陕西略阳县）、集（州治在今四川南江县）、凤（州治在今陕西凤县凤州镇）、洋（州治在今陕西洋县）、蓬（州治在今四川仪陇县南）、利（州治在今四川广元市）、壁（州治在今四川通江县）、巴（州治在今四川巴中市）、阆（州治在今四川阆中市）、果（州治在今四川南充市北）、金（州治在今陕西安康市）、商（州治在今陕西商州区）等州。山南东道节度使治所襄州（在今湖北襄阳市），管襄、复（州治在今湖北天门市）、均（州治在今湖北均县西北）、房（州治在今湖北房县）、邓（州治在今河南邓州）、唐（州治在今河南泌阳县）、随（州治在今湖北随县）、郢（州治在今湖北武昌）等州。山南西道辖境，相当于今陕西秦岭、甘肃嶓冢山以南，陕西佛坪、镇巴和重庆城口、开县、大竹、涪陵等县以西，嘉陵江流域以东和重庆江津、武陵等县以北地区；山南东道辖境，相当于今河南伏牛山、桐柏山西南，湖北随县、京山、沔阳等县以西，重庆涪陵、万县和陕西紫阳、石泉等县以东，长江以北地区。总之，西道不出今陕、川、渝地区，东道不逾今鄂、豫和陕南部分地区。

再考察元结授节度参谋以后的活动区域：1. 招募义士于唐、邓、汝（州治在今河南汝州市东）、蔡（州治在今河南汝南县）等州。唐、邓二州隶山南东道，汝州隶都畿道河南府，蔡州隶河南道，均于山南西道无涉。2. 结率五千“山棚军”，屯守泌阳城（山南东道之唐州州治所在），因而“大压贼境，于思明挫锐，不敢南侵”，由是保全了十五座城池。按：泌阳城以南地区，早在至德元载（756），就为安禄山所陷，后来又是元结等与史思明部激战争锋之地，因而“杀伤劳苦言可极耶，街郭乱骨如古屠肆”。元结悉瘗收刻石立表，名之曰“哀丘”。元结拜节度参谋后主要军事活动区域为泌阳城及以南地区，这是山南东道的军事要隘，与山南西道无丝毫瓜葛。3. 肃宗上元元年（760）四月，襄州将张维瑾、曹玠杀山南东道节度使史翙，“据州反”。元结则以山南东道节度参谋和摄监察御史的身份，奏报朝廷，“表请用兵”。朝廷很快以陕西节度使来瑱为山南东道节度使，不到一个月时间，襄州反叛事件平息。由是元结立了大功，真拜监察御史。襄州为山南东道节度使治所，与山南西道风马牛不相及。4. 在襄州事件之后朝廷以曾做过宰相的吕諲为荆南节度使，吕諲则“辞以无兵”，天子则称“元结有兵在泌阳”。于是拜结为水部员外郎兼殿中侍御史，“充諲节度判官”。自是，元结的主要军事政治活动又转到荆南节度使所管的荆（州治在今湖北江陵市）、澧（州治在今湖南澧县）、朗（州治在今湖南常德市）、硖（州治在今湖北宜昌市）、忠（州治在今重庆忠县）、涪（州治在今重庆涪陵区）、衡（州治在今湖南衡阳市）、潭（州治在今湖南长沙市）、岳（州治在今湖南岳阳市）、郴（州治在今湖南郴州市）、邵（州治在今湖南邵阳市）、永（州治在今湖南零陵县）、道（州治在今湖南道县）、连（州治在今广东连州市）等凡一十七州。又，元结还自称在任荆南节度判官时，曾长期“将兵镇九江”。九江当指今湖北广济、黄梅县一带。

综上，自元结任官节度参谋至升任节度判官到荆南，在长达近一年的时间内，除因募兵需要，“举义师宛、叶之间”，到过汝、蔡等州外，其足迹从未离开过山南东道所辖区域。其实即便以后历官刺史、经略使，远涉岭南等地区，他也没有任职山南西道的经历。因之，我们可以完全确认，元结的初授官应为山南东道节度参谋，《新唐书·元结传》之“西道”云，乃大错特错。

玄宗异而征之

《元次山碑》：“及羯胡首乱，（结）逃难于猗玗洞，因招集邻里二百余家奔襄阳。玄宗异而征之，值君（结）移居瀼溪乃寝。”《唐国史补》的编者认为元结保全的邻里远不只二百余家：

> 元结，天宝之乱，自汝濆大率邻里，南投襄汉，保全者千余家。乃举义师宛、叶之间，有婴城捍寇之动。

汝濆泛指元结故里商馀山以东的汝水及其支流濆水流域。元结“自汝濆大率邻里”南逃于安全地区，因而被“保全者千余家”，这在当时，实在是个天文数字！因为即使在开元盛世，它都是一个中下县的人口数。史载开元二十二年（734）的县级户口规模：

> 六千户以上为上县，二千户以上为中县，一千户以上为中下县，不满一千户皆为下县。

又，元结家乡所在的鲁山县隶于汝州，汝州“旧领县三，户三千八百八十四，口一万七千五百三十四”。也就是说，被元结存活的难民竟相当于当时鲁山全县的户口！也许“一千余家”为《唐国史补》的夸张溢美之词，诚如《元次山碑》所云为结保全者只有二百余家，那也不是个小数字；它不只是一个下县的民户，还是一个羁縻州的户数。所谓羁縻州，又称蕃州，是对内附少数民族“即其部落，列置州县”，类似今天民族自治的行政区划。有唐一代，曾先后在全国设置过八百多个羁縻州。其中，在关内道北部以突厥、回纥、党项、吐谷浑等民族设立九十个羁縻州，而这些蕃州的每州平均户数才只有一百七十余户。

无职无权又无钱，只是个“待制”进士的元结，竟在兵荒马乱之际，以“布衣”身份，尽大智大勇，救众多百姓于水深火热之中！如此惊天动地的壮举，连偏安成都的太上皇都为之动容。惜乎玄宗的“异而征之”，因元结又移徙瀼溪（今江西瑞昌市西北）而只好作罢。否则，元结若提前报效朝廷，其历史还不知道如何重写，也许会更加辉煌。

不十月官至尚书郎

在元结的为官生涯中，最春风得意的时候莫过于他在唐肃宗召见授官后的数月。他曾向其顶头上司荆南节度使吕諲不无炫耀地表白：

> 某甚愚钝，又无功劳，自布衣历官，不十月

官至尚书郎。

他在上唐代宗的表章中亦曾自称：

臣起家数月之内，官忝台省。

此谓自乾元二年（759）元结被天子召见后，初授右金吾兵曹、摄监察御史、山南东道节度参谋，继以挫史思明叛军南锋、“泌阳守险，全十五城”等功，真拜监察御史，再以益兵荆南府功，进升水部员外郎兼殿中侍御史、荆南节度判官。对此次迁升，不只元结本人感到意外，其好友颜鲁公亦认为非同寻常：“君起家十月，超拜至此，时论荣之。”

按：水部员外郎（从六品上）属于尚书省工部的官员，殿中侍御史（从七品上）属于御史台的官员，故曰“官忝台省”。元结不到十个月时间就由正八品下的右金吾兵曹参军超擢为从六品上的尚书郎，即官阶上升了九级。如此火箭般的升官速度，这在当时是极为罕见的。

不无遗憾的是，元结仕途中如此重要的经历，碑传中竟缺授官的具体时间记载。下边试对元结十个月中的初授官和升官的月份做某些考察。

先求索元结初授官的具体月份。

《元结传》称：元结被天子召见并授官的背景，正值“史思明攻河阳，帝将幸河东”时。据《通鉴》等载，史思明攻河阳（在今河南孟州市西南）反被李光弼败于城下，为乾元二年（759）十月丁酉（四日）至乙巳（十二日）间事。而肃宗打算御驾亲征却并未成行，就发生于十月四日这一天："十月丁酉，下制亲征史思明；群臣上表谏，乃止。"颜鲁公则把亲征"竟不行"的原因归结到元结身上。乾元二年（759），李光弼拒史思明于河阳，肃宗欲幸河东，闻君有谋略，虚怀召问。君悉陈兵势，献《时议》三篇。上大悦，曰"卿果破朕忧"。遂停。乃拜君右金吾兵曹、摄监察御史、充山南东道节度参谋。

"遂停"就是取消、停止亲征的成命。可见元结的应召并初授官的时间应在乾元二年十月丁酉（四日），最迟不会超越乙巳日，即当月十二日史思明兵败河阳城下这一天。

应说明的是，据元结自云，献《时议》三篇的时间为乾元二年九月。这与上考并无矛盾，因为上《时议》在前，因而龙颜大悦而授官在后，事情合情合理。所以元结的初授官时间，定在十月，当不会有误。

再考察元结由摄（代理）监察御史到真拜监察御史的时间。颜鲁公提供线索说：

> 时，张瑾杀史翙于襄州，遣使请罪。君为奏闻，特蒙嘉纳，乃真拜君监察御史。

张瑾即张维瑾的略称。据正史记载，襄州将张维瑾、曹玠杀山南东道节度使，据州反叛，为肃宗上元元年（760）四月戊申（十八日）发生的兵乱事件。但亦有史传认为事件发生于四月十三日。虽然具体日子记载有差异，月份为四月，则为两《唐书》纪传的共识。时元结为山南东道的节度参谋，又兼摄监察御史，肩负监军的职责和权力，事件一发生，就以第一时间奏闻天子并建议派兵平乱，朝廷很快改任陕西节度使来瑱为山南东道节度使。由于向皇上报告和处置及时，前后不到一个月时间，就迅速平息襄州之乱。在这件事上，因元结立了头功，故朝廷在他初授代理监察御史之后仅半年时间，就“以讨贼功迁监察御史里行”，即真拜监察御史。

最后，探讨元结升迁水部员外郎等官的时间。还是颜鲁公透露消息说：

> 属荆南有专杀者吕諲为节度使，諲辞以无兵。上曰：“元结有兵在泌阳。”乃拜君水部员外郎兼殿中侍御史，充諲节度判官。

由上引中可以得知，所谓“专杀者”（专将相之任者）吕諲之拜节度使和元结之“充諲节度判官”，应在同一时间。也就是说，只要弄清曾做过宰相的吕諲擢拜荆南镇帅的时间，就自然知道元结何时升迁水部员外郎兼殿中侍御史等官。《旧唐书·肃宗本纪》上元元年（760）八月丁丑（二十日）条云：以太子宾客吕諲为荆州大都督府长史，沣、朗、硖、荆、忠五州节度观察处置等使。

但《旧唐书·吕諲传》则谓諲拜节度的时间为当年的七月。其实两者并无矛盾，因为上元元年七月初拜諲荆南镇帅时，吕諲以荆南“无兵”而拒绝任命，直到调元结泌阳兵（驻守于今河南泌阳一带）归荆南节度后，吕諲才于上元元年八月二十日正式接受荆南节度使之职。

据上，“帝进结水部员外郎，佐諲府”的时间，应为上元元年（760）的八月。

总上，可以得出结论：乾元二年（759）十月，元结擢右金吾兵曹等官，半年后，即上元元年四月，真拜监察御史，再过数月，即上元元年八月，拜尚书工部水部员外郎等官。首尾十个月，官品升迁九阶，故颜鲁公羡称：“君起家十月，超拜至此，时论荣之。”

“知节度使事”与“摄领府事”。

《元次山碑》：“及諲卒……君知节度观察使事。”《元结传》：“瑱诛，结摄领府事。”所谓“知节度使事”，是指元结以非节度使身份而行荆南节度使事；所谓“摄领府事”，则谓元结以非节度府长官而代理山南东道节度府事，不过是“知山南东道节度使事”的换一种说法。广德元年（763）后，“知节度使事”有了正式替代的名称，曰“节度留后”，即未授旌节的准节度使。

一个没有节度使官衔的六品官，竟兼摄两道节度使事，这在唐代似乎是绝无仅有的。因此我们难免会产生疑问，有必要还原历史的真相。

先说元结知荆南节度使事。且看颜鲁公怎么讲：

> 及諲卒，淮西节度使王仲鼎为贼所捦，裴茂与来瑱交恶，远近危惧，莫敢谁何。君知节度观察使事，经八月境内晏然。今上登极，节度使留后者例加封邑，君逊让不受，遂归养亲，特蒙褒

奖，乃拜著作郎。

这里说得很清楚，荆南节度使吕諲死后的八个月内，为元结的知荆南节度使（后改称“留后”）时间。在这段日子里，邻镇淮西节度使王仲鼎（按：《通鉴》等作“王仲昇”）所在申州（治今在河南信阳市）为叛军史朝义攻围，山南东道节度使来瑱坐视不救，因而城破被俘，来瑱部将裴茂（《旧唐书》本传作“裴莪”）觊觎帅位，因而与来瑱互相攻击，最后两败俱伤。正是在邻镇纷纷扰扰、乱象丛生时，由于元结治理有方，荆南区域则别有天地，呈现一派安逸和谐的景象。

注意，元结代理荆南节度，历时只有八个月。其起止时间，根据颜鲁公的启示，应为吕諲薨月和“今上登极”后的某月。关于吕諲之死，其本传称：

> 諲素羸疾，元年建卯月卒。

所谓“元年建卯月”，是指唐代宗元年（762）的第四个月份，即上元三年（762）二月。自二月始，至代宗宝应元年（762）九月（代宗登极后第六个月份），当为元结知荆南节度使事的时间。也就在宝应元年的九月，元结辞职蒙允，归隐于武昌樊口（在今湖北鄂城西）。

再说元结摄领山南东道节度府事。传称“摄领府事”，是在山南东道节度使来瑱被诛之后。诸史关于来瑱之死的时间，均有一致的记载：广德元年（763）正月壬寅（二十八日），瑱坐削官爵，流播州（治所在今贵州遵义市），第二天赐死于流放途中。而元结早于来瑱被诛的四个月前就致仕归隐山林！

可见“摄领府事”说，纯属子虚乌有，《新唐书·元结传》误记显然。

西原蛮

代宗广德元年（763）九月，即辞官一年后，元结被朝廷授道州刺史。但因吐蕃陷京师，直到十二月，才于鄂州（治今湖北武昌）接到敕牒，即日赴任，于次年五月二十日到达道州（治今湖南道县）。然而此行并非“适彼乐土”，早在上年十二月丙申（二十八日），道州就曾遭受一场磨难：“西原蛮陷道州”，“据城五十余日。”数年后，元结因道州任上政绩突出和防范西原蛮有功，晋升容管经略使。可见西原蛮在元结晚期仕途生涯中的巨大影响。由于碑、传中对西原蛮着墨不多，这里做某些补充介绍。

西原蛮属于岭南少数民族中的一支，因主要分布于西原州（治所在今广西大新县西北黑水河西岸）而得名。自汉迄唐，西原蛮又称乌浒人、乌武僚、西原僚，以黄姓人居多，还称黄峒蛮。后来西原蛮融合于壮族之中。元结所处时代的西原蛮，《新唐书·南蛮传》记述甚详：

西原蛮，居广、容之南，邕、桂之西。……

至德初，首领黄乾曜、真崇郁与陆州、武阳、朱兰洞蛮皆叛，推武承斐、韦敬简为帅……合众二十万，绵地数千里，署置官吏，攻桂管十八州。所至焚庐舍，掠士女，更四岁不能平。乾元初，遣中使慰晓诸首领，赐诏书赦其罪，约降。于是西原、环、古等州首领方子弹、甘令晖、罗承韦、张九解、宋原五百余人请出兵讨承斐等，岁中战二百，斩黄乾曜、真崇郁、廖殿、莫淳、梁奉、罗诚、莫浔七人。承斐等以余众面缚诣桂州降，尽释其缚，差赐布帛纵之。其种落张侯、夏永与夷獠梁崇牵、覃问及西原酋长吴功曹复合兵内寇，陷道州，据城五十余日。桂管经略使邢济击平之，执吴功曹等。余众复围道州，刺史元结固守不能下，进攻永州，陷邵州，留数日而去。

有关西原蛮反叛的原因，两《唐书·王翃传》认为：

自安史之乱，频诏征发岭南兵募，隶南阳鲁炅军。炅与贼战于叶县，大败，余众离散。岭南谿洞夷獠乘此相恐为乱，其首领梁崇牵自号“平南十道大都统”，及其党覃问等，诱西原贼张侯、夏永攻陷城邑，据容州。前后经略使陈仁琇、李抗、侯令仪、耿慎惑、元结、长孙全绪等，虽容州刺史，皆寄理滕州，或寄梧州。

按：有唐一代，曾先后在岭南地区设置类似自治的羁縻州九十二个，以西原蛮所置西原州就是其中之一。这些羁縻州（又称蛮州）的刺史、县令皆由所在蛮部的酋长担任，在享有世袭特权的同时要履行为国征讨等义务。为平安史之乱，岭南诸蛮州（包括西原州）酋长及其子弟接受朝廷征发者数以万计。惜乎叶县之溃败，将失败和思乱的情绪传染到岭南蛮区，并由之为蛮酋中的野心家所扇动所利用，遂至西原等蛮接踵反叛，纷纷扰扰数十年。

元结为刺史的道州（治今湖南道县）曾遭受西原蛮的几乎是毁灭性的破坏。他一到任，就因乱后的道州破败不堪而向朝廷诉苦：

> 臣当州被西原贼屠陷，贼停留一月余，日焚烧粮储屋宅，俘掠百姓男女，驱杀牛马老少，一州几尽。贼散后，百姓归复，十不存一，资产皆无，人心嗷嗷，未有安者。

遭西原蛮大浩劫之后的道州，户口“十不存一”，且“资产皆无”；“城池井邑，但生荒草”；“登高极望，不见人烟”。

面对如此恶劣条件，元结不顾上峰压力和个人安危，屡屡为民请命，因而为治下百姓减免租税和其他负担十三万缗，并“为民营舍给田，免徭役”。而当初元结刚上任时，道州“户才满千”，由于刺史能行爱民之善政，“两年间归者万余家”。尤其让人满意的是，百姓们的安全感增强，因为西原蛮“亦怀威”“不敢来犯”。

仍乞再留

《元次山碑》：元结道州刺史任满，“既受代，百姓诣阙，请立生祠，仍乞再留”。元结留任与否，《新唐书·元结传》无一字涉及，《元次山碑》则含糊其词，似乎元结道州刺史任上仅历两年。更莫名其妙的是，近人吴廷燮所撰《唐方镇年表》，竟据颜鲁公交代不清的碑文，硬将元结迁转容管经略使的时间系在大历元年（766）条下。

其实，元结在自己的诗文中，早都将自己道州刺史履历交代清楚。他在永泰二年（766）所进《再谢上表》中云：“某伏奉某月日敕，再授臣道州刺史，以某月日到州上讫。……谨遣某官司奉表陈谢。”这就是说，因“百姓诣阙”请留，朝廷遂顺从民意，再授元结道州刺史，时间应在永泰二年十一月份以前，以这年的十一月改元大历也。元结还在《欸乃曲五首序》中说：“大历丁未中，漫叟结为道州刺史，以军事诣都使，还州。”道州隶于荆南节度使，节度所在为南都江陵，故兼江陵府尹的荆南节度使，或称“都使”。既然丁未年即大历二年（767）犹在荆南道内履行其道州刺史职责，又怎么可能有大历元年（766）就已迁转岭南道容管经略使事情发生！

至于元结何时离任道州、转赴容管，已故史学大家岑仲勉先生认为：时在大历三年（768）。果如是，元结自广德元年（763）九月“敕授道州刺史”，中经永泰二年（766）再授道州刺史，至大历三年（768）迁转容管经略使，其在道州任上，首尾长达六年之久。

容　管

所谓容管，乃容州管内经略府的简称。治所在容州（治今广西北流市）。由于乾元中（758—759）容州为西原蛮酋梁崇牵攻据，前后经略使陈仁琇、长孙全绪等六人，虽容州刺史，皆寄治于滕州，或梧州。大历三年，新授经略使兼容州都督、刺史元结则寄治于梧州治所所在苍梧县（今梧州市）。

由于经略使兼边州刺史和都督数州乃至数十州之军事，所以其职为边防地带的军事和行政长官。据《新唐书·方镇表》：

> 容州管内经略使，初置于天宝十四载（755），领容、白（州治在今广西博白县）、禺（州治在今广西北流市东南）、牢（州治在今广西玉林市）、绣（州治在今广西桂平市南）、党（州治在今广西玉林市西北党州）、窦（州治在今广东信宜市西南隆镇）、廉（州治在今广西合浦县东北）、义（州治在今广西岑溪市西南渡）、郁林（州治在今广西

玉林市石南镇东北）、汤（州治在今越南谅山省谅山东南）、岩［严］（州治在今广西来宾市东南）、辩（州治在今广东化州市）、平琴（州治在今广西玉林市西北党州西）十四州。乾元二年（759），容州管内经略使增领都防御史。上元元年（760），升容州经略都防御使为观察使。乾宁四年（897），升容管观察使为宁远军节度使。

由于无节度的地方才增领都防御史，标志着容管经略使的职权正在向节度使一级过渡；由于道一级的区划才置观察使，表明容管虽无节度之名却有节度之实；容管最终完成向节度的蜕变，虽历时一百四十二年，但渐变的过程，则揭示容管在唐代边防设置中日趋重要的地位。

容管府下置经略军，“管镇兵一千一百人，衣粮税本管自给”。这点兵当然经不起“合众二十万”的西原等蛮僚的内寇重创，以至于府治容州陷落十多年都无力恢复。直到大历六年（771），经略使王翃“以私财募兵”三千余人，并与滕州刺史李晓庭等“结盟讨贼”，“前后大小百余战”，才“尽复容州故地”。

元结对容管区内的贡献虽不及其后任王翃轰轰烈烈，但却为以后的经略使收复容州做了扎扎实实的前期准备工作。碑称：

容府自艰虞以来，所管皆固拒山谷，君单车入洞，亲自抚谕，六旬而收复八州。

《新唐书》亦以“身谕蛮家，绥定八州”，高度评价和概括元在容管任上业绩。

最后，探讨一下元结究竟何时离任容管。先看颜鲁公怎么说：

> 丁陈郡太夫人忧，百姓诣使请留。大历四年夏四月，拜左金吾卫将军兼御史中丞、本管使如故。君矢死陈乞者再三，优诏褒许。

上引是说大历四年（769），元结因丁母忧而再三陈乞辞职为母守丧，受到天子“优诏褒许”。“褒许”二字既可理解为褒奖称赞，亦可解释为许可元结的离职奏请；夺情留任抑或是离职守丧？让人如置云里雾中。再看《元结传》如何讲：

> 会母丧，人皆诣节度府请留，加左金吾卫将军。民乐其教，至立石颂德。罢还京师，卒。

这里虽无一字明确涉及元结母丧后的去留问题，但“罢还京师，卒”，似乎在暗示元结并未去职为母守丧。也就是说，自大历三年（768）授任容管，中经次年的丧母夺情留任，到大历七年（772）初的罢职还朝，在长达四年的时间，元结一直在容州管内经略使的任上。

更有意思的是，《唐方镇年表》竟依据碑传似是而非的记载，将元结容管经历的终年，系于大历六年（771），即结薨于京师长安的前一年。

真相究竟如何，《新唐书·代宗本纪》为我们指点迷津：

是岁（按：大历四年，769），广州人冯崇道、桂州人朱济时反，容管经略使王翃败之。

既然新授容管经略使王翃已经于大历四年到任并履行职责，则表明元结于当年因丁母忧而离职守丧的陈情，最终还是得到天子的批准。而大历七年（772）正月的“朝京师”，正是去职守丧三年后回长安待命的必然轨迹。

综上可知，元结自大历三年（768）授任容管经略使，至次年丁母忧去职，在任只有一年左右时间。

感中行见知之恩

颜鲁公有感于元结师友良多和知恩图报，遂发议论说：“感中行见知之恩，及亡，至今分宅以恤其子……中书舍人杨炎、常衮皆作碑志以抒君之德业。……真卿不敏，尝忝次山风义之末，尚存畴往，敢废无愧之辞！”

所谓中行，即号为“中行子”的忠厚长者苏源明。苏为京兆武功（今陕西武功县）人，初名预，字弱夫。“工文辞，有名天宝间。”历任东平太守、国子司业。安禄山陷长安，源明称病不受伪职。由是后来受到唐肃宗信任，“擢考功郎中知制诰”。在苏源明的一生中，有两个最好的朋友，一个是大诗人杜甫，另一个是大画家郑虔；有两个最为其称道的青年才俊，一个是元结，另一个是梁肃（陆浑人，文学家）。这些人中，最让他关爱和器重的当首推元结，他至少曾三次给元结以关心和帮助。一是天宝六载（747），因奸相李林甫嫉贤妒能，元结等全部应试举子落第。源明在读了元结《说楚王赋》上、中、下三篇后，安慰和鼓励说："子居今而作真淳之语，难哉！然世自浇浮，何伤元子。"二是天宝十二载（753），元结第二次进京赶考，主考官礼部侍郎杨浚读了元结的《文编》后感叹说："一第污元子耳，有司得元子是赖！"源明听到杨公赏识元结，比自己中进士还要高兴，对结道："吾尝恐直道绝而不续，不虞杨公于子相续如缕。"正是杨、苏等慧眼识人，元结"果擢上第"。三是乾元二年（759），苏源明向唐肃宗举荐元结为天下可用之士，元结应征赴京，向天子献《时议》三篇，缓解了皇上对时局的忧虑。自是元结仕途一帆风顺。可以这样讲，没有苏源明的极力推荐，就很难有元结日后的飞黄腾达。所以元结知恩图报，在苏源明去世后，尽管元结自身的家境并不富裕，仍"分宅以恤其子"。最后，录一段元结自己所讲他与中行公间的趣事：

乾元己亥，漫叟待诏在长安。时中行公掌制在中书，中书有醇酒，时得一醉。醉中叟诞曰："愿穷天下鸟兽虫鱼，以充杀者之心；愿穷天下醇酎美色，以充欲者之心。"中行公闻之，叹曰："子何思不尽耶？何不曰：'愿得如九州之地者亿万，分封君臣、父子、兄弟之争国者，使人民免贼虐残酷者乎！’何不曰：‘愿得布帛、钱货、珍宝之物，溢于王者府藏，满将相权势之家，使人民免饥寒劳苦者乎’！”叟闻公言，退而书之，授于学者，用为时规。

漫叟为元结别号，中行公即苏源明。二者关系用元结的话说，中行公是他青少年时代的老师和朋友。他们既亲密无间，又存在着某种思想观念的传承关系。如上边二人的幽默对话，就反映了他们有着共同的疾恶如仇、忧国爱民的进步思想。

中行公之外，被元结视为良师益友者，还有很多。这些人中，或为严师，如族兄、鲁山县令元德秀；或为诤友，如大书法家、大忠臣颜真卿；或为上司，如荆南节度使吕諲；或为下属，如故吏大历令刘衮、江华令瞿令问，故将张满、赵温、张协、王进兴等；或为远族，如源休；或为近亲，如袁滋；或为文豪，如杨炎、常衮；或为诗圣，如杜甫；或为同僚，如党茂宗；或为酒朋，如孟武昌、刘灵源；或为诗友，如贾德方、孟云卿、张元武、柳潜夫、裴季安、窦伯明、李长源、韩方源、王佐卿、崔曼；等等。

以上有姓名、事迹可考者均来自上流社会，但这并不表示元结排斥与下层社会出身的人交朋友。事实上，他的朋友圈子里并不缺乏来自农民、渔夫、山僧、孤弱乃至乞丐出身的人。

文韬武略元次山的辉煌人生

石随欣

元结（719—772），字次山，号浪士、漫叟，别号猗玗子，著名文学家、政治家、军事家，唐代汝州鲁山（今平顶山市鲁山县）人。

元结作为一个出色的政治家，他心怀报国，清德卓行，忧国忧民，刚正不阿，充满了深厚的民族情结和高尚的民生情怀，有勇有谋，政声颇佳；作为一个出色的军事家，他戎马倥偬，领兵征战，威震四方；作为一个著名文学家、现实主义诗人，他开启新乐府运动和唐代古文运动先声，在中国文学史上占据重要位置；作为一个君子，他为人正直，敢言心声，诚信化人，是做人之典范。元结被时人称为“元道州”“元容州”，每在一个地方任职就留下无数轶闻美谈，其“以德服人”“宁可贬官，也不刮民”“身谕蛮豪、绥定八州”等事例，作为中国古代爱国经典故事，被收入《爱国主义教育丛书》。

师元德秀　研学不辍

元结原姓拓跋，北魏孝文帝时改姓元，是后魏常山王遵的十二代孙。其父元延祖，曾任魏成主簿、延唐丞。他淡泊名利，无意仕途，有归隐之心。

鲁山东南35里有山曰“商余”又名青山、笔架山。商余山呈西南东北走向，蜿蜒约10里之遥，中间有5座山等距离排列，错落有序如笔架状。植被繁茂，郁郁葱葱。主峰海拔523米，为周边最高。商余山药材种类繁多，品质优良，自古即有“药不经商余不灵”的说法。元延祖游历至此，因为喜爱此地风光秀丽，加之多产灵药，于是隐居于此。

玄宗开元七年（719），元结出生。元结性情洒脱不羁，于商余山度过了无忧无虑的幼年、童年、青少年时期，并悟道习武，为此后成为道家及安国济世奠定了坚实基础。

开元二十三年（735），元结17岁。此前两年，元结从兄元德秀中进士，任邢州南和尉。因从马上跌落伤了脚，不再能胜任军职，此时请任鲁山县令。元结离开生活了十多年的商余山，搬来鲁山县城，师从兄元德秀精习文章、音乐等。元德秀为一代廉吏，具有很高的文学素养和卓越的品行，《旧唐书》“文苑”、《新唐书》“卓行”都曾为其立传。元结师从元德秀12年，不仅学问大进，且思想颇受元德秀影响，树立了报效国家的远大志向，对治国方略也做了深入思考。

天宝六年（747），唐玄宗以天下太平已久，颁布诏令，求天下贤才，凡精通一艺以上者，都要到长安备选。元结时年 29 岁，赴长安，与杜甫等一起参加科举考试。元结著《皇谟》三篇、《二风诗》十篇。右相李林甫担心会有士子在对策时指斥自己的奸恶行为，便令尚书省一个也不能录取。最终，送到京师的士子被考以诗、赋、论，结果却匪夷所思的没有一人合格。李林甫趁机向玄宗道贺，称民间再没有遗留的人才，从而实现了自己打压天下贤能之士的目的。元结当即愤然归于商余，耕作习文。

脱颖而出　擢进士第

天宝七年（748），元结 30 岁。他再次去到长安，作《丐论》以呈朝廷。

天宝九年（750），元结以多病之身，归隐商余山静养，在此赋诗作文。《元子》中许多篇目，都是此时所作。天宝十一年（752），元结作《述时》《述命》，连同此前所作《述居》，总命为《自述》。

天宝十二年（753），元结再次应试，所作《文编》受到试官礼部侍郎杨浚的高度赏识。当年元结举进士。第二年仍由杨浚主持贡举，元结擢进士第，但未获授官，仍返故里商余山，自称元子。这一年九月，从兄元德秀因大水阻绝，饿死于陆浑草堂。元结不胜哀伤，作元德秀墓表。

南迁避乱　耕读著述

天宝十五年、至德元年（756），安禄山在攻下洛阳之后，祸及中原。唐玄宗以郭子仪为灵武太守朔方节度使拒贼。父元延祖召结告诉他说："而曹逢世多故，不得自安山林，勉树名节，无近羞辱"云。元结率家族迁至湖北，曾避难入猗玗洞，自号"猗玗子"。此地偏僻，小桥流水，清幽静谧。虽是避难，元结仍忘却烦恼，不懈著书立说，自编文集《猗玗子》。

至德二年（757）前后，元延祖卒，葬鲁山。第二年，元结携宗族及鲁山民众二百余家，奔襄阳避乱，栖居狮子山东麓悬崖陡壁间之猗玗洞。著兵书《猗玗子》，失传。此后，元结又招集邻里奔瀼溪（江西瑞昌西北），避乱保全。元结广结友邻，耕读不辍，"修行多夹路，扁舟皆到门"。自称"瀼溪浪子"，著书《浪说》。

初试锋芒　威震敌胆

元结的所作所为，震动朝野，加之唐玄宗素知元结才能，下诏征元结为国效力。乾元二年（759），史思明叛军攻城略地，自称燕王与朝廷抗争，唐王朝岌岌可危。苏源明向唐肃宗李亨举荐曰“元子为天下可用之士”。肃宗闻元结有谋略，下诏令元结赴京。

元结奉旨北经汝上，借邮路到京师长安。元结拜会礼部尚书东都留守韦陟，得以礼遇。时元结待诏长安，与中行子苏源明交好，作《时规》等诗文。九月，元结悉陈兵势，献《时议》三篇。上大悦，曰：“卿果破朕忧。”十月，肃宗李亨准备御驾亲往河东。元结建言说：叛军锐气正盛，此时不可与之争锋，而适宜以计谋折其锐气。肃宗认为元结说得很有道理，于是打消了前往河东的念头。

十一月，拜元结为右金吾兵曹，摄监察御史，充山南东道节度参谋（正八品下）。元结不顾路途劳苦，旋即奉旨返回河南，于唐、邓、汝、蔡四州招募义勇军，训练士卒，准备前线平叛。泌南义军首领山棚、高晃等率5000余人，一时归附，大压贼境。史思明锐气大挫，不敢南侵。

文韬武略　政声显赫

乾元三年（760），元结理兵泌南。此前，泌南被叛军所陷，兵士战死甚多，陈尸遍野，街郭乱骨，如古屠肆。元结收葬战死尸骨，刻石立表，命名曰“哀丘”，并作《哀丘表》。“将吏感焉，无不用励”，作战锐不可当，勇武凶猛，力胜强敌。元结以卓越的军事指挥才能，保全15座城池。四月，李光弼破史思明于河阳西渚。四月十三日，襄州将张维瑾、曹玠杀死山南东道节度使，据州反叛。时任山南东道节度参谋、摄监察御史的元结，在事发后第一时间奏闻朝廷并建议派兵平乱。由于奏报处置及时，李亨遂改任陕西节度使来瑱为山南东道节度使平叛。不到一个月，襄州之乱便得以平息。元结参山南东道来瑱府参谋。元结编《箧中集》，选录沈千运等7名诗人诗作24首。同年朝廷以功任命他为监察御史。连年战乱，州县残破，而唐县、邓县尤为严重，百姓流离失所，生活苦不堪言。为此，他上奏了《请省官状》。闰四月改元上元。当时军营中有很多父母随子女在军的，军中也有不少孤弱小儿，父母、亲戚俱亡，而家乡沦陷，无依无靠。元结作《请收养孤弱状》《请给将士父母粮状》，上奏来瑱，请求官府予以恤养，被来瑱采纳。时连遭水患，米价腾贵，人相食，饿死者遗骨于道旁。而军中孤老，得以济养，而保全性命。

四月，元结以“泌阳守险，全十五城”平叛有功，忝列台省，官拜监察御史（从七品上）。部将张远帆、田瀛等十数人得任将军。七月初，肃宗李亨欲派吕諲为荆南节度使，吕諲以无兵为借口推辞。肃宗说：“元结有兵在泌阳。”即调元结泌阳兵归荆南节度，辅佐吕諲防御敌寇。八月二十日前后，拜元结为水部员外郎，兼殿中侍御史，充諲节度判官（从六品上），将兵镇九江（今湖北广济、黄梅县一带，驻地距瀼溪较近）等。

自 759 年十月至 760 年八月，首尾 10 个月，元结即官至尚书郎，官秩晋升九阶。颜真卿在其后为元结撰写的碑文中说“君起家十月，超拜至此，时论荣之”。

九月，荆州改为江陵，称南都。元结仍为吕諲幕僚。曾因廉问到岳州。也就在这一年，元结升任容州经略都防御使，为观察使。

上元二年（761），元结为水部员外郎兼殿中侍御史，充任荆南节度判官，率部镇守九江（今湖北广济、黄梅一带）。元结怀念瀼溪邻里，因充军职而不得见，故作《与瀼溪邻里》诗。七月，元结作《大唐中兴颂》。

762 年二月，荆南节度使吕諲卒。大约吕諲病重之际，元结即代吕諲知荆南节度使事。经八月，境内晏然。

隐居樊上　放情山水

宝应元年（762），元结以老母多病，上《乞免官归养表》，朝廷应允，特授著作郎之职。元结遂归隐武昌樊口（今湖北鄂城西），居于郎亭山下。他“修耕钓以自资”“天子许安亲，官又得闲散”，放情山水，与民同乐，渔夫称其为“聱叟”，饮者称其为“漫叟”，自撰《漫歌八首》，呼漫郎。

时孟彦深为武昌令，与元结交往密切。二人常常一起“笑傲江湖”。郎亭西麓有石洼陷，元结整修后用来藏酒，孟彦深名为抔樽。抔樽之下有湖，命名为抔湖。抔湖西南有山谷，二人常结伴而游，在此耕钓。孟彦深以元结退而乐此，名之曰“退谷”。元结曾为之作铭。

直到第二年夏，孟彦深调镇湖南，这一期间，元结一直居于樊上，并创作了大量诗文。

临危受命　道州建勋

广德元年（763），岭南溪洞和西原少数民族，因不堪重压起义，猛烈攻打州县，形势危急。九月，代宗下诏任元结为道州（湖南道县）刺史。但因吐蕃陷京师，直到十二月，元结才于鄂州（湖北武昌）接到敕牒，即辗转崎岖山路赴任，至次年五月方才到任。

元结到任道州时此地刚遭受一场磨难，西原蛮陷道州据城五十余日，城池井邑，但生荒草；登高极望，不见人烟。人十无一，户才满千。原本四万余户居民的道州城减到四千户。他“下车行古人之政”，安抚流亡，进《谢上表》。

当时大半人家不堪税赋，而征收赋税的使臣依然催逼。元结上任不到五十天，公案上堆起二百多封催征赋税的公文，封封标明“失其限者，罪至贬削”。此时，元结创作了千古传诵的《舂陵行》，抒发宁愿被治罪以安抚百姓，也不愿坑害黎民而邀功的情怀。元结痛心疾首，不忍征缴，他作《免科率状》，上奏朝廷免去百姓的赋税、租庸使和市杂物 13 万缗。元结因勤政惠民，为民所爱，道州人曾为其立石颂德。

这一年，西原民攻永州、破邵州。因为敬畏元结之威名，不犯道州边境而去。元结作《贼退示官吏》。同年，叛将田承嗣以莫州降，李怀仙以范阳降，史朝义逃亡自杀，安史之乱结束。此后“二年间，归者万余家。贼亦怀畏，不敢来犯”。

永泰元年（765）夏，元结罢道州刺史，将赴衡阳任职。道州“百姓诣阙，请立生祠，仍乞再留”。由是，永泰二年（766），朝廷再授元结道州刺史。

元结因道州连遭兵祸三年以来人实疲惫，故上《免科率等状》，奏请免除配率 91600 余贯，得到朝廷批准。

因元结声望，道州多有建祠，缅其功德。为了纪念元结，道州自阳城始，于州衙旁专辟一街，名次山街。

迁任容州　平定八州

大历二年（767），元结以军事诣荆南节度府。大历三年（768），元结因道州任上政绩突出和防范西原蛮有功，晋升容州府都督兼侍御史、本管经略使。

当时的容州受安史之乱影响，加之横征暴敛，当地瑶民聚首联合，奋起反抗，攻占容州十余年。之前已有四任容管经略使都因讨伐不力而罢官，元结受命于危难之际，不顾疾病缠身，义无反顾，“单车将命”，临别时“老母悲泣，闻者凄怆”。

元结饱读诗书，胆识过人，不仅精通为将之道，还熟知驭民之术。面对“所管皆固拒山谷”，以反潮流的胆略和气魄，一改历任经略使惯用的武力讨伐政策，而改用抚慰劝励方略，不带兵刃，单身深入山区瑶寨，会见瑶族首领，晓以大义，劝勉抚慰，歃血为盟，以心换心，短短60天，8个州就恢复安定。《新唐书》以“身谕蛮豪，绥定诸州，民乐其教，立碑颂德”高度概括和评价元结容管任上功绩。大历四年（769）朝廷授元结为左金吾卫将军兼御使中丞、本管经略使。

为母守丧　胸怀天下

时丁母忧，“百姓诣使请留”，元结“矢死陈乞者再三”，朝廷诏许，遂为母守丧浯溪。

“浯溪”，原是一条无名溪流，元结寄情山水，怡然自得，名之为“浯溪”。将浯溪侧畔的一个高台取名为“峿台”，并建一个山亭，取名为“痦庼”。元结虽然以“吾”为本，却绝非自私自利，自娱自乐。元结为人率直，思维聪敏，常出直言、奇言，话语幽默诙谐，不避权贵，自称漫郎、聱叟。

他始终放足山水，胸怀天下，不忘社稷民生的安危。鉴于安史之乱给国家和人民造成的巨大灾难，为了警示后人，元结创作《大唐中兴颂》不朽章篇，有力鞭挞安禄山的深重罪孽，充分表达自己“忠烈名存，泽流子孙”的壮志豪情和对世人及后世子孙的期勉。10 年后的 771 年，元结将 761 年八月所作《大唐中兴颂（并序）》加上“湘江东西，中直浯溪，石崖天齐，可磨可镌，刊此颂焉，何千万年”，请颜真卿书丹，令石工精雕细刻，镌刻于湖南永州祁阳县（治所在今湖南祁阳）浯溪崖壁。这气势宏大、畅如行云流水的颂文，配上刚劲洒脱的书法，再加上鬼斧神工造化的巨岩石工精湛的技艺雕刻，被称为“摩崖三绝”，使其声闻神州，即“浯溪碑林”。唐宋以来，迁宦墨客，名公巨卿纷至沓来，或挥毫作文，或即兴赋诗，在陡峭的崖壁上、岩洞内和罅隙间竞相题刻，形成一处独特的山水文化，使这里成为中华民族灿烂文化的宝库。千百年来，无数游人到这里登临远目，凝视石刻，去解读元结那灼热的人格和鲜活的情事。其后历代登临题咏者不绝。

诗歌创作 成就斐然

元结一生博览群书，文学造诣颇深。无论何时何地，他都能赋诗作文，表达心志。即使征战沙场，做官治政，元结也把吟诗作为一件大事去做，创造出中国文学史上承前启后的成就。

尤其是元结的诗歌创作，反映民生疾苦，质朴淳厚、情感激愤、笔锋犀利，散文则短小精悍、神形兼备、道达情性，堪为现实主义典范。

元结的诗歌理论继承了儒家诗教传统，上承自孔子、汉儒至陈子昂、李白的诗论，下启元稹、白居易之诗论，是新乐府运动的滥觞。元结反对六朝以来弥漫于文坛上的污惑之声、淫靡之词，主张诗歌继承《诗经》“风雅”、汉魏风骨，发扬兴寄美刺的优良传统，发挥诗歌的政教功能，并倡导古朴真切的艺术风格。其诗论既于复古中有革新的特征，又具有盛中唐转型期之时代特征。元结主张文学要“救时劝俗”“规讽”“感化”，强调文学的社会作用，并进行创作实践。

元结在诗歌理论与创作实践两方面杰出成就的取得，与其所处的独特时代背景密切相关，是社会、思想、文学等多方面的因素促成的。元结的影响是巨大而深远的。他的诗论与创作不仅对以元稹、白居易为领袖的中唐新乐府运动起到了开启与示范作用，而且促成了整个中唐写实诗风的隆兴，同时对后世历代诗歌创作也产生了不小的影响。他称得上是一位具有过渡期特色的杰出诗人，不愧为中唐新乐府运动的先驱。

在诗歌创作实践中，元结的诗歌在以描写时事、关心民生疾苦的情感倾向、揭露黑暗现实与腐朽势力为特征的主题内容与诗前标序、诗律宽松、语体质朴等艺术形式两个方面，为中唐新乐府的创作树立了榜样。元结作为著名的诗人、散文家，一生著作颇丰。元结是一位“尝欲济时难”的现实主义诗人。他继承了《诗经》、乐府传统，反对“拘限声病，喜尚形似”的淫靡诗风，主张诗歌能“极帝王理论之道，系古人规讽之流”，达到“上感于上，下化于下”的政治目的。元结起于民间，深谙民苦，其诗歌质朴淳厚，情感激愤，笔锋犀利，语言浅显易懂，韵脚轻松自然。其诗歌创作始终以关注民瘼为己任，尊重事实，且能从民间艺术中不断汲取营养。他的《舂陵行》和《贼退示官吏》，反映劳苦大众受苦受难现实，既自忠于事又忠于民，后世公认其为现实主义诗歌典范之作，被欧阳修赞为“笔力雄健，意气超拔”，诗圣杜甫诗赞“道州忧黎庶，词气浩纵横。两章对秋月，一字偕华星”。

元结山水诗深受陶渊明影响。渊明诗语言朴素，落尽铅华，同于口语；次山山水诗歌语言不事雕刻，率尔成章。明湛若水《元次山集序》云“欲质不欲野，欲朴不欲陋，欲拙不欲固”，也道出了元氏山水诗语言上质朴的特征。元结受渊明影响的另一个方面是白描手法的运用。元结白描手法虽不如渊明成功，但亦颇得其要领，往往寥寥数笔，并无精镂细刻痕迹却状山水草木如在眼前。

元结编选《箧中集》，在盛唐后期的文坛上占有一席之地。

古文运动 开辟先声

元结为唐代古文运动先声，用古文摹写山水亦见开创之功。《右溪记》《殊亭记》《茅阁记》《寒亭记》等都能在较短的篇幅里做到写景状物与议论抒情浑然一体。他的散文形式多样，短小精悍，笔锋犀利，形象逼真，发人深省，为韩愈、柳宗元的先驱。真正对韩、柳影响最大的是元结的文风，尤其是元结的散文。元结的山水游记和讽刺文，从体裁、用语及表述主题等方面看，元、柳之间都存在着极为明显的先驱后从关系。

元结喜爱山水，每到一处，便以大自然为伴，陶醉于山水林石之中。与别人不同的是，他所走过的地方，皆有著述，或长卷，或短文，或作记，或题铭，刻石遗后，为后人留下了宝贵的文化财富。元结出任道州刺史时巡视江华县，将山石小亭取名为“寒亭”，作《寒亭记》；游阳华岩，作《阳华铭》，均刻于岩石之上。途经湖南祁阳境内的湘江河畔，被这里的山水风光迷醉，后以守母丧为由，长期隐居于此。元结将自己所居住的地方取名为“浯溪”，将浯溪侧畔的一个高台取名为“峿台”，并建一个山亭，取名为“㢈庼”。他以“吾”为主，各加偏旁，自造了“浯”“峿”“㢈”三字，表达了自己喜爱这里的山山水水，并为之陶醉的情怀，为后人留下了一段绝美的故事传说。元结特意为这三个地方各撰铭文，请书法名家季康、袁滋、瞿令问三人，分别用玉筋、钟鼎、悬针三种篆体刻写于三巨石之上，成为浯溪碑林。其间，朝廷命他复审申泰芝诬陷湖南都防御史庞承鼎谋反案。元结不畏权奸，执法如山，严查凶犯，终使冤案大白。朝廷为庞昭雪，并追还其官职，召回严郢复官，另有百余家受株连者获释出狱，受到朝臣及地方官民的敬佩。

元结喜欢用短小生动的寓言故事、诙谐荒诞的比喻抒发议论。尤其是序文刻意求古，神形兼备，颇具特色，突破前人散文的体例题材，真正彰显个性，开历代之先河。《大唐中兴颂》借古喻今，名颂实讥，更是文坛上的一篇力作。元结作为诗人、散文家，在文学上颇有造诣，被评价为“笔力雄健，意气超拔”。其文“疾怒急击，快利劲果，出行万里，不见其敌，高歌酣颜，入饮于朝，断章摘句，如娠如生”。人们把他看作韩（愈）柳（宗元）古文运动的先驱者，称赞其上继王勃、陈子昂而起，中与杜甫并肩努力，后为白居易、元稹倡导的新乐府运动开路，评论其在中国文学史上有承前启后的功绩。

归葬故里　青史留名

大历七年（772）春正月，元结丁母忧期满，到长安朝见皇帝时不幸遇疾。夏四月庚午，在长安永崇坊旅馆去世，享年 54 岁，朝廷追封元结为礼部侍郎。十一月壬寅归葬鲁山梁洼青条岭泉陂原。

青条岭为外方山余脉，南北走向，绵延数千米，民间谓之青龙。近旁一山，形似卧虎。元结墓处于两山之间，为市级文物保护单位，距鲁山县城 15 千米。墓后凤凰岭，有鳌子山与之呼应，风水家称之朱雀、玄武。墓园占地面积 960 平方米，原有古柏 36 棵。嘉靖十年（1531）鲁山知县夏文璧在墓前立碑“唐节度使元次山之墓”，该碑仍存。鲁山县城原北寨门外路东曾立有尖形“唐元道州故里”碑，今已不存。2020 年，鲁山县马楼乡于 G329 国道与商余口通村大道交叉口立“元结故里”碑。

元次山碑，即元结墓碑，俗称元碑、颜碑（《唐故容州都督兼御史中丞本管经略使元君表墓碑铭并序》），因唐代大书法家颜真卿亲手撰文并书丹而名。该碑文全面记述元结生平功德，承载当时的国史民生状况，是唐碑体例中的代表作，也是唐代历史的重要参照和鉴证。该碑之颜文、颜书与元结之人品，世称“三绝”，奉为三绝碑。元结碑为青石，四面环刻，正、背面各 17 行，两侧各 4 行，每行 34 字。全文原有 1377 字，今存 1147 字，缺失 230 字。该碑字体为寸六楷书，在颜真卿书碑中字体最大，也是其代表作品之一。其拓片曾于 1972 年在日本展出。

元次山碑原立于鲁山县城北青条岭元次山墓前，后移入鲁山县文庙。明万历四十二年（1614），鲁山教谕唐世宾痛惜颜碑字迹漫漶，已残十之二三，于是出钱五千修亭加以保护，亭名颜碑亭。清康熙四十六年（1707）重修颜碑亭。1963 年，该碑被列为河南省文物保护单位。2006 年，被国务院公布为第六批全国重点文物保护单位。

自唐以降，研究元结其人、其文、其诗者众。后世给予元结高度评价。

元结生活、创作、为官所到之处，留下了大量文化遗迹遗存。今有多处，为全国重点文物保护单位，并被开辟为文化旅游胜地。

2008 年，元结被平顶山市炎黄文化研究会评为“鹰城十大历史名人”。2014 年，元结入选“鲁山十大历史名人”。

“王子朝奔楚”大本营在鲁山团城山

张新河

“王子朝奔楚”，是一起发生在东周时期、以胜负为是非判断标准的重大历史疑案。虽古籍多有记载，但其“奔楚”十年的具体活动，却未见只字于史册。近年专家学者有部分研讨成果，然并未彻底地揭开全部奥秘。诸如相关中华文明“周之典籍”下落，“周守藏室史”老子随从轨迹，王子朝奔楚大本营地点，其随从人员归宿等重大历史问题，仍为悬案困惑学界。

笔者考证，鲁山团城山位于楚之北境，紧邻“三鸦路”。北取捷径，可直达东周洛邑，南过南召，直通南阳石桥镇。且近靠楚长城、邻南召云阳楚武城“楚王行宫”，东北近楚鲁阳军事重镇。这里环境隐秘、温泉连串，存有王廷殿堂遗址“朝王殿”“旗杆街”“姬冢”遗迹，以及“兵将”“旧官、百工”宿营地、“大团营”“小团营”遗址等。笔者推断：鲁山团城山当为“王子朝奔楚”存身之“大本营”。现详述于后，求方家指正。

《左传·昭公二十二年》载:“丁巳，葬景王。王子朝因旧官、百工之丧职秩者，与灵、景之族以作乱。帅郊、要、饯之甲，以逐刘子。”《左传·昭公二十六年》载:“冬十月丙申，王起师于滑。辛丑，在郊，遂次于尸。十一月辛酉，晋师克巩。召伯盈逐王子朝。王子朝及召氏之族、毛伯得、尹氏固、南宫嚚，奉周之典籍以奔楚。”《左传·定公五年》(周敬王十五年、楚昭王十一年，前 505) 载:“五年春，王人杀子朝于楚。”《左传》这几段记叙了公元前 520 年，即周景王二十五年，景王姬贵卒，子悼王姬猛嗣位，弟姬朝率旧官和百工中失去官职的人和灵王、景王的族人发动叛乱。王子朝率领郊邑、要邑、钱邑驻军叛变驱除刘子。公元前 516 年，冬季，十月六日，周敬王在滑地起兵。二十一日在郊邑，住在尸地。十一月十一日，晋军攻下巩地，召伯盈赶走了王子朝，王子朝和召氏的族人、毛伯得、尹氏固、南宫嚚保护着周朝典籍逃亡楚国。公元前 505 年，成周人在楚国杀王子朝之事，史称“王子朝奔楚”。

其实，发生“王子朝奔楚”并非如此简单，它深深含蕴着东周王朝与诸侯间政治斗争和军事较量尖锐矛盾的历史背景。封建社会在以“胜者王侯败者贼”为判断是非标准的定格下，王子朝最终成为“作乱”失败者代表被载入史册。

一、“王子朝奔楚”历史背景

行将没落、龟缩洛邑的东周王朝，与诸侯间的尖锐矛盾，周景王姬贵是深有感触的。为挽败局，他着手革故鼎新。未料，结果却成为庶子王子朝“奔楚”的导火索。

东周王公贵族，主要依靠诸侯进贡维系王廷消费。《国语·晋语四》曰：“公食贡，大夫食邑，士食田，庶人食力，工商食官，皂隶食职，官宰食加。”① 这是说，王公依靠进贡物生活，大夫依靠自己封地生活，士依靠自己所受公田生活，庶人依靠出卖劳力生活，工商（工，百工。商，官贾）依靠服务官的所得而生活。其“公食贡”，就是王公贵族的消费来源。

《左传·昭公十五年》（周景王十八年，前 527）载：

> 十二月，晋荀跞如周，葬穆后，籍谈为介。既葬，除丧，以文伯宴，樽以鲁壶。王曰：“伯氏，诸侯皆有以镇抚王室，晋独无有，何也？”文伯揖籍谈，对曰：“诸侯之封也，皆受明器于王室，以镇抚其社稷，故能荐彝器于王。晋居深山，戎狄之与邻，而远于王室。王灵不及，拜戎不暇，

① 《国语》（卷十·晋语四），上海：上海古籍出版社，1998 年，第 371 页。

其何以献器？”王曰：“叔氏，而忘诸乎？叔父唐叔，成王之母弟也，其反无分乎？密须之鼓，与其大路，文所以大搜也。阙巩之甲，武所以克商也。唐叔受之以处参虚，匡有戎狄。其后襄之二路，戚钺，秬鬯，彤弓，虎贲，文公受之，以有南阳之田，抚征东夏，非分而何？夫有勋而不废，有绩而载，奉之以土田，抚之以彝器，旌之以车服，明之以文章，子孙不忘，所谓福也。福祚之不登，叔父焉在？且昔而高祖孙伯黡，司晋之典籍，以为大政，故曰籍氏。及辛有之二子董之晋，于是乎有董史。女，司典之后也，何故忘之？”籍谈不能对。宾出，王曰：“籍父其无后乎！数典而忘其祖。”

籍谈归，以告叔向。叔向曰：“王其不终乎！吾闻之，所乐必卒焉。今王乐忧，若卒以忧，不可谓终。王一岁而有三年之丧二焉，于是乎以丧宾宴，又求彝器，乐忧甚矣，且非礼也。彝器之来，嘉功之由，非由丧也。三年之丧，虽贵遂服，礼也。王虽弗遂，宴乐以早，亦非礼也。礼，王之大经也。一动而失二礼，无大经矣。言以考典，典以志经，忘经而多言举典，将焉用之？”①

这是公元前527年，景王的太子和王后相继去世，诸侯国都当进贡，但晋国不带贡品。景王骂他们“数典而忘其祖”。东周王室与诸侯间之矛盾，见微知著，如干柴遇烈火。东周王室这堆腐朽干柴，与诸侯间丁点矛盾的火星，就点燃了晋国助推东周王室更替主宰的烈火。这把燃烧的烈火，必然直接影响周王室执政权威和社会的安定！

周景王为革新这种局面，早于公元前543年，就着重臣草拟“前哲令德之则”的法律“刑书”条文，将铸“无射钟”上，公布于众。

据《左传·昭公二十一年》载：

二十一年春，天王将铸无射。泠州鸠曰：“王其以心疾死乎？夫乐，天子之职也。夫音，乐之舆也。而钟，音之器也。天子省风以作乐，器以钟之，舆以行之。小者不窕，大者不槬，则和于物，物和则嘉成。故和声入于耳而藏于心，心亿则乐。窕则不咸，槬则不容，心是以感，感实生

① 《左传》(昭公十五年)，长沙：岳麓书社，1988年，第318—319页。

疾。今钟槬矣，王心弗堪，其能久乎？”①

《国语·卷三·周语下》《左传·昭公二十一年》均有单穆公谏周景王铸无射钟记载。《国语》记载篇长字多，《左传》记载文简字少，内容亦不一。单穆公，为周景王重臣，曾劝阻周景王不要铸大钱和铸大钟。他认为:“作重币以绝民资，又铸大钟以鲜其继。若积聚既丧，又鲜其继，生何以殖？”又说:“三年之中，而有离民之器二焉，国其危哉！”周景王没听其劝，既铸了大钱又铸了大钟。后来，周景王与单穆公在王位继承人上又发生矛盾。王预谋在打猎时将单穆公杀死，因周景王突发心脏病死去，“无克而崩”。后，单穆公参加了周王室“宫廷政变”，辅佐王子姬猛同王子朝抗衡。

《左传·昭公二十二年》载:

王子朝、宾起有宠于景王，王与宾孟说之，欲立之。刘献公之庶子伯蚡事单穆公，恶宾孟之为人也，愿杀之。又恶王子朝之言，以为乱，愿去之。宾孟适郊，见雄鸡自断其尾。问之，侍者曰:“自惮其牺也。”遽归告王，且曰:“鸡其惮为

① 《左传》(昭公二十一年)，长沙：岳麓书社，1988年，第334页。

人用乎？人异于是。牺者，实用人，人牺实难，己牺何害？”王弗应。

夏四月，王田北山，使公卿皆从，将杀单子、刘子。王有心疾，乙丑，崩于荣锜氏。戊辰，刘子挚卒，无子，单子立刘蚠。五月庚辰，见王，遂攻宾起，杀之，盟群王子于单氏。①

上述“王子争位”的真相是：周景王在位时，因长子太子寿早死，原立嫡子姬猛为太子。王子朝是周景王姬贵之庶长子。公元前520年4月18日，周景王突发疾病，见太子猛柔弱、多病，难以担当大任，崩前写下诏书，要大夫宾孟扶立王子朝即位。单穆公得知，组织刘狄、单旗发动政变。于王子朝即位前，将辅政大臣宾孟杀害，遂立王子猛，与王子朝抗衡。单穆公“宫廷政变”受到周王室、大臣及国人反对，纷纷支持王子朝发动族人反击，将王子猛赶出王城。曾极力反对周景王革故鼎新的晋国得知后，遣大夫籍谈、荀跞带兵护送王子猛回京都洛邑（今洛阳）。病弱的王子猛难以应付局势，当年10月惊吓病死。晋国再立王子匄为敬王。公元前519年，晋军攻打王子朝，王子朝受挫逃尹地（今新安西南），尹氏立王子朝为王，人称西王。尹氏助王子朝将王子匄赶到狄泉（今洛阳东），狄泉在

① 《左传》（昭公二十二年），长沙：岳麓书社，1988年，第338页。

王城东，人称王子匄为东王，公元前517年，晋军将王子朝打败。“王子朝及召氏之族、毛伯得、尹氏固、南宫嚚奉周之典籍以奔楚。”

被晋军打败的王子朝，只得仓皇投奔楚国，流离失所，异国他乡，无立足地。其心态如《左传·昭公二十六年》所载：“王子朝使告于诸侯曰：‘兹不谷震荡播越，窜在荆蛮，未有攸底。’”[①] 足见其“奔楚”后漂泊不定、居无定所的凄楚心境！

王子朝奔楚十年，不可能长期无定所，其一行必然选择适当场所作大本营，以谋东山再起，重返京都洛邑。

二、王子朝奔楚滞留楚北境

楚平王安排或王子朝选择“奔楚”，首先欲借晋楚争霸文矛盾、可得楚之庇护，主要是与楚勠力同心，共同抵御晋国，夺回东周王位。其次，因楚近洛邑，便于日后重返京都、称王朝廷。不想王子朝奔楚却遇楚平王卒丧，年幼的楚昭王刚刚即位，还要力对吴国伺机攻伐。楚国迫在眉睫的一系列大事，却无暇他顾。《左传·昭公二十六年》

① 《左传》（昭公二十六年），长沙：岳麓书社，1988年，第351页。

（前516）载："九月，楚平王卒。"月余后，"十一月辛酉"王子朝奔楚。其一行人只得滞留楚之北境，一可得楚庇护；二距京都较近，便于重返洛邑；三可避南部吴楚之战的袭扰。

《左传·昭公二十七年》即王子朝奔楚次年，载：

> 吴子欲因楚丧而伐之。使公子掩余、公子烛庸帅师围潜。使延州来季子聘于上国，遂聘于晋，以观诸侯。楚莠尹然、工尹麇帅师救潜。左司马沈尹戌帅都君子与王马之属以济师，与吴师遇于穷。令尹子常以舟师及沙汭而还。左尹郤宛、帅师至于潜，吴师不能退。①

吴人借楚丧之机，兴师攻楚，双方成对垒之势。王子朝奔楚滞留楚北境十年，吴与楚争战不休，是时，吴姬光与伍员攻入郢都，楚人国破家亡，楚昭王不得不"奔郧"又"奔随"，仓皇狼狈逃命，焉能对王子朝庇护？更无力与王子朝同心协力抵御晋国。王子朝不仅没有机会重返洛邑，最终还被成周人乘机杀害于楚地。那么，一个失魂落魄的东周王子，携"旧官、百工"一行人奔楚十年，究竟于楚

① 《左传》（昭公二十七年），长沙：岳麓书社，1988年，第352—353页。

何地“避难”？史册无载。在以“胜者王侯败者贼”为评判是非标准的朝代，又有哪位史官敢于冒杀头危险，把一个逃亡在外，且最后又被执政当局乘机杀害的“罪人”载入史册呢？

三、王子朝奔楚大本营在楚北境鲁山团城山

鲁山县位于中原伏牛山东麓河南省中西部。古代境内80％以上是山区面积，且山高林密、环境隐秘、雨量充沛、温泉连串，非常适宜人类隐居。其独特环境，曾招致夏代“刘累迁鲁”避难，夏桀徙鲁避战，商后沐浴，周公封鲁，竹氏改墨氏隐居鲁阳等，向为兵家所必争，因成我国著名“藏龙卧虎”的文化圣地，也是“中华刘氏发祥地”“中国墨子文化之乡”“中国牛郎织女文化之乡”“豫陕鄂前后方工作委员会旧址”。

（一）古代鲁山的隐秘环境，是避难、避战的良好所在

古代鲁阳的隐秘环境，曾招致夏商周三代至春秋战国的帝王将相或先贤驻足。《左传·昭公二十九年》载，夏孔甲年间，刘累养龙，因一雌死，为避孔甲追杀“惧而迁于鲁县”避难，今存有刘累故地“邱公城遗址”时隐时现于昭平台水库中。专家考定，这里是中华刘氏发祥地。据《周书·殷祝解》载：商汤逐夏桀“桀与其属五百人徙于鲁，鲁士民复奔汤

（商汤）”，夏桀徙鲁，为躲避商汤追逐。清乾隆八年（1743）《鲁山县全志》载：“温泉，《水经注》：‘温泉出北山，七泉奇发，炎热特甚。’旧名皇女汤，商后（商汤）尝浴其处，载《水经》中。其下泉水热如沸，中泉水平温，上泉微温。俗呼为上、中、下汤。去县六十里，居民引为沐浴池，能愈疮痍宿疾。《洛都赋》曰：‘鸡头温水，鲁阳神泉，不爨自沸，热若焦然。烂毛瀹卵，煮绢濯鲜。痿疾痱疴，浸之则痊。功迈药石，勋著不言。’”[①] 鲁山县北部仓头乡考古发现，有“商代兕觥”酒器出土等，系商汤驻足鲁山之佐证。这里还是周武王初封周公姬旦之鲁国，史称“西鲁”，其存续时间在 15 年至 20 年间，后因武王崩、周公留佐成王，更封伯禽东迁曲阜为（东）鲁国。这里更有蜿蜒起伏的“楚长城”遗址，遍布鲁山南、北、西边境，其西部深山区今尧山镇，有“墨子故里遗址”等。据考证，墨子是周代“百工”后裔，先祖为百工竹氏、跟随王子朝奔楚，为避王子朝被杀之难，遂改竹氏为墨氏隐居深山二郎庙（今尧山镇）。

这些史实，佐证了近于东周洛邑（洛阳）、偃师“夏代二里头遗址”“商代都城遗址”的古代鲁阳（今鲁山县）隐秘环境，是先代前人避难、避战的良好去处。

---

① 旧志再版，政协鲁山县委员会文史委员会、河南省墨子学会石人山文化研究中心重印，清乾隆八年《鲁山县全志》，第 36 页。

（二）隐秘的团城山为“王子朝奔楚”建立大本营创造了条件

古代帝王、先贤在鲁山驻足或避难的史实，为王子朝选择楚北境鲁阳避难、建立军事大本营，创造了条件，铺就了道路。

1. 王子朝奔楚行程路线及走向

今鲁山县城西部 14 公里的夏代“邱公城遗址”，是刘累迁鲁故地，亦是故鲁阳城旧址，其北部紧邻古代耿集镇，原名“竹峪寨”，别号“豢龙故里”。耿集镇的“别名雅号”，向现代人们透露着它远古的历史故事。据考，“竹峪寨”是墨子祖辈竹氏“百工”，随王子朝奔楚至王子朝被杀前的栖息地。王子朝被杀后，竹氏百工为避杀头之难，遂改竹氏为墨氏，再徙鲁山深山区二郎庙隐居[①]；“豢龙故里”是御龙氏刘累曾在此寄居的历史印痕。这里是北来荡泽河与东流沙河的两水交汇处，水资源丰富，地理环境优美，为古代先贤所青睐。荡泽河，古称波水，发源于鲁山西北地区瓦屋镇、背孜乡一带山谷。清乾隆八年（1743）《鲁山县志》载:“波水，《水经注》:‘出霍阳西川大岭东谷。’俗谓之歇马岭。即应劭所谓‘孤山，波水所出也’。”“霍阳山”俗呼岘山，又名铁顶山，海拔 1165.8 米，位于汝州、汝阳、鲁山三县交界处。鲁山背孜乡古有“歇马岭关”，今

---

① 张新河、张九顺:《墨家鲁阳悬疑案——墨子里籍与事迹考实》，郑州：河南大学出版社，2011 年，第 115 页。

遗址尚存，为古鲁阳西北、通达东周洛邑（今洛阳）的军事要塞，更是洛邑东南通往楚国鲁阳之捷径。推想当年王子朝奔楚，当自洛邑东南行，经梁、霍故地，部分人走“歇马岭关”，由此沿荡泽河顺流而下，先期到达楚地古鲁阳，再沿沙河而上，寻西南入团城山，另部分人则“奉周之典籍”、寻“夏路”过“方城外”叶邑（今叶县）南向入楚。这东、西两条线路，是古代连接今洛阳与南阳仅有的重要通道。走“三鸦路”虽要翻山越岭，但比走“夏路”便捷得多，其间距可近其一半路程，王子朝当然不会舍近求远，而选择走东部的“夏路”！

2. 团城山隐秘环境，是王子朝设立大本营的先决条件

团城山，海拔 649.8 米，位于今鲁山县西南部团城乡，原名鸡冢乡，乡以冢名。据《鲁山县志》记载：明代，鸡冢属鲁山县大宁乡，清代，属阜里。1941 年，属鲁西乡。1947 年，划归下汤区，设鸡冢乡。因鸡冢乡有团城山及小团城，2006 年，因改团城乡。其距县城 38 公里，总面积 101.14 平方公里，全乡辖鸡冢、泰山庙、小团城、枣庄、玉皇庙、五道庙、辣菜沟、应山、寺沟、牛王庙、花园沟 11 个行政村，92 个村民组，14218 人。

团城乡所处位置比古鲁阳更隐蔽，四围山高，中间较低，山高林密，雨量充沛，环境极其隐秘，毗邻下汤温泉。境内有海拔 300 米至 800 米高的山峰有 11 座，较高山峰有帽式山海拔 838.2 米、大王垛海拔 873.6 米、马野寨山海

拔 874 米。大王垛没有马野寨山高，却称“大王”，是妄称还是确有哪位“大王”到此而命名？不得而知。1994 年版《鲁山县志》记载鸡冢乡古迹尚有：黄土岗仰韶文化遗址及鸡冢古墓，它向人们诉说着团城山的古老往事。

团城山东，有古三鸦路，可北通东周洛邑，南达今湖北钟祥市西北的楚国都郢。团城山优美的自然环境，成就它为人们避难、避战、益寿养生的天然圣地。

（三）团城山遗迹遗存，同王子朝奔楚紧密关联

1. 楚北境的团城山所处地理环境及军事优势，是王子朝奔楚存身所急需

团城山，东北部近鲁阳故城，北部紧邻下汤温泉“商后沐浴处”的“皇女汤”遗址；东部是古三鸦路。三鸦路南有“鲁阳关”，北有“歇马岭关”，南北两道险关守护着古鲁阳军事重镇。三鸦路南向经今南召县可达南阳，紧靠鲁山分水岭楚长城。过“鲁阳关”，越楚长城，便是今南召县云阳镇古代楚国武城邑的“楚王行宫”，武城邑是北邻楚长城、紧邻鲁阳的军事重镇。自公元前 575 年至公元前 478 年的近百年间，不绝于古文献记载。《左传・成公十六年》（楚共王十六年，前 575）载“楚子自武城使公子成以汝阴之田求成于郑。郑叛晋，子驷从楚子盟于武城”，史称“武城之盟”。《左传・襄公九年》（楚共王二十七年，前 564）载：秦景公乞师于楚，将以伐晋。“是年秋，共王帅师驻于武城，以为秦援”是为“武城之役”。《左传・哀公十六年》

（楚惠王十年，前479）载："王卜之，武城尹吉。使帅师取陈麦。陈人御之，败。遂围陈。秋七月己卯，楚公孙朝帅师灭陈。"公孙朝，是令尹子西之子，公孙宁（字子国）之弟，鲁阳公（鲁阳楚之县公）公孙宽（子期之子；子西与子期同为楚平王庶子）之堂弟，时任武城尹，足见楚对武城的重视程度。鲁山团城山，邻近武城楚之军事重镇，近于"楚王行宫"，既方便与楚王沟通，又可得楚军事救援。这是王子朝奔楚选择团城山为大本营的首要条件。

2. 鲁山县遗存的古老姓氏与王子朝奔楚一行相关联

《左传·昭公二十六年》（前516）载："十一月辛酉，晋师克巩。召伯盈逐王子朝。王子朝及召氏之族、毛伯得、尹氏固、南宫嚚奉周之典籍以奔楚。"可见随王子朝奔楚人员的姓氏，有周、姬、召、毛、尹、竹、南宫等。2500多年来，虽然鲁山县人口播迁发生过翻天覆地的变化，但据《鲁山文史资料》记载，1992年人口普查资料证实，今鲁山（古鲁阳）县，尚有周姓1602户、姬姓433户、邵姓（召、邵同宗）262户、毛姓333户、尹姓512户。而且，他们都是元代前鲁山仅有的92姓中的主要姓氏。[①] 笔者以为，这些在鲁山留下的古老姓氏中，一部分当为"王子朝奔楚"在楚地鲁阳留下的史证。

---

① 鲁山县政协文史资料研究委员会：《鲁山文史资料》，2000年第17期，第26—31页。

3. 团城山遗迹遗存与王子朝奔楚之关联

南阳石桥以北至陕州双观音堂，数百里皆鸦路。团城山临今南召县云阳镇及古武城邑“楚王行宫”，近“三鸦路”。清乾隆八年（1743）《鲁山县全志》载：“团城山，西六十里。大山绵延数十里，上有殿址，莫知其由，其东侧为交口山。”“交口山，西南四十五里。鲁（山）与南召交界也。”“分水岭，西南六十里，团城山东西分水。旧志云：‘水即鸦河。’”“鸦河”即临“三鸦路”之水，为今鲁山县境流经瀼河乡、熊背乡的瀼水之上游。清乾隆八年（1743）《鲁山县全志》又载：“鸦路，《资治通鉴·质实》云：‘在南阳府城北七十里分二路。东北带西而行者谓之三鸦路，行人来往趋西洛之便路也。石川为第一鸦；分水岭为第二鸦；在汝州界者第三鸦也。自南阳石桥以北至陕州双观音堂，凡数百里皆鸦路也。’据《水经注》：‘鸦水亦俗名鲁阳关水。水出鲁阳县南分水岭。’”[①]《鲁山县全志》中“自南阳石桥以北至陕州双观音堂，凡数百里皆鸦路也”记载，说明“南阳石桥以北”在古“三鸦路”上。据《史记·周本纪》集解注：“《春秋》曰：‘子朝奔楚。’《皇览》曰：‘子朝冢在南阳西鄂县。今西鄂晁氏自谓子朝后也。’”《中国历史地名大辞典》中“西鄂县”条称：“西汉治，属南阳郡，治所在今

---

① 旧志再版，政协鲁山县委员会文史委员会、河南省墨子学会石人山文化研究中心重印清·乾隆八年《鲁山县全志》，第94页。

河南南阳北50里鄂城寺。”1990年版《南阳县志》载，西鄂故城遗址，在今石桥镇西南约500米处，其位置与古鲁阳（今鲁山县）隔伏牛山南北相望，间距约60公里。王子朝墓在楚国北部近鲁阳的事实，证明“王子朝兵败奔楚”走了三鸦路，其随从“旧官、百工”等，确实安置在楚国北境，与三鸦路临近的地方，并非在楚国中部。

2018年12月12日《平顶山日报》刊载王相生《鲁山县团城山鸡冢探疑》一文说：团城山“鸡冢前，左有朝王殿，右有接官亭，接官亭向北有泰山庙，周围还有大团营、小团营”。“自昭平湖向南十里路程是泰山庙。当地人传说，此庙宏大，殿堂多层，石人石像众多，占据了整个南山之坡。这堂庙坐北朝南，应该是王室祭拜天地的庙堂大殿。泰山庙向南五里直达接官亭，接官亭东南有小团营盆地，向西数里是旗杆街，具备了古代帝王来此祭奠的护卫礼仪。旗杆街再向西是朝王殿沟。从接官亭向南十里就是鸡冢，鸡塚南边还有古墓沟、石碑湾之地名。虽然如今古墓沟里不见古墓，石碑湾里也不见石碑，但这些地名都与祭奠之事有关。”① 不仅如此，作者还发现此地尚有“五道庙”“大王山”地名。如是说，在古代一个交通闭塞、人烟罕至的深山老林团城山周围，居然有与帝王相关的朝王殿、接官

① 王相生:《鲁山县团城山鸡冢探疑》,《平顶山日报》2018年12月12日,《文化》第A06版。

亭、旗杆街等遗迹遗存。可以肯定，团城山周围，一定蕴含有过往发生的惊天大事！作者推想：“朝王殿”当与王子朝奔楚有关。“鸡冢前，左有朝王殿”说明，“朝王殿”与“鸡冢”关系紧密。王子朝奔楚前于洛邑虽未即位，但在洛邑西尹地曾称“西王”。当“奔楚”被杀后再称“西王”已经时过境迁，显系不合时宜，东周即位的周敬王，派人在楚地杀死王子朝，自然不会再赐其谥号。对被成周人杀害的王子朝当如何称谓？其随从“旧官、百工”对其后事当有议论。窃以为：其跟随的“旧官、百工”便更称“西王”谓“朝王”。亦即说，王子朝被杀后的“西王”称谓，更改以“姬朝”名字命名，称其“朝王”，既区别与已即位的“东王”姬匄的景王称谓，又方便后人以纪念，对原王子朝之居所，便以“朝王殿”称。其“鸡冢”遗迹，本为“姬冢”，是跟随王子朝奔楚的“旧官、百工”，以其在此留居之衣冠，堆积而成的“姬朝衣冠冢”简称“姬冢”，或为埋藏“王子朝及召氏之族、毛伯得、尹氏固、南宫嚚奉周之典籍以奔楚”时“周之典籍的籍冢”。因“鸡”“姬”“籍”音通，后人不明就里、不辨“姬”姓及“籍”之含义，便以近身所见闻，理解为“鸡”，误称之“鸡冢”。“旗杆街”“迎官亭”是与“朝王殿”匹配之建筑物。这些殿堂、亭、庙建筑，对京都洛邑来此的“旧官、百工”无论建筑材料、建造技能当不在话下，轻而易举便可完成；“大团营”“小团营”，当为“旧官、百工”驻军之宿所；至于

“泰山庙”“文王殿”，应为王子朝祭天、祭祖之场所；“古墓沟”则为后人传承之地名；“五道庙”当为祭奠王子朝、召伯盈、毛伯得、尹氏固、南宫嚚五人之堂庙；“大王山”因其高大，或为纪念王子朝而命名。

上述建筑物称谓的历史时段、历史空间和地理区位，同古文献记载时间是完全吻合的，与鲁阳故城、楚长城、武城、墨子故里等历史地名的遗迹遗存，同文献记载亦完全一致；同鲁阳“百工”传承及遗存的“木匠庄”“铁匠炉”“盆窑”“瓦窑”等地名，以及“堂匠班”“镢头班”“以工换工”的生产组织与谋生的生产、生活方式等，亦不谋而合。这些丰富的遗迹遗存证实，同王子朝奔楚有直接关联。

4. 鲁山独特的“百工”传承与遗存，同“王子朝奔楚”相关

“百工”是周室中掌管营建、制造等事的官或各种工匠。据《墨子·贵义》篇，墨子对玄唐子说“翟上无君上之事，下无耕农之难”。说明墨子既不是为“官”者，也不是有土地可耕作的农人，而是个庶民士人兼手工业者的“百工”匠人。鲁山尚有“百工”传承的遗迹逸事。

鲁山“墨子故里”遗址的存在，说明墨子父、祖代是跟随“王子朝奔楚”之“百工”。

在《墨子》书中，亦多有“百工”说辞，《墨子·节用中》“凡天下群百工”、《墨子·节葬下》“使百工行此”等。《墨子·法仪》称：“子墨子曰：‘天下从事者，不可以

无法仪。无法仪而其事能成者，无有也。虽至士之为将相者，皆有法，虽至百工从事者，亦皆有法。百工为方以矩，为圆以规，直以绳，正以县。无巧工不巧工，皆以此五者为法。巧者能中之，不巧者虽不能中，放依以从事，犹逾已。故百工从事，皆有法度。'”足见，墨子对百工甚为熟悉，不仅如此，墨子对百工技艺更为熟知。《墨子·鲁问》称:“公输子削竹木以为鹊成而飞之，三日不下。公输子自以为至巧。子墨子谓公输子曰:‘子之为鹊也，不如翟之为车辖，须臾斫三寸之木，而任五十石之重。故所谓功，利于人为之巧，不利于人为之拙。'”墨子对百工技艺和操作规程如此熟知，说明墨子本人或家庭成员中，有工匠出身的百工人员或为周室“百工”之“旧官”。现今，在古“三鸦路”“鲁阳关”附近的“风筝山”“老虎岭”一带，尚存有上述墨子与鲁班比巧的民间传说。

在鲁山中汤温泉一带，山民传称墨子是“坑染之师”和“百工之祖”。“坑染”是指古代民间用污泥和橡壳为染料，染制棉布丝麻等制品的方法，相传，此法是墨子传授。

古代鲁山民间，尤其山区，还传承着百工组织的“堂匠班”“木匠庄”“铁匠炉”“盆窑”“瓦窑”等以工匠为成员的生产组织形式和生活方式。这些当是“王子朝奔楚”在楚北境古鲁阳地区，其跟随“旧官、百工”所传承的独特历史印记。

综上所述，春秋末期，王子朝根据鲁山团城山隐秘的地理环境和近于武城、楚王行宫、楚长城、三鸦路等军事要塞的特殊环境与条件，选择在此安营扎寨，驻扎十年，直至在楚被杀。团城山下“朝王殿”“鸡冢”“旗杆街”“迎官亭”“大团营”“小团营”“泰山庙”“文王殿”“五道庙”等遗迹遗存及鲁山特殊的“百工”传承遗迹轶事，共同佐证：鲁山团城山是东周时期“王子朝奔楚”之大本营。随着专家学者对王子朝奔楚考古发现的进一步研究，其在楚十年的历史及“奉周之典籍以奔楚”的“周之典籍”奥秘，必将逐步大白于天下！

注：本文原稿曾刊载《尧神》总第 48 期，2019 年第 3 期，第 67—75 页，这里在原稿基础上稍有改动。

抗金名将牛皋戎马一生揭秘

王顺利

牛皋——这位在南宋初期名望仅次于岳飞、韩世忠的抗金名将，由于民间文学的演绎，其塑造的爱撒谎、爱吹牛、勇武粗莽、屡立战功的“福将”形象一直深入人心。其实这是一种误传。当然，这误传包含的是人们对他的喜爱，并且由于爱之深，长期以来，人们对历史上真实的牛皋究竟是一个什么样的人也不大关注了。

历史上真实的牛皋究竟是怎样一个人物，这是一个饶有趣味的话题，其研究不仅能反映文学与史学间的差异，同时也有助于推进宋金政治军事史研究，更有助于后人对这位“鹰城十大历史名人”“鲁山十大历史名人”的全面认识。根据现代历史学家的考证和众多显而易见的史料，牛皋并不是小说或演义中插科打诨的配角，也不是一个被个性特征掩盖了真实才能的简单人物，甚至他的命运也没有应验通常的人生规律，得到与性格相得益彰的圆满结局。

爱国梦想 成就英名

牛皋，字伯远，生于北宋元祐二年（1087），卒于绍兴十七年（1147），享年61岁，宋朝汝州鲁山人（《宋史·牛皋传》）。青年时代的牛皋家贫如洗，以砍柴打猎糊口，但其勤习武艺，精练骑射，被招募为“射士”。

建炎、绍兴年间的射士，在与金人的作战行动中表现出强大的战斗力，其中最为杰出的代表就是牛皋。牛皋是中国历史上最有名气的射士之一。

建炎元年（1127），金军南侵。被招募为射士的牛皋，满怀强烈的爱国热情愤然起兵抗金，冲杀在前，英勇无畏，屡战屡胜。西道总管翟兴嘉其忠勇，举荐他为保义郎。建炎三年（1129）六月，牛皋邀击杨进于鲁山，三战三捷，因功擢任荣州（今四川荣县）刺史、中军统领。同年，金兵再攻京西一带，牛皋与敌数十战皆胜，被南宋朝廷擢升为果州（今四川南充）团练使。京城留守上官悟举荐牛皋为同统制兼京西南路提点刑狱。建炎四年（1130）春，侵入江南追击隆裕太后的一支金军主力走荆门、襄阳、唐州、叶县北归。牛皋率部设伏于叶县北去汝州必经之道的宝丰宋村，一举歼灭了这支两万多人的金军主力，沉重打击了金军的嚣张气焰，在南宋抗金史上写下了浓墨重彩的一笔。宋村大捷为朱仙镇大捷奠定了基础。牛皋因此再升和州（今安徽和县）防御史、五军都统制，正式跻身高级将领之列。不久牛皋又于鲁山邓家桥大败金将沾罕孛堇，转升京西道招抚使。建炎四年冬，伪齐勾结金兵，进犯京西地区。牛皋陈兵丹霞（今河南南召境内）要道，以逸待劳，全歼金齐联军，活捉伪齐酋豪郑务儿，又升任安州（今湖北定陆）观察使，不久出任蔡（今河南汝南）、唐（今河南唐县）信阳军镇抚使，加爵亲卫大夫。

绍兴三年（1133），岳飞受命统管江西、湖北军务，筹划从襄汉进军中原，收复失地。牛皋赞同岳飞的战略，奔赴临安觐见南宋皇帝高宗赵构，力陈刘豫必灭、中原可复之策。高宗遂将牛皋所部划归岳飞指挥。在牛皋加入岳家军之前，二人就多有来往，且交情深厚。牛皋年长于岳飞，加之战功卓越，颇得岳飞敬重。自此，岳牛二人并肩作战，书写了一部可歌可泣的抗金史。同年夏，岳飞初派牛皋由襄阳（今湖北襄阳）向金伪齐进军。牛皋浴血奋战，大败刘豫，一举收复邓州（今河南邓州）和颍昌（今河南许昌），又继续攻打朱仙镇（今河南开封南）等地，大获全胜。后委任牛皋为唐（今河南唐河）、邓（今河南邓州）、襄（今湖北襄阳）、郢（今湖北钟祥）四州安抚使，兼统“踏白军”。此后不久，又改任神武后军中部统领兼制置司中军统领。

绍兴四年（1134）初，伪齐大将李成勾结金兵攻破襄阳六郡，敌将王嵩盘踞随州（今湖北随州）。五月，岳家军部将张宪、徐庆久攻随州不下，牛皋自告奋勇，立军令状，率部仅带三天粮草，飞兵随州，三天未满就攻破随州，活捉伪齐守将王嵩，俘卒五千。又乘胜收复襄阳，打开了北进中原的大门。绍兴四年（1134）十二月，金军攻打淮西，连破濠州（今安徽凤阳）、滁州（今安徽滁州），兵临庐州（今安徽合肥），江防告急。牛皋率两千骑兵渡江北上，驰援庐州。临阵时牛皋呵斥敌军："牛皋在此，尔辈胡为见犯？"金兵慑畏于他的威名，军心浮动，不战自溃。牛皋一鼓作气，追击三十余里，斩杀金军副统领及千户五人，百户数十人，大获全胜。此战声威远播，进位中侍大夫。

绍兴十年（1140），牛皋随岳飞进军中原，屯兵方城，镇守裴城，所向披靡，屡战屡胜，兵锋直指汴京近郊，为收复中原失地立下了汗马功劳，"以功最，除捧日天武四厢都指挥使、成德军承宣使、枢密行府以皋兼提举一行事务"（《宋史·牛皋传》）。岳飞遇害后任真定府路马步军副总管，后转任宁国军承宣使、荆湖南路马步军副总管，成为一方大员。

囿于忠君　擒杀杨幺

南宋初年，朝廷苟且偷安，不思收复国土，却加紧对老百姓的搜刮和掠夺，孔彦舟部军队和散兵游勇不断骚扰老百姓，再加上金兵时常南下，烧杀抢掠，老百姓生活在水深火热之中，苦不堪言。尤其是荆、湘地区，阶级矛盾和民族矛盾更加尖锐突出。建炎四年（1130），洞庭湖畔爆发了钟相、杨幺起义。针对当时贫富不均的情况，钟相提出了一个“法分贵贱贫富，非善法也。我行法，当等贵贱，均贫富”，人人都能“田蚕兴旺、生理丰富”的口号。这个口号反映了当时农民在政治上要求平等、经济上要求平均的强烈愿望，深得远近百姓拥护。

起义军以武陵为中心建立根据地，惩治贪官污吏和豪强地主，免除农民的债务，使农民从切身利益中尝到了“等贵贱，均贫富”的好处。因此起义军发展迅速，很快控制了湘湖地区六州十九县。南宋朝廷急忙派出大批官兵前往镇压。钟相被起义军前期的节节胜利冲昏了头脑，麻痹轻敌，结果中计失败，和钟子昂一起被捕牺牲。起义军推举威望较高的杨幺为首领，继续战斗。杨幺自称“大圣天王”，立钟相的小儿子钟子仪为太子，继续贯彻“等贵贱，均贫富”的主张，根据洞庭湖地区地理优势，采取“陆耕水战”战略，根据地一时出现了“村村有酒坊，家家有猪牛”的景象。

南宋朝廷把起义军看作心腹大患，多次派兵围剿无果。最后，把抗击金兵的前线主力“岳家军”调回。岳飞和牛皋一方面对义军实行经济封锁，一方面派人到义军中分化诱降。绍兴五年（1135）六月，起义军据点被攻破，杨幺被牛皋活捉后杀害，且函首送往都督行府。与杨幺同样穷苦出身的牛皋，面对如何处置被俘的义军，力主屠杀，认为不杀无以示军威。这一残忍主张没有得到岳飞的认同。岳飞认为“其余皆国家赤子，苟徒杀之，非主上好生之意也！”牛皋虽勇猛鲁莽，但还是善于听取意见，“敬服其言而退”，终止了杀戮之举，挽救了上万名义军将士的性命。

杨幺起义军在阶级矛盾和民族矛盾错综复杂的情况下，既反抗南宋政府的剥削压迫，又与金朝及其傀儡伪齐政权作斗争，表现出反抗封建剥削压迫的精神和维护民族利益的坚定立场，他们提出的“等贵贱，均贫富”的口号，对后来的农民起义和农民战争产生了深远的积极影响。因此，透过镇压这次杨幺起义，不难看出维护南宋朝廷的忠君思想在牛皋的心中是至高无上的。

贸然赴宴　终遭毒害

绍兴十一年（1141），南宋主和派占上风，高宗下诏撤兵议和，牛皋被迫随岳飞饮恨班师。次年，岳飞以“莫须有”罪名被杀。牛皋在岳飞遇害风波亭后相当长一段时间内并没有受到多大牵连，他始终反对南北议和，力主恢复中原。但他对时局缺乏敏锐的洞察力和政治谋略，不像韩世忠那样以退为进，韬光养晦，蓄积力量，等待时机，而是心怀激愤，意气用事，时常流露出对主和派的不满情绪和反叛心理。秦桧十分惧怕，为斩草除根，于绍兴十七年（1147）三月初三，密令都统制田师中在仁和县（今浙江杭州）以宴请各路大将为名，以毒酒害死牛皋。对于这样的鸿门宴，牛皋又缺乏警惕性，没有慎重考虑，而是秉其直率毅然赴宴。席间突感不适，急归府邸，中毒症状凸显，牛皋方知遭奸佞毒害，临死前悲愤地说："皋年六十一，官至侍从，幸不啻足。所恨南北通和，不以马革裹尸，顾死牖下耳！"其忧国忧民、忠于南宋朝廷的情怀可谓惊天地，泣鬼神，但时运不济，壮志未酬却惨遭毒害而死。这不能不说是民族英雄牛皋的终生遗憾。

纵观牛皋的一生，他具有强烈的爱国精神，经历了众多抗金战役，骁勇善战，屡立奇功，为南宋主要的抗金将领。但也不能否认的是，牛皋因历史的局限在某些重大政治问题上不是囿于忠君思想，就是缺乏谋略远见，最终被奸臣毒害身亡，书写了自己作为一代抗金名将的悲剧人生。

爱国勇将　后世敬仰

宋人称牛皋"身更百战之余，独冠三军之勇"。牛皋以智勇和爱国之心，成为一代抗金名将，深受后人缅怀和敬仰。

景定二年（1261），牛皋遇难114年后，南宋朝廷追封其为辅文侯。后人在岳飞墓北的剑门关紫云洞口修建一座牛皋墓，与其遥遥相望。墓冢北立有清代陈希贤撰写的《重修宋辅文侯牛公墓记》碑刻，还有明代铸的田师中跪像，墓碑上镌刻着“宋辅文侯牛皋之墓”。清光绪元年（1875）重修，20世纪六七十年代被毁，1983年重建。墓地周围松竹环绕，简洁爽净，古朴庄重。墓道前构筑两座石牌坊，石牌坊上刻副对联：将军气节高千古，震世英风伴鄂王。这副对联取自明代徐渭所撰《吊牛皋墓》：

将军气节高千古，震世英风伴鄂王。
岭上云霞增慷慨，洞中风雨起凄凉。
泪浑野草生红药，骨瘗青山化凤凰。
老桧至今遗恨在，裹尸何必向疆场。

牛皋遇难后，家乡人在鲁阳关下为他修建一座牛皋墓，表达崇敬怀念之情。2008年，牛皋入选“鹰城十大历史名人”。2014年，入选“鲁山十大历史名人”。2015年，熊背乡党委、政府在石碑沟重修牛皋墓冢，供人凭吊。

因牛皋曾在宝丰宋村大败金兵，大大鼓舞抗金士气，后人在此修墓建祠祭拜牛皋，并竖立碑刻。2015年春，平顶山新城区重修牛皋墓园。

在中原和江南许多牛皋曾经战斗和生活过的地方，当地群众或修墓或建祠，或以牛皋命名村落、山寨，表达对这位抗金英雄的敬意。

第四辑　历史揭秘

仓颉造字与“鲁”字探源

杨晓宇

一、关于仓颉造字传说的真实性

华夏民族历史悠久，但正因为悠久的历史所沉淀，在没有系统文字记载的情况下，使许多原生的历史故事都以神话传说的形式保留下来。文字的起源也是这样，传说：在仓颉“始作书契，以代结绳”以前，人们结绳记事，即大事打一大结，小事打一小结，相连的事打一连环结。后又发展到用刀子在木竹上刻以符号作为记事。随着历史的发展，文明渐进，事情繁杂，名物益多，用绳结和刻木的方法远不能适应需要，这就有了创造文字的迫切要求。黄帝时期，史官仓颉观察鸟兽虫鱼的足迹并从中受到启发，到处观察，了解了天上星宿的分布、地上山川脉络的样子、鸟兽虫鱼的痕迹、草木器具的形状，日思夜想，描摹绘写，造出种种不同的符号，并定下每个符号所代表的意义，这就是中华民族最原始的“字”。

《淮南子·本经训》说：“昔者仓颉作书，而天雨粟，鬼夜哭。”意思是仓颉把文字创制出来时，天帝担心人们学会后，就会放弃农耕去读书，容易造成饥荒，便从天上降下粟米；鬼神怕人们学会文字后，会熟知它们而不再害怕，因此在夜间哭泣不止。这些传说，说明了作为象形会意为主的古汉字的产生确是人类文明发展的标志，达到了“天忧神鬼惊”的程度。

那么，这些传说是否真实呢？我们姑且不去管它们。但仓颉是汉字之祖，鲁山县是他的出生地，鲁山县的“鲁”字，就是一个极其古老的文字，它和仓颉造字是不是有关系呢？我们不妨从古“鲁”字的生成和演变过程，对仓颉造字传说的真实性加以论证。仓颉既然是汉字的肇启者，他对于出生地的语音及其字形字义必然深有体验。

象形文字是由图画文字演化而来，是一种原始的造字方法。《北史·魏本纪》载：“（原始人）射猎为业，淳朴为俗，简易为化；不为文字，刻木结绳而已。”《周易·系辞下》载：“上古结绳而治，后世圣人易之以书契，百官以治，万民以察。”据说仓颉造了二十八个字：戊己甲乙、居首共友、所至列世、式气光明、左互从家、受赤水尊、戈干斧芾。还有人说，仓颉造字原本很多，后来天神惊怒，施火焚烧，所余无几。

其实，这只是古人对仓颉的一种崇拜。仓颉之所以传名后世，是因为他做了复杂的文字搜集、整理、统一工作，使那些庞杂的符号整齐划一起来，能够通用。从考古资料来看，中国至少在虞夏已经有了正式的文字，此外，距今七千七百多年的贾湖刻符、七千年前的双墩刻符、六千年前的半坡陶符（共达五十多种）、五千多年前的青墩遗址刻符、连字成句的庄桥坟遗址文字、大汶口陶尊符号、尧舜时代的山西襄汾陶寺遗址扁陶壶上朱笔“文”字、夏墟的水书等，这些符号都属于早期文字系统中的基本构形，可惜这样的出土文字信息非常稀少。夏商时期，甲骨文的出现使文字有了较快发展。早期的骨刻文已经有丰富的文字系统，后期的属于初步成熟阶段。公元前两千六七百年时的仓颉，作为黄帝的记事官，当然经常会遇到记录的困难，于是就对这些文字的雏形进行收集、整理、加工完善和系统化，因而成为中国文字发明的始祖。实际上，中国的文字史早在仓颉以前数千年就已经诞生了，仓颉应该是华夏民族原始文字的集大成者。

也有史书记载，仓颉遇灵龟负书，识八卦，而作文字。八卦始自伏羲，是中国古代考察天地之间四维变化的方法。仓颉造字源于观察天空星宿、山川河流、鸟兽虫鱼、花草树木等，故有此说。《平阳府志》记载：“上古仓颉为黄帝古史，生而四目有德，见灵龟负图，书丹甲青文，遂穷天地之变，仰视奎星圆曲之变，俯察龟文鸟羽山川，指掌而创文字。”也就是说，仓颉按照动植物的形状、痕迹，临摹描绘，造出种种不同的符号，并且定下了每个符号所代表的意义。《河图·玉版》中则另作记载：“仓颉为帝，南巡狩，发阳虚之山，临于元扈洛之水，灵龟负书，丹甲青文，以授之。”在这儿，又把仓颉视为“帝”，只是尊仰而谓之。许慎在《说文解字·叙》中说：“仓颉之初作书，盖依类象形，故谓之文，其后形声相益，即谓之字。文者物象之本，字者言孳乳而浸多也。”倒是识者之言。

二、从仓颉造字看古“鲁”字的生成与发展

（一）关于“鲁”字的字形

关于古“鲁”字，我们现在能看到的，是商代的甲骨文会意字。上“鱼”下“口”的简图形象，这就是原始的古“鲁”字。其有两个意思，一是从鱼，从口，“口”象器形。整个字形象鱼在器皿之中。它的本义是美味、嘉好。金文字形与甲骨文基本相同，只是鱼尾增加了两点；下部“口”中多出一横，表示尝到美味，本应写成“甘”字，但后来讹变为“日”字。小篆的字形由象形变成抽象的符号，上部还是鱼，但鱼尾则变成四点；有的字形将下部的“口”写成“白”。汉隶、楷书字形沿袭秦篆，但将“白”变成“曰”，从而成了上“魚”下“曰”的“魯”，后简化成现在的“鲁”字。从甲骨文字形来看，“鲁”最初之义就是表示美味。远

古先民捕鱼而食，鱼肉细腻鲜美，就认为鱼是美味的食物。因鱼为佳肴，所以“鲁”字本表示鱼味鲜美，引申为嘉、美、吉祥的意思。甲骨卜辞中常见“吉鲁”一词，表示占卜的结果“吉祥嘉美”。它充分说明古“鲁”字的美好寓意。

有人说在历史的演变中，“鱼”“鲁”二字渐行渐远。“鱼”字仍是餐桌上的美味，而“鲁”字的常用义已远离厨房，发生了很大的变化。什么原因使其意义有如此变化呢？他们说演变过程可能是，一个是由“嘉美”引申为“大”，如称大碗为鲁碗；由“大”引申为“粗”，由“粗鲁”又引申出“鲁钝”的常用义。另一个是鲁国，后来成了山东的别称。山东半岛三面环海，盛产鱼类，当地人以捕鱼为业，此当是山东一带称“鲁”的来源。

不客气地说，这样的解释太过牵强。首先，“嘉美”怎么能引申为“大”“粗”，又引申为“粗鲁”和“鲁钝”呢？其次，山东鲁国自西周由奄变鲁之后，并没有接近大海。鲁国之东，还有比鲁国还大的齐国呢。鲁被视为山东省的简称，也只是后来的事情。鲁被释义为粗鲁、粗大等，最早出现在先秦之后的典籍之中，这也说明它已经脱离了字形的原意。若要考察“鲁”字释义变化的原因，就必须从它的字形字音字义诸多方面进行综合的考察。

（二）关于“鲁”字的读音

“鲁”字部首为鱼，所以，古代韵书多把他归入“鱼”部。《平水韵》中为上声七麌韵部。《中华新韵》把他归入上声姑苏韵;《中华通韵》归入上声乌韵中。若考察在历史上的语音变化,“鲁”字的读音,有着较为复杂的变读过程。

1. 古汉语各系统的读音

在高本汉、王力、董同龢、周法高、李方桂语言系统内,先秦时代,“鲁”字都归属于“鱼”部,声母虽然同为“L”;韵母就出现了不同读法:高本为“o”,王本为“a”,董本为“og”,等等。汉魏晋时代,虽然“鲁”字的语音同属“鱼”部,但韵母固定在“o”上,读音为“Lo”。

南北朝时期,音韵学研究有了进一步的发展,出现了一部分音韵学家,如沈约等,细分音韵之风益盛。“鲁”字在音韵中也发生了变化,归属到“鱼、虞、模”三部,声母同样为“L”,韵母则分属“o”和“u”“v”。隋唐时代的“鲁”字,王力等把声母同归为“L”、韵母归为“uo”,高本汉等则把韵母归为“u”。

2. 韵书中对“鲁”字的归属

在早期的音韵学专著《广韵》中,“鲁”字归小韵“鲁”部,韵摄为“遇”,调属上声,韵目属“十姥”,声母归于“来”。反切为“郎古切”,拟音为“Lu”和“Lo”。《集韵》中,“鲁”字分属于小韵“旅”“鲁”两韵,韵目分属“八语”和“十姥”。切音也分别为“两举切”和“笼五切”,拟音便成了“Li”和“Lo”。宋景佑四年,在丁度重修的《礼部韵略》和南宋毛晃修的《增韵》中,对拟音“郎古切”进行了统一,即确定为“Lu”,其他未变。元代周德清编选的《中原音韵》，“鲁”字的读音归属于“鱼”“模”，依旧是两种读音、到明代王文璧的《中州音韵》，又把“鲁”字切音为“即堵切”，若按拟音，应为“Jū”，这是因为，在古代音韵中，对两字相切的拟音，有着特殊的音变。如“lu”，有的方言可以读作“Lū”；就有了“旅”字的读音；若是“即堵切”，拟音就得把下切的韵母“u”变读为“ū”，这就有了“jū”的读音。这样的情况很多，是不同时代语音变化影响所致，可以参考郑州大学已故音韵学专家许梦麟教授的《古代音韵学》和《反切拼读入门》。到了明代的《洪武正韵》，“鲁”的切音复归“郎古切”，拟音为“lu”，归韵目为“五姥”。

(三) 关于历代典籍中对“鲁”字的释义

古代典籍中记载有关“鲁”字的运用，如《论语·先进》:“参也鲁。”清魏源《默觚上·学篇二》:“敏者与鲁者共学，敏不获而鲁反获之；敏者日鲁，鲁者日敏。”宋周羽翀《三楚新录》:“希范（马希范）轻薄公子，睹维翰（桑维翰）形短而腰长，语鲁而且丑，不觉绝倒而笑。”《史记·周本纪》:“周公受禾东土，鲁天子之命。”按:《史记·鲁周公世家》又作“嘉天子命”。《史记·周本纪》:“(周武王）封弟周公旦于曲阜，曰鲁。”《史记·高祖本纪》:“项羽闻之，乃引兵去齐，从鲁出胡陵，至萧，与汉大战彭城灵壁东睢水上。”唐杜甫《望岳》诗:“岱宗夫如何？齐鲁青未了。”南朝宋谢灵运《初发石首城》诗:“出宿薄京畿，晨装抟鲁飓。”等等。

在《康熙字典》中，“鲁”字列在亥集鱼部——古文：《广韵》《正韵》郎古切。《集韵》《韵会》笼五切，并音虏。《说文》：钝词也。《论语》：参也鲁。何晏注：鲁，钝也。曾子性迟钝。又国名。《诗·鲁颂》谱：鲁者，少昊挚之墟也。《汉书·地理志》：周兴，以少昊之虚曲阜封周公子伯禽为鲁侯，以为周公主。《释名》：鲁，鲁钝也。国多山水，民性朴鲁也。

《现代汉语词典》中，鲁[1]Lǔ，①迟钝；笨。②莽撞；粗野。鲁[2] Lǔ，①周朝国名，在今山东曲阜一带。②山东的别称。③姓。

由此，我们可以得出以下几点：

1.“鲁”字的甲骨文是“上鱼下口”，在文字变迁过程中，曾经有“上鱼下白”，也有“上鱼下日”和“上鱼下曰”的形式。“鱼”字的下边一横，曾经用四点代替，后来变为横的笔画。

2.“鲁”字的读音，除多数年代或地区读郎古切或“lu”拟音外，还有“两举切”“笼五切”和“即堵切”，甚或是“侧下切”，曾经分属“鱼、虞、模”韵部，声母多为“L”，而韵母则分别由“u/v/o/a/og”等，造成了不一样的读音。直到今天，在近体诗所用“平水韵”中，鲁字还归上声七虞韵部。现代汉语中，“lu”的读音才固定下来。

3.鲁字的释义，有美味、嘉美、粗鲁、鲁国、鲁姓等义，并派生出来诸多的词语、成语及其解释。

三、鲁山是古鲁国的初封地

关于鲁字为“美味”“嘉美”的解释，主要是源自商代甲骨文“上鱼下口”的字形。应该说，从象形文字的发展来说，这样的解释是比较准确的。古代人以食鱼为美味，由美味而衍生出嘉、美等评述语气，是自然而然的事情。关键是，鲁字的生成不仅仅是在商朝甲骨文时期，甲骨文也不仅仅局限于商代，而是在此之前就有了。现如今发现的商代甲骨文，只是考古方面的阶段性成果，而不是汉字的最早形式。

关于汉字的早期萌芽阶段，最早可见于六七千年前出土器物。这要比仓颉造字的时代，即炎黄时代还要早得多。作为华夏文字之祖，仓颉只是一位汉字的集大成者，他把以前人们创造的文字符号收集、整合、统一系统化。正如孔子对于《诗经》，文王对于八卦，岐黄对于中医药，都是对前人成果进行系统整理的集大成者。而“鲁”字也在商代甲骨文之前就已经存在。因为鲁山的文明起源很早，2019 年在鲁山观音堂考古发现的“鲁山仙人洞”，证明了三万年前就有现代人的祖先生活的痕迹，并将其定名为“鲁山人”。它与 2008 年许昌灵井发现的“许昌人”、1934

年北京周口店发现的“山顶洞人”共同被界定为中原现代人类进化的早期形态。仓颉造字故事的发生，也是这一地区文明发展较早的有力见证。有以下三点可以证明：

一是前人研究仓颉所造之字，作了一个仓颉造字表，多是汉字字根。其间，有一个字，字形为“上鱼下口”，应该就是甲骨文之前的古“鲁”字。它说明，鲁字在黄帝时代就已经存在，也许是在仓颉之前就有，或者最迟出现在仓颉时代，是仓颉根据家乡的环境民俗而创造出来的，并赋予其本源含义，即美味、嘉美，一直沿袭下来，直到商代甲骨文的出现。由此，我们可以知道，这个“鲁”字所表现的地方，就是鲁山周围的山水地理、风土人情。

二是“鲁”字的“粗鲁”释义，又是怎么来的呢？按以上所引证，关于粗鲁、鲁钝等解释，都存在于先秦以后的典籍之中。但这样的解释，不但与“鲁”字的嘉美之意不合，而且是风马牛不相及的。有人作这样的解释：“鲁”指鲁国，鲁人为鲁国人，鲁国在山东曲阜一带，因山东人多为彪形大汉，以性格豪放著称，才引申为鲁莽、粗鲁的意思。我们在此丝毫没有地域之嫌，历史上许多山东英雄豪杰，都是为人们所敬仰的。

“鲁”字有一个义项，是指古鲁国。按照以上的释义，古鲁国就是指曲阜一带，因为它曾是古鲁国的政治经济文化中心，在周王室分封列国诸侯中，地位很高。有观点认为：周朝的诸侯国，国君为姬姓，侯爵，首封国君为周武王弟弟周公旦之子伯禽。西周初年，周公辅佐天子周成王东征，灭掉了伙同武庚叛乱的奄国，受封于奄国故土，由于周公要留在镐京辅佐周成王，于是让自己的长子伯禽代为赴任，建立鲁国，国都为曲阜。鲁国始封时疆域较小，“封土不过百里”，后来陆续吞并了周边的极、项、须句、根牟等小国，并夺占了曹、邾、莒、宋等国部分土地，成了“方百里者五”的大国。国力最强时，其疆域北至泰山，南达徐淮，东至黄海，西抵定陶一带，其统治核心区大都位于今山东省济宁市境内，亦包括泰安南部宁阳，菏泽东部单县、郓城以及临沂平邑等市县，为周王朝控制东方的一个重要邦国。这里且不说论述史实有无出入，但就鲁国封国而言，就不是十分准确。其一，鲁国是封给周公旦的地方，让其子伯禽代管，也就是说，伯禽是实际意义上的国君，因而被史家认为是鲁国的开国之君；其二，周公辅佐成王践奄，才有了鲁国分封。鲁国是原来的奄国。其三，鲁国原来很小，后来吞并许多小国，才有了后来兵强地广的鲁国。鲁壮、鲁莽、粗鲁这些词汇，是否是在鲁国四下侵吞扩张时，那些军队士兵留给人们的不良印象，倒也难以评说。

那么，问题来了，“周公践奄”之后，伯禽代领的侯国为什么叫“鲁”？按照古代的领地分封习惯，这个地方叫“奄”才对，“鲁”与周公及其儿子伯禽又是什么关系？实际上，这个鲁国是因“鲁”而鲁，这个“鲁”，就是鲁山。

其实，我们根据史料以及前文对“鲁”字其音其义及其生成地的对比，就会清楚地知道内中原因。《史记·夏本纪》中记载：“帝孔甲立，好方鬼神，事淫乱。夏后氏德衰，诸侯畔之。天降龙二，有雌雄，孔甲不能食，未得豢龙氏。陶唐既衰，其后有刘累，学扰龙于豢龙氏，以事孔甲。孔甲赐之姓曰御龙氏，受豕韦之后。龙一雌死，以食夏后；夏后使求，惧而迁去。”这个刘累，字华美，是远古部落联盟陶唐氏首领尧的后裔，也是刘姓的得姓始祖。这个尧帝的后代逃到哪里去了呢？逃到了叫“鲁”的地方，即现在的鲁山县。

刘累携眷隐居的地方，在尧山东麓的邱公城。邱公城为鲁山古城遗址，在今昭平台水库间，为国家重点文物保护单位。这说明，早在夏朝，就已经有了“鲁”这个地方，区域就在河南省鲁山县。《鲁山志》中说：“夏代，称鲁。”《卜辞》中有“鲁”。《殷墟书契续编》注：“鲁亦地名，后称鲁阳。”而《诗·鲁颂》说：“鲁者，少昊挚之墟也。”《汉书·地理志》所载“周兴，以少昊之虚曲阜封周公子伯禽为鲁侯，以为周公主”的说法，只能证明是周之后的曲阜鲁国，为商奄故地。而不是由来已久的夏代“鲁”地，更不是仓颉所造、黄帝时期的古“鲁”字的生发地。

史实是，在西周开国之时，周武王曾把鲁地封与周公，以彰其对南国教化之功，今平顶山市高新区，尚有遵化古镇。因当时周公在朝，就委托其子伯禽管理，“鲁侯”身份，当由此始。武王去世前，因儿子年轻，就把国事交于其弟周公旦，让他辅佐成王以完成大业。周公执政后，平定管蔡武庚三监之乱，并与姜尚东征诸夷，营建洛邑，是为成周。三年后占领奄国，国家稳定，就把执政权归于成王。成王便封奄地给周公。周公和初封鲁邑一样，让其子伯禽代为治理。因伯禽原在鲁邑，身受鲁君封号，就带着原封号，到奄地建立了鲁国，这就是后来历史上西鲁与东鲁之说的由来。在古代，像这样身带原来封号到新的地方就任的情况很多，这也是历史上地理位置和地名混乱的主要原因，东西鲁只是众多的历史公案之一。

伯禽领鲁就奄之后，原来的鲁地怎么办？当然仍归周公所掌管，为许多典籍所证明。最主要一个，就是《诗经·国风》中的“周南”。所含十一首诗，都是这一地方的民间歌谣。那么，周南又在何处？其核心区域正在今天的平顶山市鲁山一带。因这儿是洛邑近郊，成周王畿，又是周公管辖，就被称为“周南”，即“成周之南”或“周公在周都之南的土地”。周南为什么在《诗经》十五国风中居首位，也是孔子对周公尹领的周南这块地方的尊崇，更因为这是鲁国开国的前身。它也充分证明，一直到春秋时期，周南这块地方，都是以鲁山为中心的周公食邑，是与召南并存的特殊封地。历史上的周南准确位置，曾经在史学研究方面有较大学术分歧。笔者综合古今资料，认为周南西到陕县，即今三门峡一带；南接古宛，即今天的南阳以北；

东至陈国边界，即今漯河召陵；北接成周洛邑，即今天的洛阳。这样的划分，与春秋时期孔子对《诗经》作品的地域划分是一致的。

需要说明的是，鲁山县在郡县制出现前后，就被称为鲁阳，治所在昭平湖邱公城一带。楚国司马公子宽以战功受封尹鲁后，就被人们称为“鲁阳公”，《汉书·地理志上》:“南阳郡：鲁阳，有鲁山。古鲁县。”颜师古注:“即《淮南》所云鲁阳公与韩战，日反三舍者也。”直到北魏县治东迁。在唐贞观八年，鲁阳始称鲁山县。元德秀为鲁山县令后，人们修建的“琴台”，已经在今县治地方。鲁山应指邱公城与沙河北岸一带群山，为“鲁之山”的泛指。按前文所证，是嘉美之山的意思。至于清嘉庆《鲁山县志》载“县之东一十八里，平原突起山峰，为一邑之镇，故县以名”是不对的。露山在现在的城东十八里，但在鲁山始为鲁阳时，则在县治三十里之外，中国自古以山南为阳，山北为阴，岂有把南北易为东西的道理？其中另说:“因境内自西环北至东的山脉古称鲁山，而故城在鲁山之阳而得名”才合乎历史真实性。

四、鲁山是鲁姓的始源地

鲁姓是当今中国姓氏排行第一百一十九位的姓氏，人口较多，约占全国汉族人口的0.12%。关于鲁姓的起源，一般认为：鲁姓，周公后裔，源自鲁国公室姬姓，是周朝王族支系之一。但是，我们知道，中国的姓氏来源和变化很复杂。姓代表血统和部族，氏代表地位和荣誉等。正如前边所引鲁姓是周公后裔的说法那样，他是伯禽封鲁后以国为氏，只能是姬姓鲁氏，具有周王朝皇室血统。汉代也有封于鲁国、后裔以鲁为氏的，那他就是姓刘或其他，而不是姓姬。“鲁”姓，并不是唯一的。最早的鲁姓，应该是作为氏族部落图腾演变的姓氏。

这就是说，按照华夏民族姓氏起源的历史规律看，鲁姓应该是比周、汉时期鲁国封国早得多的姓。这个鲁姓就出自“鲁”字的生成地，也自然是鲁姓始源地的鲁山。古人有“姓出图腾”之说，“鲁”姓也是这样的。这个氏族是黄帝有熊氏部族的一支，生活在今河南鲁山山水之间，居住沙河（滍水）沿岸，以捕鱼为生，“上鱼下口”的图案，就是他们的氏族图徽。他们生活的地方，也就被称为“鲁”或“鲁部落”，其后便产生了“鲁”字和“鲁”姓，甚至后来的鲁国。到了西周，周武王弟弟姬旦被分封到鲁邑，因周公临朝柱国，才让其子伯禽代理鲁侯之职，这便有了姬姓鲁国。其后周公又另被成王封到山东曲阜，并把鲁侯之国名带到曲阜，始有东鲁西鲁之称。其后人以国为氏，就有了一些书上所载，伯禽为“鲁”姓开姓始祖的说法。其实，最原始的鲁姓，可追溯到黄帝时代，而“鲁”字的书写，在仓颉创制的象形文字中就已经有了。

要之，“鲁”字是古老的华夏文字之一，它始自“上鱼下口”的氏族图腾，这个氏族以捕鱼为主业，长期生活在沙河（滍水）两岸山水之间。到黄帝时，成为炎黄部族的一支，其图腾形象被史官仓颉作为字体保存下来，就是原始的“鲁”字，并赋予其嘉美之意。后来因周公得封于此，成为鲁国的始封地。其后周公儿子伯禽改封商奄，国随人迁，鲁国才封迁于今山东曲阜一带，是为东鲁之国。原封地则为故鲁“周南”，成为孔子笔下《诗经》十五国风之首篇的地方。在中华民族历史发展中，“鲁”字语音也多有嬗变，但以“Lu”音为主。因“鲁”字的生成发展，“鲁”地北环之群山，亦被人们称为鲁山。鲁山自三皇五帝始，就是一个山河嘉美之地，绝无鲁钝之嫌。粗鲁之意，尚在厥后。

墨子是河南鲁山人

——兼论东鲁与西鲁的关系

刘蔚华

墨子是哪里人氏？历来有争论，归纳起来，大致有四种说法：一是鲁国人。《吕氏春秋》中的《当染》和《慎大》两篇，高诱注："墨子名翟，鲁人。"这里说的"鲁人"，据孙诒让在《墨子传略》中考证，是指鲁国人。二是宋国人。《史记·孟子荀卿列传》云："墨翟宋之大夫。"墨子在宋国的活动较多，著名的墨子"止楚攻宋"的故事，见于多种古籍，于是一些人就认为墨子是宋国人。三是鲁阳人。毕沅在《墨子注》中，根据《墨子·公输》篇的记事，认为墨子是鲁阳人，因为鲁阳当时属楚，所以墨子也就是楚国人。可是从一些反映墨子与楚国关系的记事，以及鲁阳文君向楚惠王介绍"墨子北方贤圣人"来看，似乎墨子既非楚人，亦非鲁阳人。四是怀疑墨子并非中国人，而是印度人。中华人民共和国成立前卫聚贤持此说，除了因为墨子“色黑”（见《墨子·贵义》，下引《墨子》只注篇名）以外，没有任何根据。抛开这一说，前三说，从现在的地域区划来看，实际上只是两说，即墨子是山东人，或河南人，因为宋与鲁阳都在今河南境内。可是这两个省在列举古代文化名人时，往往都不提墨子，这样一来，墨子便真的变成“外国人”了。如何确定一个思想家的籍贯，对理解他的思想内容有一定的影响，应当根据历史资料，尽可能把它搞清楚。

目前，学界多数人接受孙诒让的看法，权且认为墨子是鲁国人。但是也有不能令人满意的地方。孙诒让否定毕沅之说，主要的理由是：

> 《贵义》篇云：“墨子自鲁即齐。”又《鲁问》篇云：“越王为公尚过束车五十乘以迎子墨子于鲁。”《吕氏春秋·爱类》篇云：“公输般为高云梯，欲以攻宋，墨子闻之，自鲁往……见荆王曰：‘臣北方之鄙人也。’《淮南子·修务训》亦云：‘自鲁趋而往，十日夜至郢。’并墨子为鲁人之确证。”
>
> 考古书无言墨子为楚人者，《渚宫旧事》载鲁阳文君说楚惠王曰：“墨子北方贤圣人。”则非楚人明矣，毕、武说殊谬。

这说明，考定墨子籍贯的关键，是搞清楚墨子和鲁国、鲁阳的关系，其中还要搞清楚山东之鲁（东鲁）与河南之鲁（西鲁）的关系。

孙诒让的考证比毕沅的考证，无疑是前进了一步，更加细密了。但是仅此还不能推翻毕沅的结论，即墨子是鲁阳人。墨子是以天下为怀、游走四方的学者，一个有严密组织的墨派“巨子”，经常往来于宋国、鲁国、齐国、魏国、楚国等许多地方，“独自苦而为义”（《贵义》），“摩顶放踵，利天下为之”（《孟子·告子》）。他多次出入于鲁国，这是历史事实，但这还不是说明墨子是鲁国人的“确证”，而只是一种可能性。《墨子》一书所记载的墨子周游各国的材料，是不连贯的，即使紧靠在一起的两段文字，所记载的事实，在时间和地点上也并不是紧相衔接的。例如《贵义》篇按顺序这样记载了墨子的活动：“自鲁即齐”，理解为从鲁国或鲁阳到齐国，都可以。“南游于楚”，去见楚惠王，也可以做两种解释。但严格说，楚都在鲁国之西南，恰在鲁阳之正南，做后一种理解为优。“南游使卫”，卫国在鲁阳之北，鲁国之西，说明这次南游可能是从北燕出发的，能否由此推断出墨子是燕国人呢？“北之齐”，理解为由鲁国去齐地比较合适，但理解为由鲁阳远道北上，也未尝不可。可见，孙诒让斥毕沅“殊谬”，唯有他提供了“确证”，细推敲起来，漏洞也是不少的。

又如“止楚攻宋”一事，《吕氏春秋》说墨子“自鲁往”，而《墨子·公输》篇却说“起于齐”。究竟是信其本书，还是以后出的《吕氏春秋》为准呢？古人已发现，墨子无论是从鲁国还是从齐国出发，迢迢二三千里，“裂裳裹足，日夜不休，十日十夜而至于郢（楚都）”（《吕氏春秋·爱类》），在当时落后的交通条件下是根本不可能的，更不用说步行了！但如果理解为从鲁阳出发，过鲁关，经方城，再奔郢都，路程仅及鲁国至郢的三分之一，倒是很可能的。

唯一不利于“鲁阳说”的一条材料，是余知古的《渚宫旧事》载明鲁阳文君向楚惠王说“墨子北方贤圣人”，如果墨子是鲁阳人，鲁阳文君就不会说他是“北方”贤圣人了，可见这里是指鲁阳的“北方”，也就是鲁国了。其实，这是形式上的推论。如果从历史联系考察问题，就会得出另外的结论。为了说明这个问题，需要引证以下一些资料。

一、关于鲁地名。早在卜辞中已经出现。如“鲁受年”（《殷墟书契续编》5、6、10），注：“鲁也地名。”在商代，曲阜一带称奄，周成王“践奄”封伯禽为鲁公时才改称鲁。卜辞中的“鲁”是指哪里，已不可确考。但在《逸周书》中却有这样的记载：“桀与其属五百人徙于鲁，鲁士民复奔汤。”（《殷祝解》）这个鲁，显然在夏桀的地区内，又邻近商汤控制的地区。吴起所说的“左河、济，右泰华，伊阙在其南，羊肠在其北”的“夏桀之居”（《史记·吴起列传》）大约在今河南洛阳、巩义市一带。这是夏王朝的腹地。商汤的统治区域主要是在东部，以商丘一带为中心。

商汤自东向西争夺中原，鸣条（今封丘）一战，夏桀溃败，仓皇南逃，今河南鲁山一带，是他必经之地。这样可以从上游较容易地跨过颍水、汝水、淮水，向淮南、巢湖一带转移。但是大势已去，鲁士民都投奔到商汤那里去了，夏桀最后死于南巢。从这一历史过程可以推知《殷祝解》中说的鲁地，极可能是鲁山地区。春秋时蔡墨曾说："陶唐氏既衰，其后有刘累，学扰龙于豢龙氏，以事孔甲……迁于鲁县，范氏其后也。"（《左传·昭公二十九年》）这里提到的鲁县，杜注："今鲁阳。"这些材料说明，现在的鲁山一带，最先称鲁，春秋以前称鲁县，战国时称鲁阳，其南接楚之方城，隘口称鲁关，或鲁阳关。

二、周武王克商后，曾进行了一次规模不大的分封，伯禽代周公首先就封于鲁山地区，称鲁侯。武王死后，武庚勾结管叔、蔡叔发动叛乱，徐戎淮夷也起而暴乱，经过周公东征、成王践龟，才平定了叛乱。"昔武王克商，成王定之，选建明德，以蕃屏周"，"因商奄之民，命以伯禽，而封于少皞之虚。"（《左传·定公四年》）这时称为鲁公。原来的鲁县一带的封地，大概是由许文公的后代或其他姬姓诸侯接替了。先封一地又迁往他处的情况，在当时是很多的。这两次受封的情况，在《诗·鲁颂·閟宫》中有所反映：

王曰："叔父，建尔元子，俾侯于鲁。大启尔宇，为周室辅，乃命鲁公，俾侯于东。"

【译文】成王说："叔父（周公），封立你的长子（伯禽），使他成了鲁侯（初封）。开拓你的封疆，做好王室的辅助，王又授命鲁公（再封），去做东土的诸侯。"

过去往往认为这首诗的前后句意思是重复的，不了解其中反映了两次受封的情况。不过，怎么知道"俾侯于鲁"是指鲁山一带呢？这首诗下面几句话提供了答案：

天赐公纯嘏，眉寿保鲁。
居常与许，复周公之宇……
徂徕之松，新甫之柏。

【译文】天赐予了鲁公宏福，永远保有鲁的封域。曾居住南常和西许，要恢复周公的封地……（如同）徂徕山的苍松，（也像）新甫山的翠柏。

南常在今山东省微山湖东，西许正好在鲁阳地区，诗的作者要求恢复"周公之宇"，说明这里老早是周公的封土。徂徕山在泰山近侧，属于山东之鲁，而新甫山（吕）也在鲁阳地区，位于今河南省南阳城西。史诗反复把河南之鲁同山东之鲁联系起来，反映了历史实际，周公东征后，把商奄改称为鲁，实是初封于鲁山在名称上的沿用。

三、在战国时，鲁阳初属于楚，后属于魏。《淮南子·览冥训》曾记载“鲁阳公与韩构难”的故事。高诱注：“鲁阳公，楚平王之孙，司马子期之子，《国语》所称鲁阳文子也。”也就是《墨子·鲁问》篇和《渚宫旧事》中说的鲁阳文君。搞清了他和楚王的亲属关系，对他说的“墨子北方贤圣人”这句话，就好理解了。因为鲁阳本不属楚地，虽扩张为楚县之后，在楚王室贵族心目中同对待其本土之县，仍有所不同。所以鲁阳文君向楚惠王介绍墨子时说他是“北方”贤圣人，并不奇怪。实际上，这里说的“北方”就是指鲁阳，和楚之“北鄙”的含义是等同的。墨子见楚王时自称“北方之鄙人”，也是这种含义。另外，鲁阳虽入楚县，仍有相当的独立性，它拥有主权、军队，可以自主征伐，俨然是一个独立王国。《鲁问》载：“鲁阳文君将攻郑，子墨子闻而止之，谓鲁阳文君曰：‘今使鲁四境之内，大都攻其小都，大家伐其小家，杀其人民，取其牛马狗豕，布帛米粟货财，则何若？’鲁阳文君曰：‘鲁四境之内，皆寡人之臣也，今大都攻其小都，大家伐其小家，夺之货财，则寡人必将厚罚之。’……”

从这段话可以看出，鲁阳有四境，有大都小都，战国时仍自称为鲁，其规模不比当时的滕国、薛国更小。鲁阳文君还向墨子请教了任用忠臣与勇于纳谏的道理，宛如一个国君。《鲁问》篇既载有鲁国国君之问，又载有鲁阳文君之间，大概在当时，东鲁与西鲁是很容易分清楚的。

四、从墨子对鲁国国君以宾客之礼相待，可以说明墨子不是鲁国人，而是鲁阳人。我们知道，按照周礼，国与国之间，王公卿士相聘，宾客一般称主国之君为“主君”。《周礼·秋官·司仪》载“宾客摈相之礼”规定：国宾来国，“主君效劳，交摈三辞”，行主君亲去慰劳，而宾客三次辞谢之礼；“宾继主君，皆如主国之礼。诸侯、诸伯、诸子、诸男之相为宾也，各以其礼相待也”，宾主之礼要切合他们的身份；“使者聘而误，主君弗亲飨食也，所以愧厉之也”（《礼记·聘义》），如果行聘的使者礼节有误，主君就不亲自对使者行飨食之礼，这样做是要使来聘的人感到惭愧，勉励其改正。今以《鲁问》篇为例，墨子同鲁君谈话时，两次称“主君”：其一，“吾愿主君，之上者尊天事鬼；下者爱利百姓……”其二，“吾愿主君之合其志功而观焉”。完全以宾客的口气，对鲁君提出建议。而对于鲁阳文君则不称“主君”。有时单称“君”，如“君将何得于景与响哉？若以翟之所谓忠臣者，上有过，则微之以谏”，这是说，您从影子和回声中能得到什么呢？所谓忠臣，是看到了君上有错，能够进谏的人。在这里，墨子不称鲁阳文君为“主君”，并不是因为鲁阳文君的地位不够，而是因为墨子就是鲁阳人，不必以宾客之礼相待。在另一种场合，即使是卿士，墨子也曾称呼为“主君”。例如，墨子南游至楚，对楚王的卿士穆贺说：“且主君亦尝闻汤（商汤）之说乎？”（《贵义》）这说明，在战国时宾客对主国的卿士也可称“主君”。其之所以如此，是体现了“宾客摈相之礼”。这个细节，也可以帮助我们辨明，墨子不是鲁国人，而是鲁阳人，即今河南鲁山人。

当然，我这个考证，也不是“确证”，只是一种可能性，在我看来，是一种较大的可能性。

揭秘三位鲁阳公

张新河

河南省鲁山县历史悠久，文化底蕴丰厚。春秋战国称“鲁阳”，夏商称“鲁”或“鲁县”，西周一度称鲁国，古籍文献有记。《左传》云：夏帝孔甲时刘累为其养龙，因一雌死“惧而迁于鲁县”；《逸周书·殷祝》云：商汤逐夏桀“桀与其属五百人徙于鲁，鲁士民复奔汤”，商王朝建立受到鲁人支持，商、鲁关系密切，商王娶鲁女为妇，二者有姻娅关系，商王关切鲁地农业生产，殷甲骨卜辞有“鲁受年”“帚姘鲁于黍年”“壬午卜，鲁嘉，鲁不其嘉？鲁不其嘉，鲁嘉允嘉延死”的文字记载；《诗经》有周公长子伯禽代父姬旦初封鲁国（西鲁）为鲁侯，成王践奄后，再徙封奄地（东鲁）为鲁公的记载：“建尔元子，俾侯于鲁（西鲁）。大启尔宇，为周室辅，乃命鲁公，俾侯于东。”“西鲁”地域归郑辖；《左传·庄公十六年》（前678，楚文王十二年秋）载：“郑伯自栎入，缓告于楚。秋，楚伐郑，及栎，为不礼故也。”楚伐郑，鲁属楚辖，称“鲁阳”。殷商甲骨卜辞与出土简帛及古典文献对今鲁山县地域多有触及，引起专家学者高度重视。尤其对“鲁阳公”的辨析，学者纷纷发文论证。

一、高诱注及钱穆与李学勤的“鲁阳公”困惑

李学勤《论包山楚简鲁阳公城郑》说:“鲁阳文君即鲁阳公参加了伐韩的战役，这就是《淮南子·览冥》所说:‘鲁阳公与韩构难，战酣日暮，援戈而挥之，日为之反三舍。’”又引钱穆《先秦诸子系年》指出:“‘楚、韩交兵，始自悼王之世’，与司马子期之子公孙宽年代无法相及。司马子期死于白公之难，见《左传》哀公十六年，公孙宽继任其职，下距悼王有80年。鲁阳公或鲁阳文子，应当是公孙宽的子辈，在惠王晚年受封，到悼王时也约有40年了。”[①]钱穆与李学勤所言虽有一定道理，但“鲁阳文君即鲁阳公参加了伐韩的战役”其说令人质疑。我们知道《墨子》中，墨子劝导的是鲁阳文君，止楚“攻郑”，劝导的绝非鲁阳公，止楚“攻韩”，郑亦不是韩;《淮南子·览冥训》与“韩构难”是鲁阳公，并非鲁阳文君，鲁阳文君不是鲁阳公，古文献记载已经非常明确。何况墨子同鲁阳文君这次对话，

① 李学勤:《论包山楚简鲁阳公城郑》,《清华大学学报(哲学社会科学版)》2004年第19卷第3期。

是在公元前394年，时年墨子已86岁，鲁阳文君在90岁余，不可能“与韩构难，挥戈反日”！称“鲁阳文君”者，早见《墨子·耕柱》《鲁问》篇，其他先秦文献未见称“鲁阳文君”谓“鲁阳公”者。只见高诱《淮南子·览冥训》鲁阳公注：“鲁阳公，楚之县公也，楚平王之孙，司马子期之子，《国语》所谓鲁阳文子。楚僭号称王，其守县大夫皆称公，故曰鲁阳公。今南阳鲁阳是也。”正基于高诱“其守县大夫皆称公，故曰鲁阳公”这个带有普遍性注脚，掩饰了历史特殊性，致使楚平王之孙、司马子期之子——公孙宽——鲁阳文子，与其孙辈“鲁阳公骐期”混为一谈，把“与韩构难，挥戈反日”的鲁阳公骐期，注成鲁阳文君公孙宽。

二、楚惠王开创楚国封君制

据我国古籍文献记载，自楚公孙宽（鲁阳文子）公元前476年后主管鲁阳，至公元前371年“魏取我鲁阳”的105年间，管辖鲁阳的“鲁阳公”盖有三位：一是鲁阳文君公孙宽，二是其子“旅阳公”，三是其孙“鲁阳公骐期”。

楚国封君制是由楚惠王（前488—前432年在位）开创。白公之乱前，楚县大夫称“公”，楚封君制度施行后，其封君之制，亦仿效西周分封制“公侯伯子男”，县邑封君子辈下亦称“公”。楚司马公孙宽，楚惠王再封其鲁阳文君，当与楚北鄙险境梁与霍有关。

《左传·哀公四年》载:“夏，楚人既克夷虎，乃谋北方。左司马眅、申公寿余、叶公诸梁致蔡于负函，致方城之外于缯关，曰:‘吴将溯江入郢，将奔命焉。’为一昔之期，袭梁及霍。单浮余围蛮氏，蛮氏溃。”这是叶公沈诸梁参与指挥，袭取鲁阳西北紧邻的“梁及霍”记载。

袭取“梁及霍”12年后《左传·哀公十六年》载:“诸梁兼二事，国宁，乃使宁为令尹，使宽为司马，而老于叶。”这是沈诸梁在平定“白公之乱”后，原令尹子西之子公孙宁，嗣楚令尹，原司马子期之子公孙宽，嗣楚司马，沈诸梁告老退养叶邑之记载。

次年《左传·哀公十七年》(楚惠王十一年，前478)，原楚令尹子西之子、公孙宁之弟公孙朝时任武城尹。武城在鲁阳南部紧邻今南召云阳镇北，这是楚惠王时期加强楚长城内北部军事防御的战略支点。

紧接着《左传·哀公十八年》(楚惠王十二年，前477):“巴人伐楚，围鄾。……及巴师至，将卜帅。王曰:‘宁(公孙宁，字子国)如志，何卜焉?’三月，楚公孙宁、吴由于、薳固败巴师于鄾，故封子国于析(今伏牛山中的河南西峡)。”楚惠王为褒奖有功将帅、加强楚边境守护，开楚国封君之先河，首封公孙宁(子国)为析君，管辖析国。这是原楚令尹子西之子公孙宁，嗣楚令尹后，又任析国国君之记载。

对“封子国于析”，何浩亦认为楚国“最早出现的封君，当为受封于楚惠王十二年（前477）的析君公孙宁”。其依据就是《左传・哀公十八年》“封子国于析”这条材料；陈颖飞《楚国封君制形成与初期面貌新探》认为：“何浩的这一论断是成立的，曾侯乙墓、新蔡楚简的出土材料已可印证。作为楚国最早的封君，‘子国封析’，成为‘析君’，标志封君制度在楚国的出现。”学者一致论断说明，楚国封君制，确是由楚惠王封“子国于析”开始的。楚惠王意识到，立有大功的王族子弟，为“楚大夫王孙”，对巩固楚王室十分重要。在一定程度上，对奠定后来楚惠王时期王室依赖王族子弟的政治格局，成为楚封君制度产生的历史背景。

楚惠王为楚昭王之子，母越姬为越王勾践之女。令尹子西与司马子期是楚昭王两个弟弟。子西与子期同楚惠王是叔侄关系，楚惠王同子西子公孙宁与子期子公孙宽，为同族兄弟关系。因而，对公孙宁与公孙宽的使用，自然要把握“各封为君”的平衡关系。

紧接“封子国于析”后，《左传・哀公十九年》载：“越人侵楚，以误吴也。夏，楚公子庆、公孙宽追越师，至冥，不及，乃还。”之后，又封已嗣楚司马的公孙宽为鲁阳文君，管辖鲁阳国。《国语・楚语下》曰：“惠王以梁与鲁阳文子，文子辞曰：梁险而在北境，惧子孙之有二者也。夫事君无憾，憾则惧逼，逼则惧二。夫盈而不逼，憾而不二者，臣能自寿也，不知其他。纵臣而得全其首领以没，惧子孙之以梁之险而乏臣之祀也。‘王曰：“子仁人，不忘子孙，施及楚国，敢不从子？”与之鲁阳。’”从楚惠王对鲁阳文子尊重而客气的态度，知鲁阳文子当为楚司马公孙宽。为接受上年“巴人伐楚，围鄾”教训，楚尽力加强北鄙险境军事防御，楚惠王再封楚司马公孙宽为鲁阳文君。

春秋战国之际，称公孙宽谓鲁阳文子者，仅见楚惠王时。楚惠王十年（前479）“白公之乱”后，未见楚惠王封县邑主管为县“公”者。盖楚同其他诸侯国一样，在周封君制下，除嗣君外，封君之子亦仿称“公”，故楚鲁阳文君之子辈及后代亦称鲁阳公。

《左传·哀公四年》前，楚叶公沈诸梁已称“叶公”；析公臣为析邑守县大夫，名臣，楚穆王时主管析县，故称析公。“白公胜”为楚平王之孙，太子建之子，楚惠王六年（前483）任白县县公。盖在“白公之乱”前，楚县邑主管皆称“公”。时年楚惠王尚幼，国事多由令尹子西与司马子期掌控……而“白公之乱”后的楚惠王执政时期，并非楚“守县大夫皆称公”。

据南宋罗泌《路史·国名纪》载:“鲁，御龙氏，鲁阳国。夏，鲁县，亦号唐侯，汉属南阳，今汝之鲁山。”鲁阳以国名较早，楚公孙宽嗣任楚司马，再封鲁阳文君，又直接管辖“鲁四境之内，皆寡人之臣的大都小都”[①]，掌有攻

---

① 吴龙辉等译注:《墨子白话今译》(三十七 鲁问)，北京:中华书局，1992年，第240页。

伐他国兵权。故发生于公元前 394 年墨子与鲁阳文君的对话，鲁阳文君俨然成了鲁阳国名副其实之国君！这在《墨子·耕柱》《鲁问》篇中反映得淋漓尽致。鲁阳文君当同楚惠王封析君子国为析国国君一样，亦封为鲁阳国之国君。

三、三位鲁阳公辨析

（一）鲁阳文君公孙宽是“旅阳公”（鲁阳公）之父

正如鲁阳文子言，“梁险而在北境”，鲁阳文君之后代鲁阳公，在近“以梁之险”周边，发生了楚与郑、晋“武阳之战”及楚“与韩构难，鲁阳公挥戈反日”炳耀千古的重大战役。

据清华简《系年》载，楚悼王初期（楚悼王五年，前 397）与郑、晋武阳大战，鲁阳公拒晋郑“入王子定”，主持其中一战，并且在最后的决战中，鲁阳公“率师救武阳，与晋师战于武阳城之下”。鲁阳公（享有封君爵禄）、平夜君、阳城君都是楚惠王以来楚国经营北方的重要封君的后裔或封君。“执珪之君”是战国时期楚制的最高爵位。武阳之战，三位执珪之君与右尹昭竢战死，军队、辎重全部损失，可谓是战国初期楚国最惨重的一场失败。

本次战役发生在武阳城。武阳是楚人对榆关的叫法。史为乐《中国历史地名大辞典》“榆关”条称：战国楚边境地，在今河南开封市西，一说在今汝州市东南。又说在今中牟县南。《史记·六国年表》：楚悼王三年（前399），“归榆关于郑”。《楚世家》：楚悼王十一年（前391），“三晋伐楚，败我大梁、榆关”。索隐：“此榆关当在大梁之西也。”其实，史为乐《中国历史地名大辞典》“武阳—榆关”，“战国楚边境地，一说在今汝州市东南”，即今河南鲁山县东北毗邻宝丰商酒务虎狼爬岭古城韩（韩庄）、武岗、古城一带。临近楚鲁阳的鲁阳公参加了这次战役，而非鲁阳文君。此时楚惠王已辞世（前431），与楚惠王同辈的鲁阳文君公孙宽，时年90岁余，不可能参战。故此，清华简《系年》记载参与郑、晋武阳大战的鲁阳公，只能是鲁阳文君之子辈。

武阳之战地点在伏牛山东北麓、外方山东麓今河南宝丰县境，自古至今，这里战略地位十分重要，春秋战国为楚之北部边境，常处于郑楚晋韩魏相互攻伐的战争状态。1996年《宝丰县志·建置沿革表》载：“夏属豫州，商、西周建置应侯国、属豫州；春秋建置应侯国、初属郑，继属楚，再属晋；战国建置父城县、先属韩，又属魏，后属秦；秦、汉建置父城县、属南阳郡、后属颍川郡……南北朝建置应乡、隶属北魏武川县。”从《宝丰县志》记载“战国建置先属韩，又属魏”可知，“武阳之战”与楚国败绩有直接关系。

明正德《汝州志》载：“宝丰县东抵襄城县，西抵鲁山县，西北抵汝州，东北抵郏县，东南抵叶县。广袤一百二十里。”宝丰东有“父城遗址”，始于楚庄王伐郑“城父邑”军事大本营，另有“白雀寺楚庄王故宅”与其季女三皇姑证道观音菩萨传说，又是楚太子建所居之城父（《左传·昭公十九年》，前 523），还有楚昭王卒于城父（《左传·哀公六年》，前 489）记载，又同“令尹子瑕城郏”（《左传·昭公十九年》，前 523）今郏县紧邻；郏县北邻郑都——栎邑（今禹州市）；东南紧接叶公沈诸梁叶邑，叶邑北临发生晋胜楚败的湛阪之战（《左传·襄公十六年》楚康王三年、晋平公元年，前 557），西邻紧靠鲁阳文君鲁阳邑。尚有便捷古夏路交通，南交“荆襄隘道”至楚郢都，北通今宝丰（应国父城）去汝州直达东都洛邑。如此军事战略要地，难怪楚与郑、晋武阳之战发生于“战国楚边境地，今汝州东南”宝丰西北虎狼爬的古城韩（韩庄）、武岗、古城一带，南北朝北魏，宝丰以武川县名，盖因此而得。

（二）鲁阳公骐期是“旅阳公”（鲁阳公）之子

楚惠王时既任楚国要职，又为楚方国之君者非公孙宽一人。原令尹子西之子公孙宁，嗣楚令尹后，已首封析国国君。为楚国图强，楚惠王施行封君制度，是楚首先加强边境防御的重大战略。但事事有度、物极必反的发展规律，是谁也逃不出的。楚惠王怎么也想不到，正是自己开创封君制度的滥用，50 年后的楚悼王时，给楚国带来重大灾难！

《吕氏春秋·离俗览·上德》载：“墨者巨子孟胜，善荆之阳城君。阳城君令守于国，毁璜以为符。约曰：‘符合听之。’荆王薨，群臣攻吴起，兵于丧所，阳城君与焉，荆罪之。阳城君走，荆收其国。孟胜曰：‘受人之国，与之有符。今不见符，而力不能禁，不能死，不可。’”这是鲁阳公骐期与阳城君共同参与“吴起事件”，墨家巨子孟胜为阳城君守阳城之记载。

唐余知古《渚宫旧事》载：“悼王（前401—前381年在位）时魏吴起来奔，以为令尹。起言于王曰：‘大臣太重，封君太众。若此，则上逼主而下虐人，贫困弱兵之道。不如使封君子孙三代而收其爵禄，减百吏之秩，损不急之役，杜私门之财，以奉选练之士。’王从之。遂南平百越，北却三晋，西伐强秦，诸侯畏楚。及悼王薨，鲁阳公骐期及阳城君杀王母阙姬而攻起，起呼曰：‘吾示子，吾用兵也！’拔矢而走伏王尸，插矢疾言曰：‘群臣乱，吴起死，楚国之法丽兵于王尸者，加重罪！’及肃王立，于是，诛灭中王尸者七十余人家。”这是鲁阳公骐期与阳城君一起参与“吴起事件”杀王母阙姬而攻击吴起的记载。其时在公元前381年楚悼王驾崩时。是时墨子（前480—前389）已故8年，与墨子对话的鲁阳文君，已早过世，墨家已由巨子孟胜统领。

《吕氏春秋》与《渚宫旧事》虽隔代久远，但所述历史事件一脉相承。墨家巨子孟胜，为阳城君所守之阳城即与今鲁山县毗邻之方城县。臧励和《中国古今地名大辞典》云：“阳城春秋时楚地。《宋玉赋》：‘惑阳城，迷下蔡。’注：阳城、下蔡，二县名，盖楚之贵介公子所封，故取以喻焉。”下蔡距方城不远。1992年《方城县志》载：方城为

“秦置阳城”。方城在“建立阳城侯国之前，其地应早有阳城之名”。故此，“春秋楚地阳城”即今方城县无疑。鲁阳公骐期为抵制吴起“封君子孙三代而收其爵禄”制度，保护已享有的“鲁阳文君爵禄”，与阳城君共同参与了射杀吴起的事件。鲁阳公骐期虽未见问责，但楚“封君子孙三代而收其爵禄”制度，对其冲击可想而知，造成削弱鲁阳公骐期抵御楚北部边陲强敌之力的负面影响，已成必然。据《史记·六国年表》载:“楚肃王七年‘魏取我鲁阳’，即公元 371 年。在这以后，楚已没有一位鲁阳公了。”其结果是“吴起事件”十年后，鲁阳属魏。

这位公元前 381 年参加吴起事件的“鲁阳公骐期”，晚于公元前 397 年武阳之战战死的“旅阳公”——鲁阳公十六年，鲁阳公骐期当为鲁阳文君公孙宽之孙、曾侯乙简称“旅阳公”的鲁阳公之子，系主管鲁阳的第三代县公，也是最后一位鲁阳公!

湖北荆门包山 2 号楚墓出土竹简纪年“鲁阳公以楚师后城郑之岁”的鲁阳公，即《淮南子·览冥训》中“与韩构难，挥戈反日”（前 394）的鲁阳公骐期，其大胜韩师后，为防御韩国再次侵郑，又率师为郑筑城。包山楚简补记的就是此事。此时，鲁阳文君公孙宽已辞世多年。陈颖飞《楚国封君制形成与初期面貌新探》说:“《淮南子·览冥训》则描述了‘鲁阳公’与韩激烈交战，高诱注‘《国语》所称鲁阳文子也’，认为这位‘鲁阳公’就是‘鲁阳文君’。据包山简、清华简《系年》的记载，这是不对的，这位与韩激战的应是死于武阳的‘鲁阳公’之子，即包山简的‘鲁阳公’，与韩有亡父之仇。”[①] 此说与传世文献及方志记载的鲁阳城及鲁阳公墓数量与地点相照应，符合史实，应予肯定。另见陈颖飞“曾侯乙简所见封君世系图”[②] 如图 7-1：

图 7-1 中，出土的曾侯乙简、包山楚简及古文献记载的三位“鲁阳公”，排列次序清晰而明确。

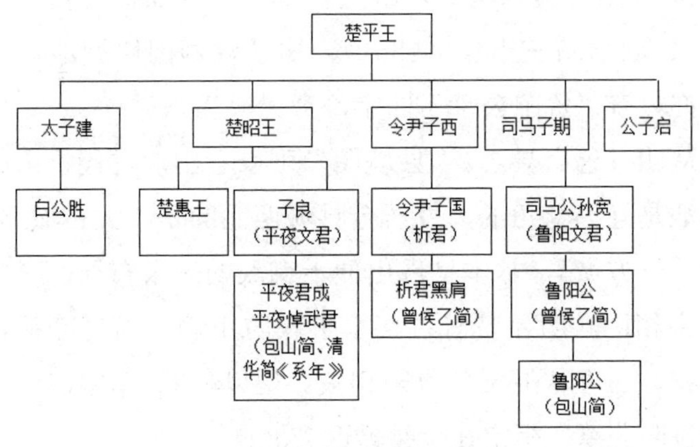

图 7-1

① 陈颖飞:《楚国封君制形成与初期面貌新探》，载《楚官制与世族探研》，上海：中西书局，2016 年。

② 陈颖飞:《楚国封君制形成与初期面貌新探》，载《楚官制与世族探研》，上海：中西书局，2016 年。

四、鲁阳公三城池与三墓地辨析

明确了三位“鲁阳公”之间的关系，其鲁阳三处城池及墓地就不难分辨。“鲁阳公”的三处城池与三处墓地文献记载已经非常明确。

明嘉靖三十一年（1552）《鲁山县志·古迹·陵墓·鲁阳公墓》载:“在大古城之西北二里，俗以大古城为鲁王城，以此墓为鲁王墓，的否？难凭考之。”《淮南子·览冥训》内载:“鲁阳公与韩构难，战酣日暮，援戈而挥，日为之反三舍。”明嘉靖三十年（1551），知县姚卿因修城池偶掘得碑，亦只有“鲁阳公墓”四字，旁无所注。

从明《鲁山县志》“县境图”可以看出，古代鲁山的三处城池是互为犄角的，位居今县城西北的是“大古城”，西南是“子方城”，基本呈现出便于御敌的三角布局，三座城池互为相助。明显带有古代军事攻防用途，当为冷兵器时代产物，与春秋战国楚鲁阳相关。“县境图”图中，仅有一处“鲁阳公墓”标定在今县城西方北向。

清武亿《鲁山县志·古迹》（1796）载:“（鲁阳城）《水经注》:‘滍水又东北，合牛兰水，水发县北牛兰山东南，迳鲁阳县城东。’《方舆纪要》:‘鲁阳城，今县治南。战国时楚邑。’”清初顾祖禹《读史方舆纪要》以为，战国楚邑鲁阳城，在今县城之南，即今鲁山城西南“望城岗”一带。如不误“望城岗”即“王城岗”——战国楚鲁阳公之邑，亦即

“县境图”所标“子方城”位置。若此，出于战争安危考虑，子方城或为鲁阳文君公孙宽之孙鲁阳公骐期所居之邑。

明《一统志》载:“鲁阳公墓，在鲁山县大古城之西北二里许，墓有石碑，止存四字，本为孔子所书，岁久迷失。”据考孔子生于公元前551年，卒于公元前479年。而《左传·哀公十九年》（楚惠王十三年，前476）载:“夏，楚公子庆、公孙宽追越师，至冥，不及，乃还。”孔子公元前479年已经过世，怎么会三年后的公元前476年，为正在“追赶越师的公孙宽”在墓碑上题字呢？至于公孙宽之子辈，就更不可能。足见其“本为孔子所书”句失实，但“在鲁山县大古城之西北二里许”的鲁阳公墓，当为鲁阳早期的鲁阳文君公孙宽之墓符合史实，大古城即鲁阳文君长期定居之所。

另外，从“曾侯乙简”“阳城君”“平夜君”“鲁阳公”及其“曾侯乙简路车”配备规格看，析君公孙宁与鲁阳文君公孙宽，均未参加曾侯乙祭奠。

窃以为，此次参与祭奠曾侯乙的鲁阳公，当为公孙宽之子。其因有三：一是鲁阳文君时年已高，辈分与楚惠王齐为兄弟，惠王已代楚行祭，兄弟不必齐备；二是子代父祭，既不失礼仪，亦便日后下代交往；三是其子赴随祭奠曾侯乙，鲁阳文君留守鲁阳，可抵御他国伺隙入侵。故此，与公孙宽同为兄弟的析君公孙宁，亦未在列。

此次参与祭奠曾侯乙的鲁阳文君之子，即曾侯乙简所称“旅公”或“旅阳公”之鲁阳公，亦即楚悼王五年（前397），楚与郑、晋武阳之战与“平夜悼武君、阳城桓定君与右尹昭歂”一起战死的鲁阳公。曾侯乙简之“旅阳公”的鲁阳公，为楚丧命，当以楚俗厚葬。清乾隆八年（1743）《鲁山全志》载:“陵墓周鲁阳公墓城西北三里。”此处所葬鲁阳公，即为曾侯乙简称“旅阳公”之鲁阳公。其葬处在明“县境图”所标今县城西北向二里或三里处。由此推断，今县城当为鲁阳文君之子“旅阳公”定居之所。鲁阳文君三代所居，互为犄角，可随时抵御犯楚之敌。

武亿《鲁山县志·茔墓》载，（鲁阳公墓）在鲁山县东、西有三处：一是《太平寰宇记》:“鲁阳公墓，在露山东北五里，去县二十五里。”《路史·国名纪》:“鲁有鲁阳公墓”；二是在“城西北二里”或“三里”的鲁阳公墓；三是在“大古城西北二里许”。并引《河南通志》:“鲁阳公墓，在鲁山县城西北二里，墓有石碑，只存四字。”《汝州志》:“鲁阳公墓，在城西北三里。《淮南子·览冥训》内载：‘鲁阳公与韩构难，战酣，日暮，援戈而挥之，日为之返三舍。’又考《一统志》载，鲁阳公墓，在邑大古城西北二里许。”在“城西北二里”或“三里”的鲁阳公墓，应为曾侯乙简所称“旅阳公”之鲁阳公墓。

宋本《太平寰宇记》载:“鲁阳公墓在露山东北五里，去县二十五里。墓上石碑上有‘鲁阳公墓’四字存焉。”[①]此鲁阳公为曾侯乙简“旅阳公”之子、公元前394年“与

① 乐史撰:《宋本太平寰宇记》(影印本)，北京：中华书局，1999年，第45页。

韩构难、挥戈反日”、公元前381年参与“吴起事件”的鲁阳公骐期。鲁阳公骐期葬于“露山东北五里”处，当今鲁山辛集乡“西寺”一带。因鲁阳公骐期同阳城君一起参与过“吴起事件”，此距阳城（今方城）较近，又具祖山背靠巍峨“四山寨”，左有青龙凤山、元和岭护卫，右有白虎露山拱起，南有沙河、滍水玉带缠腰的地理形胜，正合古人择地习俗。自吴起事件10年后，据《史记·六国年表》载，楚肃王七年（前371）“魏取我鲁阳”。此后，鲁阳属魏，楚已没有一位鲁阳公了。故此，明“县境图”只标名一处“鲁阳公墓”。

综上所述，从包山楚简、清华简《系年》、曾侯乙简及古文献记载看，自公孙宽，嗣楚司马（前479—前381）鲁阳公骐期参与“吴起事件”到魏取鲁阳的百余年间，楚国主管鲁阳的三人：一是公孙宽——鲁阳文子——鲁阳文君；二是称“旅阳公”的鲁阳公；三是鲁阳公骐期。其关系是，“旅阳公”为鲁阳文君公孙宽之子，系鲁阳公骐期之父，可谓三世同堂。

汉鲁阳故城考辨

潘民中

西汉在楚鲁阳邑、秦鲁阳的基础上置鲁阳县，属南阳郡，东汉因之。两汉鲁阳故城应在何处？

新版《辞海》“鲁阳”条释曰：“古邑、县名。春秋、战国楚邑，西汉置县。治今河南鲁山。”《中国历史地图集》也将“鲁阳”标在今鲁山县城关。二书均依《大清一统志》“鲁阳故城，今河南汝州鲁山县治”。而《大清一统志》所言出自顾祖禹《读史方舆纪要》，顾氏曰：“鲁阳城，今县治。战国时楚邑。”往上追溯，唐代地理书似乎已持是说，《括地志》曰：“汝州鲁山县，本汉鲁阳县。”《元和郡县志》曰：“鲁山县，本汉鲁阳县，古鲁县也。”所幸唐代此二书只言“县”之承袭，而未明确说“县治”之承袭，尚留有余地。

其实，说汉“鲁阳县治在今鲁山县城”是有违史实的。人们均把北魏鲁阳城与两汉鲁阳城混为一谈了。《水经注 · 滍水》说得明白：滍水又与波水合，“滍水自下，兼波水之通称也。……滍水又东迳鲁阳县故城南，城即刘累之故邑也。……滍水右合鲁阳关水，水出鲁阳关外分头山横岭下，夹谷东北出入滍。滍水又东北合牛兰水，水发县北牛兰山，东南迳鲁阳城东……（牛兰水）又东南与柏树溪水合……南注于滍”。《水经注》的作者北魏郦道元曾任过鲁阳太守，因而对鲁阳一带的地理情况，诸如山川、河流、古城遗址，特别熟悉，书入《水经注》中自然可信。在上面所引文字中，郦道元是将汉“鲁阳县故城即刘累之故邑”与其所在北魏当时的“鲁阳城”分而言之的。汉“鲁阳县故城即刘累之故邑”在波水入滍处以东，鲁阳关水入滍处以西，滍水北岸。波水今名荡泽河，源于鲁山背孜石板河，南流经瓦屋、观音寺入截沙河（古称滍水）而建的昭平台水库。鲁阳关水今名瀼河，源于鲁山与南召两县交界处的分水岭，北流经熊背，至瀼河镇入沙河。考汉“鲁阳县故城即刘累之故邑”的地望，应在昭平台水库中今名邱公城岛之处。而北魏鲁阳城在“鲁阳关水入滍处以东，牛兰水以西”，牛兰水今名大浪河，源于宝丰县观音堂乡葛花崖村，南流经梁洼乡、辛集乡，入沙河。考北魏鲁阳城的位置，恰在今鲁山县城。

邱公城正当波水与滍水汇流处以东，鲁阳关水入滍处以西，该地为一古文化遗址。1958年河南省文物工作队试掘，发现叠压有仰韶、龙山两大文化层。出土有石斧、彩陶片、夹沙陶鼎及三个尖底缸装殓的二次葬。考古学上龙山文化代表新石器时代晚期文化，属父系氏族公社时期。龙山文化下启夏文化，二者关系密切。我们可以推断邱公城遗址龙山文化层的上面当有夏商文化层的存在，只是由于种种原因而未能保存下来。这与史书所载“刘累居鲁”相吻合。《左传 · 昭公二十九年》:“刘累，学扰龙于豢龙氏，以事孔甲，能饮食之。夏后嘉之，赐氏曰御龙，以更豕韦之后。龙一雌死，潜醢以食夏后。夏后飨之，既而使求之，惧而迁于鲁县。”《史记 · 夏本纪》也记有此事。《竹书纪年》载:“帝孔甲七年，刘累迁于鲁阳。”汉鲁阳县的前身是楚、秦鲁阳邑，楚、秦鲁阳邑的前身是三代之鲁县。刘累是尧之后裔，孔甲为夏代中后期的国君。“刘累迁鲁”说明自氏族社会至奴隶社会，鲁已成为一处重要的先民聚居地，后来发展成城邑，汉因之设置了鲁阳县。

“鲁阳”因何而得名？明嘉靖《鲁山县志》载:“县之东十八里，平原突起山峰，为一邑之镇，故县以此名。”此说一出，顾祖禹《读史方舆纪要》随之称:“鲁山在县东北十八里，县以此名。”这种说法作为隋以后“鲁山县”名称之由来尚可，若用以解释汉鲁阳县，就南辕北辙了。按照我国依山傍水地名的命名习惯，山南为阳，水北为阳。因山而得名的“鲁阳”本应在今俗呼为露山的“鲁山”南面，而事实上汉鲁阳故城却在其西十余里之遥。这如何解释？

原来，汉代所指的“鲁山”与今天的鲁山在含义上有区别。《汉书 · 地理志》在“鲁阳”下记道:“有鲁山。鲁山滍水所出。”班氏明言：“鲁山，滍水所出。”结合许慎《说文解字》“滍水出南阳尧山东北”，《元和郡县志》“滍水出（鲁山）县西大陌山”，《读史方舆纪要》“沙河（滍水）出莫大岭”，可见滍水发源之山，名称历代有变化。今天称“没大岭”，汉时称“鲁山”。汉鲁阳县之名与古鲁山有关，《水经注·滍水注》在叙述“滍水又东迳鲁阳县故城南，城即刘累之故邑也”之后，说“有鲁山，县居其阳，故因名焉”。清嘉庆《鲁山县志》编纂者武亿、董作栋在其《地理志·山川》所做的“案语”，就此问题做了辨析：“鲁山自汉所指其地，即今县西一百七十余里，俗名没大岭。……诸书记录言滍水源，名或有异，实一山也。没大岭迤北而折于东。”“鲁山自极西而北，而东，亦犹太行之有八陉，其实一太行也。后人随地殊称，混淆莫辨。但依县治之东为鲁山专名，此其疏矣。”“鲁山在东北十八里，县以此名。今者为方志者并依之，盖得其一而未悉也。县东鲁山，虽奇特回秀，比诸没大岭，何异培塿之于泰山！故愚敢于违旧说者，以班《志》所定为审。其实，县之得名由此也。”

武、董二公的“案语”颇有见地，它合情合理地告诉我们：从夏代刘累迁鲁，到汉代置鲁阳县，“鲁山”是西起尧山（俗称石人山），迤逦西北之没大岭、大观音山、焦山，转而东歇马岭，东北青条岭、牛兰山，转而南之露山，这条弧形山脉的总称。刘累所迁居之地——今名邱公城者，正处在这条弧形山脉之南，故楚、秦名之曰“鲁阳邑”，汉名之曰“鲁阳县”。魏晋以降，由于种种原因，县治沿滍水东迁至今天鲁山县城所在地。隋以后改名为“鲁山县”，地理学家遂逐渐演绎出一个依县东18里之“鲁山”的得名之由来，谬矣！

要之，汉鲁阳故城在今鲁山县城西25里昭平台水库中的邱公城岛上。

汉代皇家冶铁厂设在鲁山

张怀发

鲁山县城南与望城岗村之间，有一宽 500 米、长 2000 米的高地，名望城岗。此岗为汉朝时期河南、南阳所属冶铁基地。其岗中心长 800 米、宽 300 米区域，为河南省政府 1963 年公布的第一批省级文物保护单位的重点保护区域。

重点文物保护区内，现全为耕地。冶铁遗址高出周围地面 1—5 米不等。地面层遍是紫褐、黑灰色冶铁炉渣、铁矿石、残铁块、红窑壁砖残块。从望城岗至县城开沟路道两边断层、打井、房建、文物钻探及 2000 年文物发掘情况证明，其冶铁史先后在 300 年以上，文化层厚度在 2—5 米之间。有排窑、单窑、窑炉、炼炉、熔炉等。仅据一个高炉推测，需 200 人连续三班倒作业，拉风箱鼓风就得 20 人合作。冶炼高峰时代，窑炉应在 30 座以上。其冶炼工人应有 5000 人左右。

据近年调查结果证明，鲁山县域的形成源于鲁山冶铁。

鲁山早期的政治、经济、文化中心在今县城西 12 公里处即昭平湖水库中心的小岛邱公城。邱公城为夏代刘累时一直到汉代的统治中心。今之鲁山县城，是从战国末期到汉代冶铁业的发展，逐渐推动其他工商业、居人区的发展才兴盛起来的。至北魏孝文帝太和十一年（487），孝文帝南巡至鲁阳，置鲁阳镇。唐代，有故子城和琴台。明代，今县城中心城区才形成。考古钻探调查结果表明：战国时期已在今县城西南有冶铁活动。汉代冶铁遗址南面包括望城岗村庄范围，向北包括明代县城区至琴台遗址，即东西长 1500 米、南北宽 2000 米范围内，总面积在 300 万平方米左右。

今之鲁山县城，是随着汉代冶铁业为龙头的工、商、农业的发展，由邱公城渐迁移过来的。

2000 年 11 月 2 日至 2001 年 1 月 16 日，为配合鲁山县城南望城岗冶铁遗址保护区北沿新辟鲁平大道的建设，鲁山县政府出资 30 万元，由河南省文物局考古研究所和鲁山县文物办公室组织进行抢救性发掘。《中国文物报》2001 年 4 月 25 日在头版位置发表了《中国冶铁史上又一重大发现》一文，介绍了发掘情况及成果。

这次发掘，集中在县城南郊毛家村、贺楼村南沿位置。发掘面积近 2000 平方米。

在毛家村南，布 10×10 平方米探方 17 个，清理了两个红陶泥模范堆积坑。这些模范多是浇铸农具如犁、铧等直径在 30 厘米上下的轮状物的。范横呈红砖颜色，内壁与金属接触处，呈灰黑、青黑色，且有白灰痕迹。据对堆积物的观察，应为农具浇铸冷却后，再打劈模具，取出铁具成品。模具上有“阳一”“河口”“六年”等字样。原来一直认为，鲁山望城岗冶铁遗址应为南阳郡所属之较大冶炼厂，据这次考古推知，这应是南阳最大的一个炼铁厂，是河南或更高一级的辖属单位冶铁处。毛家村东即汉墓区，墓以单砖墓穴居多，还有几具尸骨抛于范堆积坑的情况。可见冶铁工人之贫苦与地位之低下。窑炉、炼炉底部一般低于今耕地之平面2米左右，属后来人拆毁窑体，堆高填底，平整土地所致。堆填物有铁渣、紫红铁矿石末、木炭渣灰、琉璃渣，还有煤及煤渣。有五铢钱等西汉、东汉货币。有一条横截面为梯形，2米深、5米宽的水渠和4米左右宽的河道及大量沙堆层，属冶铁必备之条件。还有5口直径70厘米至3米不等的砖砌水井和水池，应同样属冶炼之配套设施。东部炉子为圆形、椭圆及弹头（如今之汽艇）形。

西部贺楼村南发现一高炉，颇具特色。此为汉代特大椭圆形高炉。建高炉前，先在黄土地胎上挖一长方形基础坑，深约2米，宽10米，长18米。再用细灰白色土填平、夯实。再进行防潮处理，填5厘米厚木炭颗粒，再加一层5厘米厚石灰，再加10厘米黄土层夯实，再加石灰层夯平。然后在夯实底基上挖长方形基槽，建炉缸。炉缸胎体料极为讲究，用极黏之红泥（附近根本没这种泥，专门从其他地方运来）、木炭颗粒、石英白沙粒掺和砸成，用洋镐一次只能掘起镐尖一小团泥块。此三合胎料烧熟后的炉内壁，如焦炭色样，有瓷器般硬度。炉缸呈椭圆形，长轴 4 米，短轴 3 米，且经多次使用，多次修补内壁，最后内壁至长轴 2 米、短轴 1 米多一点的状态。可能是经过多年多次使用，也可能是开始膛太大，逐渐试验而缩小到最佳状态。此炉坐东朝西，南北两则有一个出铁口和出渣口，可同时出铁和清渣，连续作业。炉东侧即后壁外有两块直径 70 厘米的石头柱杵，应为向炉内填料楼架。炉西南有几处小炉及成排作坊。这里属于椭圆高炉中心的冶炼单位。还有鼓风、小水渠痕迹。配套设置，一应俱全。其一块炉底积铁遗存，有 30 多吨。这次发掘的，仅仅是望城岗冶铁遗址中心的边缘地带。其中心炉区必更为可观，反映了汉代强盛的物质基础及科技发展水平。

《难元庆墓志》背后隐藏的秘密

袁占才

在鲁山出土的见于记载的50余方墓志中，以《难元庆墓志》最具史料价值。该志现藏鲁山县文化馆，志文首题“大唐故宣威将军左卫汾州清胜府折冲都尉上柱国难君元庆墓志铭并序”，为唐开元二十二年（734）十一月三日书。志石长宽各56厘米，厚9厘米，志文共29行，每行30字。正书。志上未记载撰、书者何人，但读之文采溢美，堪比韩（愈）柳（宗元）。透过铭文中“君子所居，贤人之里；鲁阳挥戈，唐尧立祀”句，知其当是熟稔鲁山历史文化者所撰。志字秀润舒婉，非俗家所书。志有盖，现藏鲁山县小河张村一农家。盖周饰龙凤缠绕图案，精工细雕，线条生动传神。志盖上篆字，为“大唐故宣威将军左卫汾州清胜府折冲都尉上柱国难君元庆墓志铭”。

该志出土于我的老家，今露峰街道上洼村张飞沟组。1960年，在修挖昭平台水库北干渠时，我本家六爷袁聚成，在村东300米处挖土挖出，后被他运至家中，一直放在院中一棵槐树下，作石桌用。树荫密匝匝遮地，六爷一家并村人常聚在石桌上吃饭，有时，我六奶还在石桌上捶布。志出土处，原为一大土丘，土丘前方30米处，大浪河由东北方蜿蜒而来，又迤逦向东南方而去。此处背风向阳，山水环绕，笨眼人亦能看出乃风水宝地。河上有桥，桥称八里桥，意即此处离县城八里也。

我家紧挨六爷家，无事即在志前玩耍，每每于志前端详。到高中，仍对铭文断不开句子，莫知其意，却曾仿作散文诗抒怀。对此石，村人最初甚以为奇，雅称“字方儿”或“石字方儿”，有识其三五字者，亦未解其义，久而久之，也没人再认为是宝物了。1984年夏，鲁山县文化馆文物工作者王忠民深入农村调查走访，发现此志。我因对此志深感兴趣，中午，遂邀王忠民到家吃饭，询问情况。饭后，王忠民嘱托我六爷的儿子砖头叔用架子车把志拉到县文化馆，付给5元运费。年底文化馆又奖励我砖头叔一把雨伞。就这样，志就算是捐献给了国家。那时人的觉悟都高，我本家叔这么多年来从未说过捐献吃亏的话。在王忠民调访之前，志盖被小河张村我本家叔的一个亲戚拉走作日常之用。

为保存该志石，县文物所将该志石与其他十几块志石一同镶嵌在墙壁上。2009年，县文物所喜迁新址，该志石连同其他文物一同被移入新的文物仓库保管。

然，该志出土了几十年，再加上日晒雨淋，30余字已漫漶不清，不可辨识。又缺乏对志石深入研究者，致使其孤寂冷落几许日月。

《难元庆墓志》引起韩国史学界重视

该墓志经当时县文物工作者王忠民细心整理上报，拓片照片首先收录于 1991 年天津古籍出版社出版的《隋唐五代墓志汇编·河南卷》，1994 年又被录入文物出版社出版的《新中国出土墓志·河南壹》卷中，其后又见于 1999 年《全唐文补遗》第 6 辑以及《唐代墓志汇编续集》等。

最早关注并研究该志的，是陕西师范大学历史文化学院唐史研究所教授，曾经担任过中国唐史学会副会长、秘书长的马驰先生。马教授是唐史研究，尤其是唐代蕃将研究的权威，其编著的《唐代蕃将》一书对唐代蕃将的含义、分类、历史作用、汉化过程做了全面论述和介绍。马教授曾在日、韩等国举办的国际学术会议上发表学术论文多篇，对唐代“三韩”史有独到见解，韩国电视台等传媒机构曾 6 次专程对其采访。

马驰教授原籍鲁山耿集镇。16 岁时，耿集镇因建昭平台水库被水淹没，马教授随父迁住西安，直至 2019 年 5 月终老。我在县政协文史委任职时，因征集鲁山籍在外人员的文史资料，与马教授建立了联系。马教授对家乡感情深厚，曾多方搜求该志拓片。当他得知该志石出土之地即在我老家时，甚感意外，嘱我抄录寄赠。他结合铭文撰写出《〈难元庆墓志〉简介及难氏家族姓氏、居地考》与《〈难元庆墓志〉简释》两篇论文，对志主的民族、姓氏由来，父祖仕唐，志主本人在唐的生平事迹、居地、卒地、与夫人合葬地等诸多情况做了较为详尽的考据论述。

马教授的论文首先在韩国《亚洲大学学报》上发表，随之引起韩国文化界、史学界高度重视。2000 年 7 月 9 日，马教授陪同韩国亚洲大学教授卞麟锡及韩国研究中国历史文化的专家李凤远先生一行 4 人莅鲁，先后到墓志出土地、县文物所、志盖存藏地小河张村以及昭平台水库考察。2005 年 11 月，经国家广播电影电视总局主管对外宣传部门的批准，卞麟锡教授随同韩国僧侣，大韩佛教曹溪宗、雪华山月净寺住持性照，以及韩国 KBS 电视台工作人员，专程赴鲁山实地拍摄《难元庆及隋唐文化》电视专题片，作为韩国对外文化的交流节目，在韩国国家电视台播放。2017 年 8 月，又有两名韩国学者到鲁山考据。这 3 次考察，我都有幸陪同。

这期间，韩国学者卞麟锡、李文基、金荣官、崔景善分别撰写了《唐长安的新罗史》《百济遗民难元庆墓志铭介绍》《百济遗民入唐经纬及其活动》《难元庆墓志铭》等论文，在《韩国学术情报》《庆北史学》《韩国史研究》《木简与文字》上发表。另，在陕西师大拜根兴教授所撰《入乡随俗：墓志所载入唐百济遗民的生活轨迹》，洛阳大学教授董延寿、洛阳古代艺术馆研究员赵振华合撰的《洛阳、鲁山、西安出土的唐百济人墓志探索》等十余篇论文中，对该志均有不同程度涉及。

一代宿将，家族显赫，屡立战功

马驰先生以《新中国出土墓志》的图版和个人点校的《志文》同我寄予的抄件对照，又订正和填补了个别不易辨识的阙字，整理出志文如下：

大唐故宣威将军左卫汾州清胜府折冲都尉上柱国难君元庆墓志铭并序

君讳元庆，其先即黄帝之宗也，扶馀之尔类焉。昔伯仲枝分，位居东表，兄弟同政，爰国臣韩。妙以治民之难，因为姓矣；孔丘序《舜典》，所谓历试诸难，即其义也。高祖珇，仕辽任达率官，亦犹令宗正卿焉。祖汗，入唐为熊津州都督府长史。父武，中大夫，使持节支浔州诸军事，守支浔州刺史，迁忠武将军，行右卫翊府中郎将。并仁明识远，在政□闻，德□词宏，邦家共达。君幼而聪敏，无所不精。寻授游击将军，行檀州白檀府右果毅，直中书省；难司雄卫，恒理文轩。俄转夏州宁朔府左果毅都尉，直中书省内供奉。属边尘屡起，烽火时惊。以君宿善帷筹，早参师律，文乃□□□□□□□□□□□军□弓旌□重，要之绥抚，倒载干戈。遂授朔方军总管。君以□□□□命□建奇，□九姓于□歼夷，三军晏然无事。凯歌旋入，高会星楼。天子以禄不足以酬能，特赐紫金鱼袋、衣一袭、物一百匹。俄属羌氏□□，河西胡亡，俾君招征，降如雨集。□俘操袂，内宴褒功，特赐口六、马十、物一百匹。授宣威将军，迁汾州清胜府折冲都尉，勋各如故。君植姓温恭，□神道德，无□官赏，恒怀耿洁。恐量不克位，能不济时，坐必俨然，目以定体。□人所利，□惠□□永乎。积善无微，奠楹遄效，露稀朝薤，魂敛夜台。以开元十一年六月廿八日终于汝州龙兴县之私第，春秋六十有一。夫人丹徒县君甘氏，左玉钤卫大将军罗之长女也。婉娩冲华，柔闳辅态。柳花浮吹，驻琴瑟而题篇；□色开颜，写文章于锦绪。作配君子，宜其室家，礼甚梁妻，贤逾班女。妆楼遽掩，桂月□□。以开元廿二年五月十八日终于鲁山县之私第，春秋六十有七。男□□□□极昊天，衷深触地，屠心叩臆，若坏墙然。粤以大唐开元廿二年十一月四日，合葬于汝州鲁山县东北原，礼也。呜呼！楚剑双飞，俱没沉碑之水；殷□俄合，同坟挥日之郊。乃为铭曰：玄黄肇泮，家邦遂兴；四方岳立，万物陶蒸，其一。达率腾华，辽阳鼎贵；德迈将军，汾州冲尉，其二。气盖千古，誉重三韩；子孙孝养，恭维色难，其三。国籍英灵，作固邦宁；自君执节，扫孽边亭，其四。振旅犹饥，摧凶如渴；以寡当众，志不可夺，其五。还宴龙筵，陪嬉鸳沼；赏赐虽多，酬思不少，其六。日月徒悬，金玉俱捐；痛缨紫绶，永置黄泉，其七。夫贵妻尊，鸾潜凤奔；楹间撤奠，松下埋魂，其八。君子所居，贤人之里；鲁阳挥戈，唐尧立祀，其九。烟云共暗，山川俱夕；辄幕清风，敢铭玄石，其十。以开元二十二年岁次甲戌十一月戊午朔三日庚申书

根据马驰教授的考证，难元庆61岁时卒于开元十一年（723），由此推断其当出生在公元663年。查汉文史籍，唐朝和百济无难姓者。据《后汉书·乌桓传》载：东汉末灵帝时，“乌桓大人上谷有难楼者九千余落，辽西有丘力居者众五千余落，皆自称王”，可知徙居辽西的某些上谷乌桓部人，当以难氏为姓。这个家族在汉武帝时归汉，后归化于百济。百济，是原本居于古代中国东北的扶余人南下在

朝鲜半岛西南部建立的国家，统治范围在朝鲜半岛西南部，北与高句丽接壤，东与新罗为邻，公元660年被唐联合新罗攻灭，经历过汉化—百济化—再汉化的过程。所以，志文介绍“其先即黄帝之宗也”。而应特别指出的是，志主对于难姓的由来则有自己的说法：“妙因治民之难，因为姓矣。”此种牵强附会的说法，实质上是为了掩饰其祖上出自东胡民族的真相。由于受“中华为根本，四夷如枝叶”传统大汉族观念的熏染，久居中土且汉化极深的难元庆家族，不愿承认自己的远祖来自乌桓。

难元庆的高祖难珇为辽阳鼎贵。难珇任百济达率官。达率为一方的最高领兵长官，近似唐代都督、大都督或节度使。自难珇至难元庆应为五世。以一世30年计，自珇至元庆卒年约150年，也就是说，难珇应为北周、杨隋时代人，至少经历了百济历史上威德王扶余昌、惠王扶余季明、法王扶余宣三朝。难珇为百济之臣，在唐初应已谢世，同唐不应有瓜葛，而其孙难汗、曾孙难武则因唐灭百济，难氏转而仕唐，任蕃州（即唐于百济故地羁縻府州）高官，与唐结下了荣辱与共的关系。难汗、难武父子在蕃州体制下被擢熊津州都督府（治今韩国忠清南道公州）长史和支浔州（在今韩国道罗州一带）刺史。难武后迁忠武将军，行右卫翊府中郎将。该职为唐高祖武德五年（622）置，相当于京师禁军头领，说明其父难武此时已迁入唐土，抑或已由在蕃蕃将转为在朝蕃将。

难元庆出生地应在百济，童年时随父母或祖父历经颠沛流离之苦。少年时代极有可能与祖父难汗生活在一起。故起家能于居地（建安故城）就近授行擅州（治今北京密云区）白檀府（在密云区东北）右果毅。右果毅为府兵制下外府副将，其主要任务一是协助长官折冲都尉于冬闲操练府兵，二是率府兵宿卫京城，三是被征发打仗。也许因其父难武为京城中郎将府（内府）的长官，元庆更多的时间是在中书省（为天子草拟诏敕的中央最高机关之一）内当值，即所谓“虽司雄卫，恒理文轩”。这种情况在其迁转夏州（治今陕西靖边县东北白城子）宁朔府（在今靖边县东）左果毅都尉后仍在继续。

但难元庆的职守并不单纯是“直中书省内供奉”，50 岁以后，他还多次参加征战活动，并屡建奇功。

难元庆生活在一个多事之秋。在元庆只有十六七岁时，东突厥 24 州同时造反，经过多年战乱，终于建立起强大的后突厥汗国，并成为武周政权来自北方最大的威胁。因后突厥阿史那默啜可汗等几乎年年季季侵犯边境，所以《难元庆墓志》中称“连尘屡起，烽火时惊”，一些在唐做官的“三韩”名将，都曾统军守边并与后突厥鏖战。难元庆也曾参与对反叛的后突厥降户的征讨，并且表现出色。他“宿善帷筹，早参师律”，擅长于攻心战，敌人在他的“绥抚”下“倒载干戈”，并以“奇”取胜将叛逃的“九姓”“歼夷”。因战功卓著，天子对元庆赏赐丰厚，并授朔方军总管。

难元庆的最后一次征战是开元九年（721）参与平六胡州之叛。六胡州之夏州境正是朔方军总管难元庆的驻防地，于是元庆积极配合朝廷派遣的数路大军，仍采用征讨与招安的办法，取得“降如雨集”的辉煌战果。天子褒功，“授宣威将军，迁汾州清胜府折冲都尉”。宣威将军为从四品上武散官，上府折冲都尉为正四品上的职事官。

难元庆的铭文给予了难元庆很高的评价。

尘封的历史中，蕴含无限的文化价值

难元庆勋级为“上柱国”。上柱国源于旧制，原为保卫都城安全的军将，后为中央最高武官或勋官。唐代勋级分12等，最高等级即“上柱国”，其次是“柱国”，从士兵到将领都可以获得各种勋级。荣获“上柱国”勋级的人，不论官职多大，都可以享受正二品待遇，换成现代名词，大概就是“特级战斗英雄”。这是对作战有功人员的特别表彰。

难氏父祖对唐王朝贡献大。唐代的繁荣昌盛与蕃将关系密切。有唐300年，其盛衰、安危、荣辱莫不系于蕃将。蕃将之所以有如此大的能量，首先是因为他们有赖以活动的强大而又雄厚的社会基础，故而，唐朝诸帝对他们不得不另眼相待：“置州府以安之，以名爵玉帛以恩之，以威惠羁縻之。”难氏父祖和其他入朝蕃将一样，以国家主人翁的姿态，用自己的血肉之躯参与唐朝的缔造、发展和捍卫。他们也是中华民族的优秀子孙。

从《难元庆墓志》中，我们可追踪到百济遗民的活动轨迹。史书关于百济遗民入唐的记载，只是零星间断的，我们很难了解这些人入唐前后的具体活动。2013年出版的第159辑《韩国史研究》，记载迄今出土的百济人墓志共9方，有扶余隆祖孙墓志、黑齿常之父子墓志、祢进墓志、孙子法墓志等，其中之一即《难元庆墓志》。这些墓志数量虽然不多，但价值很高，我们通过这些墓志，可追踪到百济遗民的活动轨迹。从百济人难氏的入唐，以及元庆父、祖的担任熊津都督府高官，我们可以感受并佐证唐朝国力的强大。

百济灭亡之后，遗民至少有4次入唐。前3次时间分别为660年9月、664年3月、668年9月。这3次都是以战争俘虏的性质被强制迁往唐朝的。而第4次大约是671年至675年间，唐在百济故土设置的熊津都督府解散以后，名义上的熊津都督扶余隆无力在原百济故地立足，百济遗民进入唐朝。这一次当为自发性移民。4次移民，每次人数普通百姓万余人，王公贵族不足百人。这些王族与大小臣僚多被安置在洛阳、长安，而难元庆最终落脚在了离洛阳不远的鲁山。

马驰教授认为，难元庆的祖父迁居建安故城，其中土的籍贯地当然应与父祖相同。若追得更远的话，辽阳则当为其郡望。其父在京城做官，当然唐都长安也为其家族所在。由于唐高宗晚年和武则天当政时期以东都洛阳为政治中心，故不排除其父祖又迁居洛阳及洛阳附近。而难氏家族的最终居地应为今之鲁山县。

两《唐书》无朔方军建置记载，难氏墓志可补正史之阙。难元庆因战功卓著，天子赏赐丰厚，并授为朔方军总管。朔方军当于唐初在河东道所置朔方经略军和以后由朔方行军大总管改置的朔方藩镇有别，疑朔方军置于夏州朔方县（今靖边东北），当系为边将屯防者所设。唐代官职设置复杂，新旧唐书均无朔方军建置记载，难元庆墓志可补正史之不足。难元庆转为边将，是朝廷对他倚重的最好说明。

难姓为中国最小姓氏，应源出难元庆一族。经历了汉化—百济化—再汉化的过程。

百度上介绍，今武陟县有难氏小村。然由于我国民政部门和当地户政管理人员对历史文化知识掌握不多，认为这个难氏是笔误，不具有姓氏和人口统计意义，因而，在多次人口普查过程中，皆将难氏这个姓氏群体归类于字讹、笔误等“别姓”中。后来，韩国文化署听说此消息，专程组织了一个“寻根访问团”来到中国进行考察核实。

难氏，在许多源出鲜卑民族的韩国人看来，就是自己的血缘姓氏根源，难元庆乃其先祖一脉。

2014年5月，中州古籍出版社出版新编《鲁山县志》，把难姓列入源于鲁山的姓氏。

铭文其九曰:“君子所居，贤人之里；鲁阳挥戈，唐尧立祀。”鲁山地灵人杰，自古人才辈出。难元庆所居住的地方，自古就是贤人的故里，这个“之里”包含的人多了去了，应该是有墨子的。而战国时“鲁阳挥戈，日反三舍”的成语人尽皆知。唐尧立祠指的是刘姓的始祖刘累立尧祠于尧山的故事。尧帝的裔孙御龙氏刘累避居于鲁，鲁山并因此荣获“豢龙故里”之雅称。可以说志文撰写者对鲁山这块风水宝地知之甚详，赞不绝口。

难元庆是一位家乡远在朝鲜半岛百济国的唐朝蕃将。这位边关宿将最后终老鲁山。《难元庆墓志》见证了唐朝时期朝鲜半岛百济国与鲁山县的密切关系。如果建“难元庆纪念园”，无疑将会吸引韩国学者来中国进行文化交流、韩国游客来鲁山观光，也包括韩国企业来鲁山投资。

鲁山八景探源

张怀发

“八景”的由来，源于“画”。

北宋沈括在《梦溪笔谈》一书中称:“度支员外郎宋迪工画，尤善为平远山水。其得意者有《平沙雁落》《远浦帆归》《山市晴岚》《江天暮雪》《洞庭秋月》《潇湘夜雨》《烟寺晚钟》《渔村落照》，谓之‘八景’。”此八景应该是八幅画挂在一起，如八扇屏之类。后来名胜之地，就多沿用四字句，列称典型的景观，称为八景。如“京师八景”：太液清波，琼岛春云，金台夕照，西山霁雪，玉泉垂虹，卢沟晓月，蓟门燕村，居庸叠翠。

此风至明代已蔓延至各州县。文人墨客，地方官绅，都以居邑能得八景为荣，且以四字句定名，由画到诗，以七律诗咏传，把看景转化成了“听景”。

鲁山八景，定型于明嘉靖三十一年（1552）《鲁山县志》。该志《卷之八・古迹》介绍了“八景源流”，《卷之九・艺文》登载了“八景诗”。其诗由参与县志编写的鲁山学宫训导黄桂林、蒋希周，还有江溥、陈孜所作。四人各写一首“总八景”，再各写八首“分八景”，共三十六首七律，全载入县志。观外地八景，多与此同类。

至此，八景便由以“画”为载体转化为以“诗”为载体了。这样，一地之八景便很快传诵开来。人们出外寻访，往往也“按诗索景”，以能观瞻八景之胜为幸。八景诗便成了介绍一地很好的导游词，真是再简洁不过了。

清代进士，曾在山东、河南两地做过官的方志大家武亿，以严谨求实著称，也是他第一次把墨子是鲁山人的考证结论载入清嘉庆《鲁山县志》，这是中华人民共和国成立之前的所有地方志书中，唯一记载墨子里籍的志书。武亿对志书中出于鲜蒸热卖手笔的“八景诗”不屑一顾，认为以史实为依据的史志类书，插入八景类文字游戏，且达三十余首之多，特别有失严肃，所以在新志中不再录入。

我们看明代所集八景：鲁峰耸翠，沙瀼澄澈，南华夜月，大胜晓钟，汤谷温泉，黑山回照，商余灵药，琴台古风。鲁峰，沙河，温泉，琴台，实有其景。其他四景在当时就已不存在，如黑山回照，说王莽撵刘秀，天黑看不到路，上天关照，天又亮起来，刘秀得以逃脱之类，当时就成为传闻，或已无遗迹，几近乎子虚乌有。但从格律形式和意境方面来看，还是美的，平仄、拗救处理得非常好，富有音乐感。它需要人们在吟咏中补充完善，符合中国人想象思维的习惯。正如谁都知道“姑嫂石”本来是俩石头，但人们宁愿相信她们是相依为命的嫂与妹，是两个大活人。

康熙年间驻闽清军屯田鲁山之谜

鲁汉　陈志

清康熙初年间，以总兵林顺为首的44位将官，806名兵士屯垦鲁山。他们从何而来，为啥要屯垦于此，又有哪些业绩呢？现将有关史料及遗迹情况罗列于下。

一、屯鲁将士原是一支抗清复明的武装力量

乾隆《鲁山县志》载："明隆武渡海后，闽人于康熙三年，各率本部将弁群马旧命，朝廷嘉其忠义，敕总兵官以下，仍照原衔，换给劄符。"

林顺墓碑文："明亡后，拥戴南明宏光、隆武、永历皇帝二十余年，屡建奇功，为振兴明室，隆武渡海。郑成功入台建立抗清基地。"此碑在今马楼乡政府西500米，311国道北100余米处。

44位将官之一，陈枢（字拱薇）墓碑载："簪缨世系，

代有传人。康熙初年间，敕授公为昭勇将军。五年（1666）移居河南府，七年（1668），督垦鲁山东南老将庄。”陈枢六世孙陈道生《墓志铭》中有对始祖追忆的文字：“薇公带兵由浙闽走豫之鲁阳，心知天命有旧，事无可违，遂教士卒辟草策，斩荆棘，创庐舍为久居计。”（此碑、铭皆在马楼乡老将庄）

劄：札字的繁写。这里指旧时的公文，即为明代旧官职照原衔换为清代新官职。清廷为实现闽兵屯垦中原的需要，有些将官是采取“加封晋级”后并鼓励携家眷“督垦”于此的，这是清廷的政治措施。

今据史料得知，无论是林顺还是陈枢，其先祖皆是河南固始人，且皆是军旅世家，到了明代，都成“簪缨世系，代有传人”。因此他们才成为南明的抗清军事力量。但他们是被施琅招抚后，又受康熙帝调遣华北的河南、山西、山东屯垦大军的极少一部分。因此称其为“渡海后闽人”。总兵林顺在屯鲁次年就忧愤而逝。清代又兴文字狱，屯鲁将士还有易姓自保现象，故林顺官兵的史料就极其稀缺了。但从相关史实尚可理出踪迹。

明太祖朱元璋曾将其二十三个儿子分封于全国各地成为藩王。其中第十子鲁王朱檀就藩于山东兖州。第十二任鲁王朱以派于崇祯十五年（1642）清兵攻陷兖州时殉国。其五弟朱以海逃到台州，于崇祯十七年（1644）袭任鲁王，后鲁王府定居金门，成为南明重要的抗清力量。据新版

《福建地图》知悉，鲁王府今已成金门的重要遗迹景点。

今据2005年《大河报》对邓州“台湾村”报道得悉：这支抗清力量，曾受郑成功调遣“北伐”深入中原腹地抗清保明。当时南阳一带有两股明末皇室：一为韩王后裔。韩王朱松是明太祖的第二十子，初期建藩开源。后改封于平凉府（今甘肃平凉市）。崇祯十六年（1643），李自成部攻克平凉，最后一位韩王被俘，又逃脱至郧国，并被拥为帝，即南阳定武帝，后下落不明。二为第二十三子唐王朱桱建藩于河南南阳府。八世孙朱聿键袭封。明亡后，朱聿键复出，领导抗清。顺治三年（1646）闰六月二十六日唐王于福州即位，改福州为福京天兴府，建元隆武。

南阳西南的郧国，居武当山西北、丹江上游的豫陕鄂交界的今湖北郧阳一带。南阳的唐王或在郧国下落不明的韩王极有可能其中之一有过南召流落鲁山安家定居甚或葬身于此，至今鲁山团城乡、熊背乡、赵村乡一带多朱姓。赵村乡一带今有朱楼沟、朱家楼、朱家坟等地名。民间世代相传该地有“降临朝廷”和清廷皇室有来此“断山脉”的传说。新中国成立后，“五四”诗人徐玉诺曾长期深入此地采风，创作出中篇小说《朱家坟夜话》传世。2004年作家李凌云又以此为凭，演绎出一部中篇传奇《四扇紫竹屏风》刊于《莽原》杂志。2005年，笔者听朱家坟近邻一庞姓乡民口传，言及当年李自成部在此见朱姓人便杀，发展到将士们杀人累得抬不起臂，有位将士提醒“您这儿就没有姓李的？”朱氏乡民顿然醒悟，改口姓李。众多的传说或许有其历史根由。

2005 年《大河报》等众多媒体传播的邓州市“台湾村”陈氏始祖陈年随其主帅黄廷受郑成功调遣曾北伐至此拥戴护卫明室抗清，后在清兵强势之下，渐次退守在浙江、福建一带，最终退居到大本营金门和台湾。陈年留居邓州与林顺碑文史料时间相同史料相符。“拱薇公带兵由浙闽走豫之鲁阳”便也顺理成章。这说明他们为抗清复明南征北战是经过几番周折的。

2006 年春中央电视台一套黄金时段播放《施琅大将军》电视连续剧，将其两次“平台”历史真实再现。施琅(1621—1696)，福建晋江人。顺治十三年 (1656) 施琅在福州打败郑成功，清廷授他为同安副将，三年后又被提升为同安总兵。顺治十八年 (1661) 郑成功收复台湾，次年即康熙元年 (1662) 郑成功病逝，是年施琅升为水师提督。郑成功之子郑锦在金门置明延平府，以台湾金门为抗清基地。当时郑锦曾率众“入犯”海澄，施琅派部将抵御，并斩杀了郑军将领林维，缴获了战船、军械。康熙三年（1664)，施琅又乘胜攻取了浯屿、金门二岛，施琅升为靖海将军。与此同时，清廷推行了“净海禁商”的政治措施，以孤立台岛势力。为分散瓦解“抗清复明”军事力量，并将俘获的金门一带将士，“督垦”于华北各地，但“藤牌”军籍置为闽地，林顺将士因此屯垦鲁山。此后施琅又于 1664 年至

1665年三次攻台，又均遭搁浅。1668年，施琅被调进京城任内大臣闲职13年。康熙帝将主要精力用于平息“三藩”三乱，历时近10年，直到康熙二十二年（1683）又二度重用施琅，于该年8月13日收复台湾，并将郑成功之孙郑克爽及大将刘国轩、陈永华等进京编入旗下，明朝后裔鲁王世子朱桓等人及台湾其他官员安插在直隶、河南。郑克爽后被封为公爵，刘国轩升任天津总兵官。清廷公文将康熙初年与康熙二十二年两次平定台湾招抚的明军将士称为“旧投诚”和“新投诚”之分，并将两次投诚的将士中抽调了500名，组成“藤牌军”参与了康熙二十四年（1685）的雅克萨之战。

上述史料中有陈枢“康熙初年间，敕授公为昭勇将军”和陈参“我朝定鼎康熙初年，钦授参将职”等文字，且屯鲁将士享受优惠政策，史志还有众多立功受勋、烈女孝子等记载，这都与清廷入关之初既定方针相关。入关之初，清廷采纳了大臣（后为宰相）范文程的政治主张，即中原百姓遭受战乱之苦、渴盼选择新的君主，期望安居乐业。他们对大顺农民军作为主要敌人，而对故明势力，采取安抚拉拢的政策，并明白地告谕百姓大清攻夺中原的意图是：“对明室为官的仍照原职录用，为民的恢复生产，任用贤能，救济无家可归的贫苦人。”华北兴办屯田也是采用范文程的主张。屯鲁将士此后有较好的发展皆源于此。

二、鲁山清代“特区”闽兴屯

《鲁阳纪略》载:“是时崇祯十六年(1643)二月二十日也。及登岸南望，一路白骨如山，蓬刺如树，鬼哭狐鸣，惨然惊目……居民豪右自相蚕食杀伤，坏乱无纪……”这是一位赴鲁阳任县令者的亲目所见。

康熙三十三年(1694)《鲁山县志》载:“鲁原额户口二万五千丁，今见在册人丁四千七百五十人丁。”此时已距上文所述51年，鲁山在册人丁仅有四千多。“丁”指具备服徭役的成年男子。每丁按四口计，当时鲁山也仅有两万多人。

康熙十九年（1680)，鲁山知县傅夑诇在其《初至鲁阳述所见》用“七言古风”描述了当时情景:“鲁阳城外三十里，望之黄草连天起……死人暂饱饥人肠，饥人死复填人齿。或杀或殍或逃亡，举家烟火皆荒圮。”由于“皇家定鼎”逃者归里，尤其是闽人屯鲁才带来了几分生机——“皇家定鼎三年后，此地方能靖封侯。自古人情恋故乡，逃者往往归田鄙。流离艰苦倍尝恨，半是土著半迁徙。”由此可见，闽兵屯鲁及家眷子孙在当时几近占半，说明屯鲁将士是移鲁先民的重要支脉，当时为此设行政“特区”。大致范围在沙河以南、澎河以西的广大地区，如今已繁衍全县及全国各地，屯鲁后裔应有数万之众。

康熙《鲁山县志》载:“康熙七年奉旨安插闽兵屯垦。

闽兴屯，康熙十六年（1677）增洪泽里，新安里。”

乾隆《鲁山县志》载：“康熙七年奉旨安插闽兵屯垦设新兴里，于（康熙）五十六年（1717）改为闽兴屯，至乾隆八年（1743）改名闽兴里。”

此外，志书对其姓氏复原、立功授勋、加爵晋封等均有详细记载，直到1994年新版《鲁山县志》对其事及后人业绩依然有续载和记述。

直到乾隆六十年（1795），知县董作栋更定顺庄法，另辟新名，新兴里、闽兴屯、闽兴里及洪泽里、新安里与闽兵屯鲁有关联的行政区划才被废除，“特区”地名存续127年。

由于闽兵屯鲁，或前或后，以福建一带入仕或亲戚关系来鲁的有康熙间知县彭圣域，福建莆田人；县丞丁炜，福建晋江人；县丞孙荣，福建同安人等。有自鲁赴台做官者“陈辉电游宦台湾”（《燕楼陈氏家谱》）。有1948年随国民党部队入台者，仅林姓就有近20人，其中原籍瀼河乡袁寨人林仁德为台湾某大学教授，现居台湾。至今闽兵屯鲁留下的村名有老将庄、参将庄（今仓房庄）、林老庄、老将坟等。

三、征罗刹——《尼布楚条约》奠基者

《辞海》中“罗刹”，出自梵文，最早见于印度古老的宗教文献，自雅利安人征服印度后，凡遇恶人恶事，皆以

罗刹名之，罗刹遂成恶鬼名。此文中“调征罗刹”“罗刹国”，专指被沙俄魅鬼占据的雅克萨。金庸在其小说《鹿鼎记》第三十六回中，描写了主人公韦小宝与罗刹国公主苏菲亚之间的一段奇遇，由此引发了一段异国情缘。小说不乏虚构，但索菲亚公主（苏菲亚公主原型）确有其人，她是沙皇阿列克谢一世的女儿，曾滞留过雅克萨城。

乾隆八年（1743）《鲁山县志》载：“左都督同知朱冲，字生万，追剿土寇，功任镇守古北口，征罗刹。石材店（今马楼乡官店）义冢。副将金得，复姓周，征罗刹，功授四川威茂州参将，陨阳副将，征土寇有功，坟在石佛寺东边。副将林建，字伯友，征罗刹功授直隶保定府参将，坟在林老庄北。副将林允，复姓李，征罗刹有功。参将刘从龙，康熙二十九年（1690）调锁古北口。叶卯，本姓洪，清敕授昭勇将军，坟在陈楼西北河边。”该志中还全文照录有康熙二十四年（1685）《出征罗刹会议稿》《兵部议叙稿》等五份本属清廷的文件。其中《出征罗刹各官员姓氏》中有金得、林建、陈雄、陈昂等人，今知陈昂是陈枢之孙。《进征罗刹路程》3000 余字，将征罗刹的时间、兵源、北京见驾、凯旋交旨全过程记述得较为详细。时间是康熙二十四年正月二十八日接旨；主帅是将军林兴珠和都统彭春；兵源是“三旗兵”和“藤牌兵”。二月初一玉泉山见驾，初三参演御阅官兵，朝廷传旨赐宴；初八辞朝，下午起程……于九月十三日进京交旨。康熙二十六年（1687）

国朝派索额图赴与俄使定《尼布楚条约》。以上是当时资料，今见史料，又经几番周折，直到康熙二十八年（1689）七月二十四日才正式签约。

《尼布楚条约》是中国近代史中唯一一部平等条约，少数屯鲁闽兵将士及他们的子孙被征调参与成为这一条约的奠基者。清廷为何要征调闽兵？何地为古北口？

屯鲁将士隐姓埋名的现象是对清廷的顾忌，但清廷入驻中原之初已钦定了对明室旧部的优抚政策，调征罗刹、镇守古北口更体现康熙帝的雄才大略。

这支“渡海后闽人”众多祖居海上，最后又盘踞金门诸岛，他们擅长海战。征罗刹已多次失利，1685 年再征罗刹，清廷特意征调了 500 名藤牌兵，在《出征罗刹会议稿》中曾记载：“驰驿赶往闽省，所取藤牌刀口，到日驰递转送之外，俱着兵部议复。”雅克萨之战，采用的兵源有满、蒙、汉；战术有水、陆、火。闽兵的“水战”，无疑起到了关键作用。对军籍“藤牌”的重视，说明 20 多年间保留了军籍又重新启用了他们的军籍，因此，征罗刹之后，他们又一次获得了升迁重用。屯鲁闽兵镇守古北口，此处不仅是征罗刹的重要关口路径之一，重用闽兵更是清廷“既定国策”具体措施之一。

今河北省承德市，有一处规模宏大的古建筑群，即闻名遐迩的“承德避暑山庄”。古北口就是该山庄之北，“外八庙”之间的一座重要关口。在此设山庄，不仅是当年

“文治武功”的见证，更是清王朝达到“合内外之心，成巩固之业”的政治目的。它从一个侧面反映出清代鼎盛时期战胜国内分裂势力，加强民族团结，抗击外来侵略的历史。清康熙至乾隆时，圣祖玄烨、高宗弘历几乎每年五月必驾临山庄，秋后才返回京城，它实际上起着清代第二政治中心的作用，充当着事实上的陪都的角色。因此屯鲁闽兵镇守古北口是民族团结的真实体现，屯垦华北的闽兵以此为自豪，地方志书也大书而特书。

四、屯鲁闽兵遗迹多证实为金门人

屯鲁闽兵将士籍贯史料极为稀缺。今从《闽鲁豫林氏近支宗谱》中获知:“林顺之父林廷龙为一世祖。林廷龙祖父林琳公居福建镇海县南关，父宗保公迁海澄，因其在同安县任教谕迁居厦门镇富家坟边。”除此，几名仅有籍贯记录者及今见遗迹均为金门人，其余原籍不详，无可考证。

乾隆《鲁山县志》将官名录中：副将，王奇，字禹仪，坟在薛寨西南边，福建同安青屿乡人。2006 年夏，笔者实地查看，古碑犹存，字迹可见。参将，陈雄，坟在沙渚王东北，福建浯洲屿人。其余现存遗迹可见者陈振轩、陈枢、陈栋、陈参，他们分别为浯洲屿斗门乡、浯洲斗营、翔凤里浯洲斗门乡、同安县浯洲斗营。

志书、碑铭之外，2006年夏，笔者见到了珍藏于陈更新家的《燕楼陈氏家谱》，这本发黄的出自乾隆三十二年（1767）的谱中存以下记载："燕楼村陈氏始祖舜忠公迁移河南屯田鲁山子孙支系，居燕楼东院。舜忠公原籍福建省泉州府同安县浯洲西山外人，于清康熙六年从舅父都督朱公讳冲，奉旨迁移河南省河南府；七年屯田汝州鲁山县滍水南闽兴里，居燕家庄别墅。溯其源乃大将军陈政，字一民，三十一世之裔孙……"除此还知，舜忠公母亲朱冲公妹贞勤浯洲前塘村人。今官店南贾沟有都督坟，墓主便是朱冲。官店村西南有忠王庙，庙内捐款碑上有朱氏名录。另悉，朱冲后裔今居梁洼镇。燕楼陈氏家谱中还记载有浯洲陈氏有三个祠堂：守素公达祠堂在阳翟，三朗公洪铦公祠堂在陈坑，本善公致祥祠堂在西山外。

以上所涉浯洲（今金门）地名，新版《福建地图》（中国地图出版社2003年版）金门图中，大多都有明确标注。只是谱中"阳翟"，今在该图只见"洋宅"。阳翟是禹州古名，笔者推疑，固始陈政陈姓远祖可否源自禹州，故而将祠堂名称定为阳翟，并带到固始又移之金门，日久地名又演变为洋宅。

刘累迁居鲁山原因探微

潘民中

今河南省鲁山县，早在夏代就以“鲁”为名，称“鲁县”。《左传·昭公二十九年》载:“有陶唐氏既衰，其后有刘累，学扰龙于豢龙氏，以事孔甲，能饮食之。夏后嘉之，赐氏曰御龙，以更豕韦之后。龙一雌死，潜醢以食夏后。夏后飨之，既而使求之。惧而迁于鲁县。”现代《左传》研究权威杨伯峻先生《春秋左传注》认为“鲁县今在河南鲁山县”，为学术界所取信。鲁县故城在今鲁山县城西12公里昭平台水库中央之邱公城遗址。文献有记载，考古有印证，无须多言。这里探究的是为什么刘累未迁于别地，而选择迁于鲁县?

鲁山是尧部落的祖居地

刘累是尧的裔孙。刘累迁鲁的原因之一在于鲁县是尧部落的祖居地。说鲁县是尧部落的祖居地，理由有二：

其一，鲁县所在的滍水上游是尧部落的祖部落玄嚣部落的生息地。

鲁县位于淮河支流滍水上游。滍水今名沙河，发源于豫西山地八百里伏牛山脉东段主峰尧山东麓，自西向东流经鲁山、宝丰、平顶山市区、叶县、舞阳、襄城，与北汝河汇合。滍水又写作“泜水”。西晋杜预注《左传》谓：“泜水出鲁阳县西，经犨城、定陵，入汝。”鲁山县在秦汉魏晋时代名鲁阳。定陵即今舞阳县之北舞渡。《春秋地名考》称：“泜水即滍水也，盖音同而字异耳。”杨伯峻先生的《春秋左传注》也肯定“泜水即滍水，今名沙河。源出河南省鲁山县西没大岭，流经县南，又东经宝丰、叶县、舞阳，合于北汝河。”“没大岭”又名“木扎岭”，是尧山主峰的延伸部分。

按照司马迁《史记·五帝本纪》所排列的五帝世系：黄帝居轩辕之丘，而娶于西陵氏之女，是为嫘祖，嫘祖为黄帝正妃，生二子，其后皆有天下。其一曰玄嚣，是为青阳，青阳降居于江水；其二曰昌意，昌意生高阳。黄帝崩，高阳立，是为帝颛顼也。颛顼崩，而玄嚣之孙高辛立，是为帝喾。帝喾高辛者，黄帝之曾孙也。高辛父曰蟜极，蟜极父曰玄嚣，玄嚣父曰黄帝。自玄嚣与蟜极皆不得在位，至高辛即帝位。帝喾娶陈锋氏女，生放勋；娶娵訾氏女，生挚。帝喾崩，而挚代立。帝挚立，不善，而弟放勋立，是为帝尧。史学家研究认为，今本《史记》所载“青阳降居于江水”之“江水”，为“泜水”之误。唐以前的古本《史记》作“泜水”。《大戴礼记》也作：“青阳降居于泜水。”“夏商周断代工程”首席科学家、中国先秦史学会理事长李学勤先生在《李学勤说先秦》一书中即称：“《帝系》说：‘青阳降居泜水。’‘泜水’《史记》作‘江水’，是由于汉代字写草了，这个‘泜’和‘江’字接近。泜水应即今河南沙河，源出鲁山西，流经叶县，入于汝河。”直到清代，鲁山县境内滍水沿岸还有“青阳”地名留存。清嘉庆《鲁山县志·地理志》引《贾文卿墓表》：“归葬县东南青阳湖”，就是明证。

可知，尧部落的祖部落玄嚣部落从黄帝部落衍生出来后是以鲁县所在的滍水上游为栖息地的。

其二，在刘累迁到鲁县以前，鲁县已有以“尧”为称的地名。

今人多据《水经注·滍水》所载：滍水出南阳鲁阳县之尧山。尧之裔孙刘累，以龙食帝孔甲。孔甲又求之，不得，畏惧而迁于鲁县，立尧祠于西山，谓之尧山。《读史方舆纪要》所载：“尧山在县西百四十里。夏孔甲时，刘累迁鲁，立尧祠于山上，因名。”认为鲁县之有尧山，是尧之裔孙刘累立尧祠于其上而得名。岂不知，尧山之名要早于刘累迁鲁事件的发生。东汉以前的记载可以告诉我们这一点。张衡《南都赋》称：“远世则刘后甘厥龙醢，视鲁县而来迁，奉先帝以追孝，立唐祠于尧山。”《后汉书·郡国志》载：

“鲁阳有尧山，封刘累立尧祠。”这两条材料明白无误地告诉我们：鲁县有山名“尧山”在前，刘累立尧祠于其上在后。

在刘累迁鲁之前，鲁县已有以“尧”为称的地名，除了说明此地是尧部落的祖居地之外，应当不会再有其他解释了。

炎黄子孙根深蒂固的文化传统是祖宗崇拜。由祖宗崇拜传统而引发寻祖追宗意念，由寻祖追宗意念而支配寻根之举。刘累迁鲁就是在寻祖追宗意念支配下所实施的寻根问祖之举。

鲁山是豢龙氏的故里

刘累早年学扰龙术于豢龙氏。刘累迁鲁的原因之一在于鲁县是豢龙氏的故里。

关于豢龙氏部落的来源，《通志·氏族略》曰：“黄帝裔孙飂叔安，生子董父，以扰龙服事帝舜。赐姓曰董，氏曰豢龙。”那么。豢龙氏部落是由黄帝后裔哪一子部落衍生出来的呢？《山海经》载：“颛顼生老童，老童生祝融。”祝融本名重黎，为高辛氏火正，“以淳耀敦大，天明地德，光照四海，故名之曰祝融”。《国语·郑语》载：“祝融，其后八姓，己、董、彭、秃、妘、曹、斟、芈也。”董姓豢龙氏在其中。

颛顼部落从昌意部落衍生出来后，初居于若水。前人多指“若水”为四川的若水，今人疑之，论证“若水”当指汝水，即今天的北汝河，源于尧山西麓嵩县车村，流经汝阳、汝州、郏县、襄城，与滍水即今沙河相汇。在古代“若”“汝”音、字俱通。黄帝所居轩辕之丘在今河南新郑，若水（汝水）、泜水（滍水）在轩辕之丘南百余里。古人即以北为上南为下，故有“降居”之称。汝水、泜水相距仅数十里，只有断断续续的丘陵间隔，同属一个地理单元。有材料证明，在原居于泜水流域的高辛氏部落徙居它处之后，泜水流域为颛顼后裔长期占据。《路史》提到颛顼后裔居住地六处，其中之一为鲁阳。鲁阳是鲁县在秦以后的名称。

在夏初，居于滍水流域的颛顼后裔是哪一支呢？答案是祝融八姓之一的董姓豢龙氏。在滍水中上游分布着众多的豢龙氏遗迹。其一，滍水上游昭平台水库淹没了的刘累故邑邱公城北原有一个村镇名耿集。耿集在 1949 年之前位居鲁山四大名镇之首。耿集有“豢龙故里”之称，直到 20 世纪 50 年代初，耿集寨垣门楼上还镶嵌着刻有“豢龙故里”字样的匾额。耿集被称为豢龙故里，肯定不是空穴来风，而是有根据的。这个根据起码是代代相传如此。其二，在滍水中游南岸商余山上有“太灵古祠”，为豢龙氏祠大帝所立。商余山是唐代诗人元结故里。天宝十二年（753）前后，元结在家乡商余山习静时作诗《演兴四首》，其《自序》称：“商余山有太灵古祠。传云：豢龙氏祠大帝所立。祠在少余西乳之下，邑人修之以祈田。予因为《招》《祠》

《讼》《闵》之文以演兴。”据专家研究，“太灵”与“大帝”同意，指天神。“传云”泛指书传记载。说明在唐代，人们还能见到商余山太灵古祠为豢龙氏所立的资料。豢龙氏立太灵古祠于商余山，商余山一带必为豢龙氏部落的居住地无疑。

其三，在滍水中游北岸应都故城东北大龙山之阳（今平顶山市新新街一带）有“豢龙城”。《路史·国名记》《太平寰宇记》《读史方舆纪要》均有记载。大龙山之名即由豢龙城而来。

以上材料足以证明：鲁县所在的滍水中上游是豢龙氏的故里。应该说刘累早年“学扰龙于豢龙氏”即在此地。他对这里的山川风土非常熟悉，因之当他在夏朝廷无法待下去的时候，就酝酿出举族迁鲁的行动。刘累迁鲁，不无重投师门进一步学习扰龙技术的用意在里边。

鲁山是龙的重要产地

刘累氏族是以御龙为业的。刘累迁鲁的原因之一在于鲁县是龙的重要产地。

长期从事文物考古工作的学者刘志雄、杨静荣二位先生在对大量新石器时代陶器上所绘制的原生龙图案进行缜密研究的基础上，提出了大鲵是龙的主要原型的科学观点。

大鲵在生物学上属两栖纲大鲵科。一般长60—70厘米，大者可长达1.8米，重达数十公斤，是现存最大的两栖类动物之一。其脊背呈棕褐色，有大黑斑，腹部色淡。头宽而扁，口大，锄骨齿成一弧状，鼻孔和眼极小，位于头部背面，无眼睑。躯干粗壮而扁，尾侧扁。四肢甚短，前肢四指，后肢五趾，趾间有微蹼。皮肤光滑，头部疣粒显著，多数成双排列。自颈侧至体侧有皮肤褶。体外受精，卵带呈串珠状，亲体有护卵习性。栖息山谷清澈的溪流中，以鱼、蛙、虾为食。因叫声似小儿啼哭，俗称娃娃鱼，肉可食，味鲜美。在古代典籍中有人鱼、狗鱼、山椒鱼等多种称法。《山海经·北山经》在："決決之水出焉，而东流注于河，其中多人鱼。"《水经注·伊水》载："鲵鱼声如小儿号，有四足。司马迁谓之人鱼。"《尔雅注》："今鲵鱼似鲇，四脚。前似猕猴，后似狗。声如小儿啼。"《本草纲目》："鲵生山溪中，似鲇有四足，长尾能上树，声如小儿啼。"

豫西山地自古就是大鲵的主要产区。发源于豫西山地的洛水（今名洛河）、伊水（今名伊河）流入黄河，滍水（今名沙河）、汝水（今名汝河）流入淮河，均水（老鹳河）、淯水（白河）流入长江。至今诸水上游仍均有大鲵栖息生长。大鲵是一种奇异的动物。它们喜欢生活在僻静优雅的涧溪深处，形态、叫声颇多似人之处。这一切很容易引起先民们的畏惧与联想，将大鲵视作神灵之物，甚至当作人的始祖。先民们在陶器上描绘大鲵的形象，是认为大鲵既具有人类始祖的身份，必然具有神性，于是试图通过巫术的形式向它表达自己的祈望。大鲵崇拜观念在豫西山地民间表现得十分浓重。

古代先民把大鲵作为龙来崇拜，直到宋代还有这方面的记载。《宋史·程颢传》载："茅山有池，产龙如蜥蜴而五色。祥符中尝取二龙入都，半途失其一，中使云飞空而逝。民俗严奉不懈。颢捕而脯之。"这里所言产于池中如蜥蜴而非蜥蜴的动物实际上是有四肢能爬行的两栖动物大鲵。元明时代，人们还视"鲵"为"龙"，将二者合称，谓"龙鲵"。鲁县故城以西滍水上游，千山万壑，谷深林密，涧溪潺潺，水质清澈。自然环境和气候条件很适宜大鲵繁殖生息，是大鲵理想的生活之地，事实上也是豫西大鲵的重要产地。今天尧山自然保护区内仍有大鲵生存，并被列入国家二级保护动物。有意思的是尧山还有九龙山、九鱼山、九鲵山之名；曾有大鲵出没的水潭，名黑龙潭、白龙潭。

这些信息无不告诉我们：鲁县确实是原生龙大鲵的重要产地。无怪乎豢龙氏氏族曾择鲁县而居，刘累的御龙氏氏族要迁居鲁县了。

综之，刘累迁居鲁山的原因有三：一、鲁山是尧部落的祖居地，刘累迁鲁是为了寻根问祖。二、鲁山是豢龙氏故里，刘累迁鲁是为了进一步讨教养龙技术。三、鲁山是原生龙大鲵的重要产地，刘累迁鲁是为了保证御龙氏氏族有龙可御，有业可操。

西汉三杰在鲁山扎营

王永年

秦王朝由于沉重的赋税徭役和酷刑，致使百姓生灵涂炭。农民群众揭竿而起，起义反秦。当时，起义声震全国的有大泽乡陈胜吴广和芒砀刘邦等。

据《史记·高祖本纪》载:“（沛公）乃以郦食其为广野君，郦商为将，将陈留兵，偕攻开封，开封未拔，西与秦将杨熊战白马，又战曲遇东，大破之。杨熊走之荥阳，二世使使者斩以徇。南攻颍阳，屠之。因张良遂略地轘辕。当是时，赵别将司马卬方欲渡河入关，沛公乃攻平阴、绝河津。南，战洛阳东，军不利，还至阳城，收军中马骑，夜与南阳守齮战犨东，破之。”《汉书·汉高帝大事年表》和《汉高帝大传》描述：公元前207年3月，刘邦督军与郦商指挥的陈留军共攻开封（今河南开封西南）未拔，旋即北上，与秦军杨熊激战于白马（今河南濮阳），再战曲遇（今河南中牟县境）东，连连获胜，杨熊败退荥阳，被二世派人斩杀。四月，刘邦率军南下，到颍川（今河南禹州市南），与张良聚众千余人会师，转军西北，攻占秦略原韩国的大片土地，占领了太室山中险要的战略要地轘辕（关名在河南轘辕山）。下旬，赵将司马卬率军准备渡过黄河抢先入关，刘邦为阻止他的行动，迅速由轘辕出兵，占据平阴（今河南洛阳西北），切断渡口交通。之后，大军主力南进，与秦军激战于洛阳东，稍稍失利，即脱离战斗，回军阳城（今河南登封）。此时，刘邦纳众议，决定不循当年陈胜由函谷关进关路线，而走南阳、武关一线进军关中。于是，集中军中精锐骑兵开路，以最快的速度向南阳郡进军。途经梁（今河南汝州市境）、父城（今河南宝丰县境），夜进入南阳郡的鲁阳（今河南鲁山县境），到犨（犨县，故址在今河南鲁山县城东南张官营镇前城与后城村之间）东时，与南阳郡守吕齮指挥的秦军相遇，一番激战，激战中南阳郡守撤军南逃。刘邦惶惑有诈，遂令义军转犨西（今河南鲁山县城东南张良镇一带）扎营。张良率军驻廛店（今张良镇十字街西），世传张良店、张良镇、张良街。萧何驻铁寨（今河南鲁山城东南萧何村），世传萧相埠（府与埠谐音）。出土有陶器、沤腐剑，村西边河潭内现有古石桥一座，桥东边出土有垭路驿站石碑，村东南隅地下丈余深处有汉建筑物砖基。曾因大水泛滥淤积，旧址变貌，无寨墙，故称村。军需总长孔聚率队驻铁寨毗邻的唐家垣（今河南鲁山城东南韩信街）。

公元前 204 年 10 月，在楚、汉战争中，刘邦采纳张良、袁生建议，一同由咸阳出武关，与韩信会师宛、叶，运筹解荥、皋之围、决策垓下时韩信屯兵于此。故唐家垣世称韩信店、淮侯镇、韩信街。刘邦率众将齐集其中（相传今河南鲁山县城东南张良镇王营附近），运筹南进，决策宛城。汉军纪律严明，公平买卖，秋毫无犯，深受群众欢迎，相传至今不衰。张良镇百姓，以大名寺复称张良店寺。韩信店群众把村西宝林寺扩建复称韩信西寺；把北邻的广福寺复称韩信北寺，设位塑像供奉纪念。明嘉靖《鲁山县志》载："明嘉靖三十一年，鲁山知县姚卿，以直斥先贤姓名，借用西汉三杰衔位。改张良店为留侯镇，改韩信店为淮侯镇。"

公元前 207 年 6 月的一天凌晨，胸有成竹的刘邦，令义军兵分两路，从犨西起兵火速南进，分头抄小路迂回，迅速诡秘地围宛。黎明，汉军层层包围了宛城。郡守惊恐万状，欲以自刭。舍人陈恢劝守止，陈恢往见刘邦说降，刘邦接受了宛守吕齮投诚，封殷侯。刘邦兵不血刃地取得了整个南阳郡。前 206 年 10 月，刘邦大军进驻灞上（今陕西蓝田县境）。秦王子婴守着偌大一座咸阳，既无可战之兵，又无可守之险，只得接受刘邦约降的条件，恭恭敬敬地向刘邦投降。刘邦大军浩浩荡荡地进了咸阳城。

探刘邦与汉三杰入驻鲁山之考究

谷长兴

鲁山自古就是军事战略要地，“北不据此则不能得志宛襄；南不得此则不足以争衡伊洛”。因此，鲁山还是兵家必争之地。沙河东流，尧山西望，翻阅历史画卷，鲁山大地上，依旧闪烁着秦末刘邦帅部西征入关和东征伐楚的刀光剑影，仿佛听闻远方山野传来的鼓角争鸣。

一、鲁阳东南部的那方乡土上，七大村庄的名字里至今铭刻着一连串过往的神奇传说

河南省鲁山县城东南部张良镇一带，有七处乡村都以刘邦及其将领的名字命名，相传是当年刘邦帅部在这里安营扎寨后而取名的。据考证张良镇原名容城，是许国国都。西周时，文叔就封于许，史称许国，因许国弱小，常受郑国侵扰，在楚国护佑下，于公元前 506 年，迁于容城（今

鲁山县张良镇)。传说汉军师张良在此安营扎寨后，改名张良镇，或称留侯镇。如此取名的还有：张良镇的王营村原名是汉王营，是刘邦驻扎之地。东营原名是东陈营，是陈平驻扎之地，纪营村是纪信驻扎之地，西营又称西小营是吕后等驻扎的地方。与张良镇东临的磙子营乡有两个村分别叫萧何村和韩信街，相传是萧何和韩信驻扎的地方。

如此七个村庄集中用汉王及其将领的名字命名实属罕见。更神奇的是这七大村庄的坐落与分布，呈北斗七星形状，王营、纪营、西营、张良、东营、萧何、韩信村分别如北斗七星天枢、天璇、天玑、天权、玉衡、开阳、瑶光一样依次排列，这很可能是与战事有关的七星阵法。从传说故事中知道的是：当时汉王刘邦偕吕后家眷，率张良、萧何、韩信、陈平、纪信等曾驻扎在容城。

还有一个传说故事是，刘邦等在此驻扎期间，一次汉王刘邦生病，久治不愈，老百姓用当地出产的姜熬制姜汤，让他服用，刘邦服用后，立即痊愈。刘邦喜而爱之。即位后，就钦定张良姜为贡品，从此张良姜闻名天下。此传说是可信的，可以从记载张良姜成为汉代贡品的《鲁山县志》等史籍里得到印证。

以汉王及汉将名字命名的村庄已有2200多年，这是铁定的实事，而传说毕竟是传说，它需要史迹的印证。那么，有哪些史料可以印证刘邦及其官兵确实在这里安营扎寨呢？

二、钩沉的石碑是历史的佐证，浮面的史迹述说更多的故事

20世纪60代初，张良公社拆除古建筑“过街楼”时，发现一座石碑，好心人刘永钦先生将它保护起来，这才揭开了历史的真实面纱。这尊石碑以篆字刻写，碑文记载了当年刘邦巡营张良寨饮酒作诗的故事。

其碑记是：

昔，汉王巡营于张良寨，良以此地上酒贡之，王酒后神满，吟诗一首。

美酒一盅神气满，
立志要为天下雄。
何惧霸王遁楚地，
挥动铁臂天下平。

汉王 刘邦

丙申年二月二日

寨民敬之，刻石记之

汉四年戊戌岁二月二日

从石碑内容可以断定：

（一）汉王刘邦和军师张良确实于汉二年（前205）在

张良镇安营扎寨过。

（二）石碑是寨民在汉四年（前 203）刻制的。

为了进一步印证汉王刘邦及汉三杰入驻鲁山的事实，有必要查阅这一时间节点上刘邦官兵的活动轨迹。

三、翻阅典籍，回望历史，刘邦官兵进驻鲁山史籍明证有三大关键点

（一）《史记·高祖本纪》记载，公元前 208 年，刘邦受楚怀王之命西征伐秦，一路受挫。公元前 207 年，沛公“乃以郦食其为广野君，郦商为将，将陈留兵，与偕攻开封，开封未拔。西与秦将杨熊战白马，又战曲遇东，大破之。杨熊走之荥阳，二世使使者斩以徇。南攻颍阳，屠之。因张良遂略韩地轘辕。

“当是时，赵别将司马卬方欲渡河入关，沛公乃北攻平阴，绝河津。南，战洛阳东，军不利，还至阳城，收军中马骑，与南阳守齮战犨东，破之。略南阳郡，南阳守齮走，保城守宛。”

（二）《史记·项羽本纪》记载，“汉之二年冬，项羽遂北至城阳，田荣亦将兵会战。田荣不胜，走至平原，平原民杀之。遂北烧夷齐城郭室屋，皆坑田荣降卒，系虏其老弱妇女。徇齐至北海，多所残灭。齐人相聚而叛之。于是

田荣弟田横收齐亡卒得数万人，反城阳。项王因留，连战未能下。

“春，汉王部五诸侯兵，凡五十六万人，东伐楚。项王闻之，即令诸将击齐，而自以精兵三万人南从鲁出胡陵。四月，汉皆已入彭城，收其货宝美人，日置酒高会。项王乃西从萧，晨击汉军而东，至彭城，日中，大破汉军。……”

（三）《史记·高祖本纪》记载，汉三年，公元前204年，“汉王之出荥阳入关，收兵欲复东。袁生说汉王曰：‘汉与楚相距荥阳数岁，汉常困。愿君王出武关，项羽必引兵南走，王深壁，令荥阳成皋间且得休。使韩信等辑河北赵地，连燕齐，君王乃复走荥阳，未晚也。如此，则楚所备者多，力分，汉得休，复与之战，破楚必矣。’汉王从其计，出军宛叶间，与黥布行收兵。

“项羽闻汉王在宛，果引兵南。汉王坚壁不与战。是时彭越渡睢水，与项声、薛公战下邳，彭越大破楚军。项羽乃引兵东击彭越。汉王亦引兵北军成皋。项羽已破走彭越，闻汉王复军成皋，乃复引兵西，拔荥阳，诛周苛、枞公，而虏韩王信，遂围成皋。

“汉王跳，独与滕公共车出成皋玉门，北渡河，驰宿修武。自称使者，晨驰入张耳、韩信壁，而夺之军。乃使张耳北益收兵赵地，使韩信东击齐。汉王得韩信军，则复振。引兵临河，南飨军小修武南，欲复战。”

以上史料及石碑碑文表明刘邦官兵先后三次入驻鲁山。第一次是公元前 207 年西征伐秦，“与南阳守齮战犨东”，“犨”就是现在的鲁山县张官营一带。第二次是汉二年（前 205），东征伐楚。以石碑为证，驻扎在张良镇。第三次是汉三年（前 204 年），“汉王从其计，出军宛叶间，与黥布行收兵”，“叶”就是“犨东”，即今叶县和鲁山县张官营一带。

从鲁山县张良镇一带七大村庄的名字、石碑和有关历史资料可以推定刘邦官兵在鲁山驻扎是不争的事实，而刘邦官兵三次入驻鲁山，每次都是带领哪些主要将领呢？

四、历史的结论，真实的断定，必须有充足事实来支撑

（一）从村庄的名字来看，刘邦、吕后、张良、萧何、韩信、纪信、陈平都曾在这里安营扎寨。

（二）从刘邦西征伐秦来看，这个时期跟随刘邦的将领只有张良、萧何和纪信。公元前 207 年，韩信和陈平还没有加入刘邦集团。韩信是公元前 206 年刘邦入关后加入汉军的，而陈平是公元前 205 年在修武由刘邦“拜平为都尉”的。所以断定刘邦西征伐秦时，韩信、陈平没有与刘邦一起安营扎寨张良镇。

（三）从刘邦东征伐楚来看，跟从刘邦的将领没有萧何和韩信。因为这个时期萧何留守在关中主管后方大营，韩信在魏、赵、齐征战。

据此综合推定，公元前207年刘邦带领张良、萧何等在“犨东”与南阳守作战取得胜利后，就建立了“大本营”，这个“大本营”里有“汉王营”“张良营”“萧何营”“纪信营”“西营”，而没有“韩信营”“东陈营”。公元前205年刘邦东征伐楚时，又回到了“大本营”，这时陈平才建立了“东陈营”。公元前204年后，刘邦及其官兵再度或几度驻扎“大本营”，韩信的营盘可能就是这个时期建立的。

究北魏宣武帝即位鲁阳背后的隐秘

王顺利

北魏宣武帝元恪（483—515），北魏孝文帝拓跋宏次子，南北朝时期北魏第八位皇帝。北魏太和二十三年（499）即位鲁阳，在位 16 年。

高照容梦怀龙子

据说元恪的母亲高照容睡梦中被太阳追逐，躲到床下，太阳变成了神龙，与她缠绵交感。高照容梦醒后惊悸不已，然后就身怀六甲。北魏太和七年（483）闰四月初五日，高照容在都城平城宫（今山西大同）生下“龙种”元恪。元恪的出生，让孝文帝拓跋宏非常高兴，下令大赦天下。

据《魏书》记载：“帝幼有大度，喜怒不形于色，雅性俭素。”“善风仪，美容貌，临朝渊默，端严若神，有君人之量矣。”这一切被父亲孝文帝拓跋宏看在眼里，喜在心里，说：“吾固疑此儿有非常志相，今果然矣。”元恪的生母高照容崇尚礼佛，这对元恪的一生有着深刻的影响。元恪也喜好佛法，常常在宫中亲自讲论佛经，广召僧众，辩明义旨。元恪即位后为父母做功德而建的龙门石窟宾阳洞《魏孝文帝礼佛图》《文昭皇后礼佛图》是正史中唯一明确记载开凿过程的皇家洞窟，更是北魏石刻中等级和艺术水平最高的浮雕作品。这两幅浮雕人物密集，顾盼神飞，浑然一体，是中国石刻艺术史上的瑰宝。

元恪意外成太子

幼时的元恪是幸福的，仅仅因为比大哥元恂晚生几个月无缘太子之位，从而躲过了北魏王朝确立皇位继承人的“立子杀母”制度，元恪能够在亲生母亲高照容的呵护下，度过一个幸福、欢乐的童年。然而，元恪平静、幸福的生活在 14 岁时（北魏太和二十一年，497）被突然打破。

这得从北魏孝文帝拓跋宏推行汉化改革说起。

北魏太和十八年（494），北魏孝文帝拓跋宏大张旗鼓地启动全面汉化举措，把都城从平城迁到洛阳，改皇族拓跋氏为元氏，自改拓跋宏为“元宏”，实行穿汉服、学汉话、改汉姓、与汉人通婚等一系列汉化改革措施，促进鲜卑族与汉族之间的融合，巩固北魏在北方的统治政权，史称“孝文帝改革”。同年，孝文帝元宏为巩固处于宛洛古道必经之地鲁阳关的战略地位，改置荆州郡，寻称广州，治所设在鲁阳。鲁阳地处伏牛山东麓，地势险要，是连通宛洛古道的重要门户。夏代为尧之裔孙刘累邑。周初属王畿，为周公姬旦始封之“鲁”地（后称“西鲁”）。春秋时属郑、楚，战国时属楚、魏，雄关险隘处筑有中国最早的楚长城，鲁阳公挥戈返日、子墨子止楚攻宋故事的发生地。秦时属三川郡；汉至南朝宋置鲁阳县，属南阳郡；三国时属曹魏；晋时属南阳国；南北朝时，初属南朝宋和北周，后属北魏，历为兵家必争之地，素谓“北不据此，则不能得志宛襄；南不得此，则不足以争衡伊洛”。北魏太和十一年（487），孝文帝南巡时改鲁阳县为山北县，置鲁阳镇，实施均田制，推动当地经济发展。鲁阳成为北魏洛阳以南的军事重镇，鲁阳关成为北魏向南开拓疆土和抵御南朝进攻的重要关隘。

北魏孝文帝元宏虽然在朝堂之上力主全面汉化，但朝堂之下反对汉化改革的旧贵族势力却暗流涌动。非常不幸的是，太子元恂成为反对汉化改革的“出头鸟”。北魏太和二十年（496）八月，太子元恂趁孝文帝元宏巡游嵩山，“谋轻骑奔平城，手刃（中庶子）高道悦于禁中”，公然抵制和反对汉化政策。震怒之下的孝文帝元宏亲自杖责元恂“百余下……不起者月余”，并“引见群臣，议欲废之”，曰:“大义灭亲，古之所贵。恂欲违父逃叛，天下之恶孰大焉！若不去之，乃社稷之忧也。”断然废黜元恂太子位，贬为庶人，囚禁于河阳（今河南孟州）。

北魏太和二十一年（497）初，孝文帝元宏西巡长安，御史中尉李彪告发废太子元恂与亲信密谋反叛。孝文帝元宏即命中书侍郎邢峦与咸阳王元禧，带着诏书和毒酒到河阳赐死元恂。这个意想不到的事件，使次子元恪有幸成为太子的不二人选。同年，元恪被确定为皇位继承人。

紧急避险即位鲁阳

北魏太和二十二年（498），为巩固鲁阳的战略地位，孝文帝元宏复置鲁阳郡，任命建威将军韦珍试守鲁阳郡。

北魏太和二十三年（499）三月初，孝文帝元宏再次带病南征南朝萧齐时，对随军中垒将军韦珍说："三鸦（鲁阳关）险要，非卿无以守也（魏书·韦珍传）。"为此命韦珍北还鲁阳，坚守鲁阳关。三月二十四日，孝文帝元宏病情突然加重，被迫班师北还。三月二十八日，孝文帝自感时日不多，命司徒元勰派人前往洛阳，要皇太子元恪速到鲁阳登基即位，同时任命侍中、护军将军、北海王元详为司空公，镇南将军王肃为尚书令，镇南大将军、广阳王元嘉为尚书左仆射，尚书宋弁为吏部尚书，与侍中、太尉公元禧（献文帝拓跋弘次子，孝文帝元宏之异母弟），尚书右仆射、任城王元澄六人共同辅佐朝政。四月一日，孝文帝元宏驾崩于古塘原行宫（今河南邓州）。北魏南征随军元澄等恐凶讯外泄，南朝萧齐太尉陈显达掩军追杀，密不发丧。四月十二日，元恪迎孝文帝元宏灵柩于北魏中垒将韦珍守郡的鲁阳。元澄等人认为鲁阳据险可守，才对外公开发丧；元恪遵嘱于鲁阳登基即皇帝位，是为宣武帝，改年号为景明。四月二十四日，宣武帝元恪追尊母亲高照容为文昭皇后。

宣武帝元恪即位后，第一件事就是扩建新都洛阳，拒绝鲜卑遗老重返故都平城的建议，坚持父亲孝文帝元宏的全面汉化政策，巩固孝文帝的汉化改革成果。同时，对外征伐，对南朝发动一系列战争，攻取南朝梁的四川之地，北击柔然，疆域大大拓展。

北魏在宣武帝元恪统治时期，国势盛极一时。

保宠妃废止“立子杀母”制度

北魏太和二十一年（497），就在元恪被册封为太子后不久，他的亲生母亲高照容在汲郡（今河南卫辉）暴毙。这缘于北魏开国皇帝道武帝拓跋珪创立的“立子杀母”制度，即皇位继承人选一旦确定，则必须处死其生母，以防母后干政。

这一残忍制度在北魏初期确实起到了防止母权当政的

现实作用，然而从文成帝拓跋濬开始，该制度变成后宫女性权力之争的工具，仅仅成为皇帝的保姆、后妃置人于死地的理由，脱离了道武帝拓跋珪的初衷。据《魏书·皇后传》记载，到了宣武帝时期，“椒掖之中，以国旧制，相与祈祝，皆愿生诸王、公主，不愿生太子”，已发展为嫔妃们不愿生太子，甚或使皇子频丧。这种奇葩现象迫使宣武帝元恪不得不深刻反思“立子杀母”制度带来的严重问题。前文也说过，《魏书》记载北魏宣武帝元恪性格温顺，宽宏大量。最重要的是宣武帝元恪从小深受亲生母亲高照容影响，尊崇佛教，这给“立子杀母”制度的废止创造了一个客观有利环境。

促使废止“立子杀母”制度的另一重要原因是在北魏永平三年（510），宣武帝元恪即位 11 年后，宠妃胡充华冒着被赐死的危险，勇敢地为他生下皇子元诩。此时的宣武帝元恪已经 27 岁了，还没有一个皇子，在那个北魏皇帝大多短命的时代，已经可以称之为“高寿”“老男人”了。老来得子，后继有人，宣武帝元恪非常高兴，更加宠溺胡充华，并采取严密措施保护胡充华免遭伤害。胡充华于史书称作宣武灵皇后、胡太后。据史料记载，慈佛为怀的宣武帝元恪为了护佑宠妃胡充华不死，在宦臣刘腾、侍中于忠、侍中崔光的建议下，决然废止了北魏沿袭百余年的“立子杀母”制度。

北魏延昌元年 (512) 十月，年仅三岁的元诩，被册立为皇太子，生母胡充华也免遭赐死，保住了性命，在孝明帝元诩即位后被册封为皇太后，也使她成为北魏王朝最终分崩离析的掘墓人。

北魏延昌四年（515），元恪去世，终年 33 岁，庙号世宗，谥号宣武皇帝。

宣武帝元恪最大的历史功绩就是巩固孝文帝改革成果，促进各民族的大融合。

第五辑　文化密码

鲁山“冉父爵”的历史价值

黄震云

冉国及其消亡路径

冉国是商周时期我国十分强大的一个部族，但是其由来事迹，史书记载很少，难以捉摸。最近河南鲁山出土的“冉父爵”，为我们寻找古老的冉国及其迁徙消亡的路线有了一个新的清晰的路径。

冉，本字持。对于冉人的由来历来有很大的争议。根据《史记》记载:“汉武帝，北逐匈奴，西逐诸羌……冉、駹夷者，武帝所开，以为汶山郡……其山有六夷、七羌、九氐各有部落。”表明，从汉武帝时代才开始有冉、駹夷，地在汶川即汶山郡。《后汉书·冉駹夷传》重复了这一记载:“冉駹夷者，武帝所开。元鼎六年，以为汶山郡。至地节三年，夷人以立郡赋重，宣帝乃省并蜀郡，为北部都尉。”正史确认的冉人在四川，是蚕丛之后。

晚商文化二期至西周早期的礼器铭文中偶然可以见到

冉的行踪。晚商文化二期的绝对年代约为祖甲、廪辛时期，因此有的推测冉族人最早的先祖是元谋人，或者更早。有的根据《山海经·中次九经》中的记载：“凡岷山之首，自女几山至于贾超之山，凡十六山，三千五百里。其神状皆马身而龙首。”认为马头龙或马身龙首的神，应该是冉、駹人的形象代表。或是信奉马头龙的冉人和駹人，为岷江上游的远古蜀人。关于冉、駹，《史记》中还有多处记载。《史记·西南夷列传》说：“自筰以东北，君长以什数，冉、駹最大。”《史记·司马相如列传》说：“司马长卿使略定西夷，邛、筰、冉、駹、斯榆之君皆请为内臣。”显然，冉和駹是两个部族，駹指的是毛色不纯的马，同理毛色不纯的牛就作牻。《后汉书》是明显将二者分开的。《后汉书·冉夷传》记载：“皆依山居止，累石为室，高者数十余丈，为邛笼。”记录了冉人在四川的生活情况。

按冉人的由来，《史记》中还另有记载。《史记·管蔡世家》说：“武王周母兄弟十人，母曰太姒，文王正妃也。其长子曰伯邑考，次曰武王发……次曰冉季载，冉季载最少。”成王时“封季载于冉”。唐司马贞《史记索隐》说：“冉，国也。载，名也。季，字也。冉，或作‘那’。”据《史记》，冉又作那，二者是一个字。由此很多人又以为冉人是周文王的后代。冉季载，是周文王的少子、周武王的同母弟，武王灭商后被封于冉，地点在今山东省菏泽市定陶区冉堌镇一带。其实，《史记》只是说周文王的儿子被封在那这个地方，并不是说周文王的儿子建都在那。考《左传·庄公十八年》追叙说："初，楚武王克权，使斗缗尹之，以叛，围而杀之。迁权于那处，使阎敖尹之。"我们根据楚武王的行踪分析，春秋时期，那应该在楚国的北面，与四川相去甚远，也不能到达山东一带。

根据中国社会科学院考古研究所编《殷周金文集成》，河南安阳殷墟出土了大量的冉国青铜器，表明在殷墟时期，冉国亦迁徙到安阳一带，是一个实力强大的国家。由于关于冉的青铜器文字都十分简略，因此详情尚不可知。

根据《殷周金文集成》，冉氏家族之器物在西周畿内宝鸡地区和沣西页屡屡出土。如戴家湾墓地出土的冉父癸鼎、毛伯鼎，石鼓山出土的冉父乙卣、冉盉，金陵河流域上出土的冉父丁爵，岐山京当出土的冉父乙觚，扶风杨家堡出土的冉巂父丁簋，长安沣西出土的冉口父丁卣、冉丁爵、冉父丁尊、冉父乙簋，还有竹园沟墓地出土的冉爵、冉觯，等等。这些冉器时代都在西周初年，身份高贵，说明西周初年冉家族西迁。

鲁山"冉父爵"的历史讯息

河南鲁山新出土的文物"冉父爵"，根据爵的朝廷礼器的性质，我们可以肯定冉父曾经在鲁山建国，或近始基之地。按鲁山还出土了殷商时代“祖辛爵”，形制和“冉父爵”相似，时间略近似商朝祖辛时代。

“冉父爵”的出土，使我们明确了冉国在公元前1300多年时的祖辛时代，也就是殷商前期的地望是在今鲁山县。因为冉和那字形一样，因此冉又作那。我们由此推出鲁山的建县时间应该在大约公元前1360年或稍前，距今约3400年，或者说冉国的出现标志着鲁山建县立城的开始。战国时代冉人西迁，至汉代又开始强大。虽然，湖北荆州、山东临朐、河北灵寿、辽宁喀左等地也有冉人的文物发现，一方面说明冉的活动范围大，另一方面或可能是文物流传的原因。鲁山出土的爵是重要的礼器，与方志记载、民间传说相互印证，应该可靠。

根据出土文献，冉人的文化实力和迁徙路线应该比较清楚了。同时，冉人出自中原应该无疑。其以都城为轴心的移动路线，文化西移，可以称为早期的丝绸之路或先丝绸之路的一个基础拓展。

冉人为什么向西南迁移？就历史渊源看，一方面冉人熟悉西部，另外很可能是陆陆续续地一直存在着交接。按《左传·鲁庄公十八年》（前676）说：“初，楚武王克权，使斗缗尹之。以叛，围而杀之（注：缗以权叛）。迁权于那处（注：那处，楚地，南郡编县东南有那城）。使阎敖尹之（注：阎敖，楚大夫）。及文王即位，与巴人伐申而惊其师（注：惊巴师）。巴人叛楚而伐那处，取之，遂门于楚（注：

攻楚城门）。阎敖游涌而逸（注：涌水在南郡华容县。阎敖既不能守城，又游涌水而走）。楚子杀之。其族为乱。冬，巴人因之以伐楚。”

那人就是冉人，他们和巴人关系密切，那人曾经被巴人征服。这时候的巴人还在中原，和楚国一样是西周的南土。巴人就是巴蜀之人之巴人，巴人入蜀和冉人入蜀，目前还没有看出必然的原因，但彼此有交接肯定是事实。

南阳都乡正卫为碑

宋熙然

南阳都乡正卫为碑，是汉灵帝中平二年（185）的碑石，迄今已历1800余年，是目前鲁山县发现的仅有的一块汉碑。

南北朝时，北魏鲁阳太守郦道元，在其所著《水经注·滍水》中有这样的记载："滍水又东迳鲁阳县故城南城，即刘累之故邑也。有鲁山，县居其阳，故因名焉。王莽之鲁山也，昔在于楚，文子守之，与韩构战，有返景之诚，内有南阳都乡正卫为碑。"

及至宋代，赵明诚在其所著《金石录》中说此碑"文字磨灭，不可考究，其岁月略可见，盖中平二年正月"。洪适在其所著《隶释》中说："予初得已剪帖本，续后始获全碑。考其文，则县令宁陵君承昆阳丧乱之余，悯徭役之害，结单言府班董科，例收其旧直，临时募顾，不烦居民。太守东郡王环，丞济阴华林，优恤民隐，为之立约。自是之后，吏无苛扰之烦，野无愁痛之声，其大略如此，又云因民所利，斯所谓惠康之策。又有轻赋敛及役艰苦之语，颂则美其轻赋均约，盖是纪述守令徭役条教也。”

到了清代，由武亿总纂的嘉庆《鲁山县志》说此碑已佚。但又列举诸家之言，如《水经注》《金石录》《隶释》《汉隶字源》《困学纪闻》《隶辨》《水经注释》，等等，对南阳都乡正卫为碑来进行考证。

时至1935年冬，南阳都乡正卫为碑，在鲁山北关施工工地出土，经学者徐玉诺先生反复考究认定，是南阳都乡正卫为碑，遂雇车将石碑运至鲁山文庙，存放在颜碑亭内。徐先生时任鲁阳中学校长，据说当石碑运到文庙（鲁阳中学所在地），曾引起全校轰动，学生们都争先恐后地跑着去看。为此，我专意访问过当年在鲁阳中学就读的首届学生李瑞祥、张惠远等，他们对当年的情景，记忆犹新，不约而同地说：“学生不仅争先恐后跑着去看，而且还说徐校长找到了丢失的汉碑，学校确实是轰动了。”

“文化大革命”期间，一度曾将该碑从颜碑亭内弄出，当作镇压篮球架的石头用。笔者不忍碑石就此被毁，乃与县文化馆主管文物工作的王忠民同志商量，将该碑转移到县文化馆保存。现在仍保存在鲁山县文化馆内。

1976年后，文物备受关注，杭州的周采泉同志研究古碑碣，1979年，他特地与鲁山高中联系，询问南阳都乡正卫为碑的情况，并说他曾见自《水经注》《隶释》和嘉庆《鲁山县志》说此碑已佚等情。同时还寄来故宫博物院马淑平院长提供的、由国家文史馆员李培基书写的有关南阳都乡正卫为碑的情况。李培基说他担任河南省省长期间，1942 年省政府由洛阳迁至鲁山设在鲁山文庙，他有机会在文庙颜碑亭内，亲眼见过南阳都乡正卫为碑，说石碑出土后，是由邑人徐玉诺将其运至文庙颜碑亭内，还说都乡正卫为碑是放在宇文恪碑之上的（宇文恪碑已丢失），最后并将南阳都乡正卫为碑画成图，附在所写文字之后。

南阳都乡正卫为碑，可说是历经沧桑巨变，失而复得，能够保留至今，实属不易。

元鲁山与“四绝碑”

袁占才

偶得《中国古典传记》一书，其上有《元鲁山墓碣铭》，大喜。鲁山历代数部县志多有记述元鲁山卓异行迹者，却未发现收入此墓碣。该墓碣由李华撰文，颜真卿书丹，李阳冰篆额。李华，曾师从元德秀（元鲁山），为唐散文家，开元二十三年（735）进士及第，官至监察御史。颜真卿，唐书法家，正楷端庄雄伟，行书遒劲郁勃，古法为之一变，世称颜体，与柳公权并称“颜筋柳骨”。颜真卿与元德秀宗弟元次山（元结）为挚友。李阳冰，唐文学家、书法家，工篆书，变化开合，自成风格，有“笔虎”之称，后世学篆者多宗之。其人，其文，其字，其篆，均称绝代，因号“四绝碑”。绝，乃世之仅有，登峰造极之意。翻史书，发现关于“三绝碑”的记载尚有几处，例如著名爱国民主人士张钫之父张子温墓志铭，乃章太炎撰文，于佑任书丹，吴昌硕篆盖，被称为“近代三绝”。而查《辞源》“四绝碑”解，乃专指唐李华为鲁山令元德秀墓碑，可知元德秀在唐时是何等声誉，该碑在中国石刻艺术中，又是何等光耀辉煌。

元德秀（696—754），字紫芝，陆浑（今嵩县）人，鲜卑族后裔，本姓拓跋，北魏时方易姓“元”，开元二十一年（733）登进士科，任邢州（今河北邢台）南和县尉，因治政有贤名，擢升为龙武录事参军，后调任鲁山令。治鲁期间，清廉为官，政绩显著，时称元鲁山；后人亦称之鲁山大夫、元神仙；今鲁山普通民众均口称元神仙，同时，多把他与元次山混淆。

德秀年少时父兄相继谢世，家境贫困，然其刻苦读书，孝敬慈母。往京城应试，亲驾安车，不惜载母一同往返千里。母丧，德秀建庐于墓侧，守孝三年。其间，过着不食盐酪浑味，不用床席巾被的生活，并刺取身血，画像写佛经，回报母亲无尽之恩情，其孝悌令人感动。

德秀到鲁山后，执法严谨，待民宽厚，惠及百姓。《旧唐书》一百九十卷《元德秀列传》载：一盗贼被捕入狱，时县界有猛兽为害，盗自请杀虎赎罪，德秀见贼态度诚恳，即许之。胥吏劝谏他说：“盗诡计苟免，擅放官囚，无乃累乎？”德秀道：“吾不欲负约，累则吾坐，必请不及诸君。”翌日，盗贼果真杀死猛虎回来了。诚信化人，举县感叹。

德秀不畏权贵，体察民情，敢于犯颜真谏，为民请命。《资治通鉴》卷二百一十四中记述：开元二十三年（735），唐玄宗东游洛阳时，在五凤楼设宴饮酒聚乐，命三百里内刺史、县令各率所部音乐集于楼下，各较胜负。许多官吏兴师动众，轻歌曼舞，歌功颂德，极尽阿谀奉迎；怀州刺史以车载乐工数百，身披锦绣，服箱之牛皆虎豹犀象之状，而鲁山令元德秀惟遣民间艺伶数人，演唱他自己创作的反映鲁山地僻民贫、灾荒连年的《于蔿》歌。玄宗听罢，赞扬《于蔿》乃贤人之言，免除了鲁山不少赋税、徭役，并以怀州人民遭受涂炭之苦为虑，罢免了骄奢淫逸的怀州刺史。德秀性介洁质朴，士大夫皆服其高。

鲁山人民感念德秀之功德，特在县城筑琴台，为其歌舞致贺。德秀深谙乐教，公务闲暇，常登台抚琴，与民同乐，被誉为“琴台善政”。德化及人，四野晏安。

德秀清正廉洁。墓碣铭中言“其恶万金之藏，鄙十卿之禄”，“纯朗朴浑”。他生活俭朴，不但不聚敛财物，个人俸禄反多用来救济贫困之人。在鲁任职期满后，不恋仕途，回归故里陆浑，卜宅退隐。离别鲁山时，三年官俸仅落得一匹薄布，与百姓挥泪而别。居陆浑后，建草庐三间，全部家产唯祖遗的几亩薄地，此外即“篇、简、巾、枕、履、琴、杖、箪、瓢而已”（墓碣铭中语）。为官时“未尝完布帛而衣，具五味而食”，退隐后，是“晨夕理荒秽，戴月荷锄归”。门户简陋，不置锁钥；庭院破落，不设墙篱；家无储蓄，终身未娶；设塾育人，培养出元次山、李华、李萼等十余位有成就的学生。

元德秀被列入《旧唐书》卷一百九十《列传·文苑下》

中。一介县令，能名列正史者，实在不多，况德秀非以官职政声入围，而是与王昌龄、孟浩然、王维、李白、杜甫、李商隐、温庭筠等诗仙、诗圣们名列一卷，且着墨较多，可见其在文学上造诣颇深，所作《于蒍》歌，《退隐诗》《蹇士赋》和《季子听乐论》等诗文，定是名动一时。事实上，鲁山很少有人记取他的作品，记取的倒是他为官清正，德泽百姓、淡泊名利的品格；皮日休、元好问、孟郊、梅尧臣等诗翁凭吊琴台、歌颂元德秀的诗文，也多是赞其忠孝爱民、琴台善政。高山流水、追慕遗音，鲁山琴台成为独具个性的名胜古迹，几经修葺，而元德秀被鲁山人民世代尊崇为“元神仙”，人们敬仰他，竟在元次山墓园内供奉上了元德秀的塑像，把元次山坟异化为“元神仙”坟，寄托一种美好的思想感情。由上，德秀英名当亦不在元次山之下，《元鲁山墓碣》亦成千古绝品。

元德秀“四绝碑”考

张东方

关于元德秀“四绝碑”的说法最早见《旧唐书·李华传》:“华尝为鲁山令元德秀墓碑，颜真卿书，李阳冰篆额，后人争模写之，号为‘四绝碑’。”《太平御览》一书的作者认为李华文章第一，颜真卿书法第一，李阳冰篆书第一，总起来应是“三绝”，是《旧唐书》作者笔下之误，误将“三绝碑”写成了“四绝碑”。故将其纠正为：李华尝为鲁山令元德秀墓碑，颜真卿书，李阳冰篆额。后人争摹写之，号为“三绝碑”。对于“四绝碑”后世学者持有异议的也不少，认为应当称“三绝碑”较为妥当，其看法与《太平御览》一书的作者看法一样，因此关于“三绝碑”的说法在后世流传也较多。后世和现代学者还存在这样一种说法：李华尝为鲁山令元德秀墓碑，颜真卿书，李阳冰篆额，元结作墓表，史称“四绝碑”。认为李华的墓碣铭、颜真卿的书法、李阳冰的篆额、元结的墓表加起来正好为“四绝”。笔者认为以上两种说法都应考证和商榷。

笔者认为《旧唐书·李华传》的说法应该是正确的，“四绝”的真正含义是：“李华文章第一，颜真卿书法第一，李阳冰篆书第一，元德秀道德第一。”所以《旧唐书》才称元德秀墓碑为“四绝碑”。其理由有三：

一、前守秘书省校书郎裴敬在《翰林学士李公墓碑》中称：“唐朝以诗称者，若王江宁、宋考苏、韦苏州、王右丞、杜员外之类。以文称者，若陈拾遗、苏司业、元容州、萧苏曹、韩吏部之类。以德行称者，元鲁山、阳道州。以直称者，魏文贞、狄梁公。以忠烈称者，颜鲁公、段太尉。以武称者，李卫公、英公。”唐朝人裴敬在给大诗人李白写的碑文中将元德秀的“德行”与王江宁等人的诗歌、陈拾遗等人的文章、魏文贞等人的耿直、颜鲁公等人的忠烈相提并论。

二、《太平寰宇记》卷五载：伊阳县。南三百六十里，旧三乡，今四乡。本陆浑地，唐先天元年十二月，割陆浑县置伊阳县，在伊水之南，去伊水一里。元鲁山墓：有碑见存，在县北二十五里，李华文、李阳冰篆额，颜真卿书，鲁山有德行，呼为四绝碑。

三、唐李华在《元鲁山墓碣铭（并序）》中称元德秀：“涵泳道德，拔清尘而栖颢气，中古以降，公无比焉。”称赞元德秀道德天下第一、堪称一绝。

《太平御览》一书的作者错在忽视了一个很重要的人，那就是墓碑的主人元德秀。试想，三个天下第一的人为一个人树碑立传，那么这个人肯定也是天下第一。把元结与李华、颜真卿、李阳冰相提并论也不妥当，主要是分量不够，因为元结虽也是唐代文学家，但没有天下第一、堪称一绝的地方。

鲁山花瓷承载的历史密码

叶剑秀

走进河南鲁山的花瓷圣地，去探寻千年窑烧里的秘密。踏在段店小村的黑土上，拂开岁月的尘埃，翻阅历史的浩瀚书卷，惊奇于一段旷世奇迹。俯身捡拾起一块花瓷的碎片，透过天空的光亮，眼前浮现出厚重奇异的记忆。遥想当年，方圆几公里内，作坊遗迹密布，参差交错。段店周围烟焰蔽空，炉火相望，窑匠云集，昼夜操劳，成就了鲁山土地上的一道奇幻景色。

古瓷碎片的五彩缤纷，把我们载向1400多年前的盛唐。传统陶器的落寞与灰暗，麻木于前世的呆板沉睡，观赏与实用，呼唤着色彩的诞生，鲁山这片充满神韵的土地便有了传奇。

我们不得不惊叹民间匠人的智慧与创造力。段店的黑土，经反复叠压揉搓，加工成陶器胚胎，再经匠人的轻笔勾勒，涂抹几滴乳白蓝斑的花釉，推入高温地窑，几番淬炼，便有了“入窑一色，出窑万彩”的奇异效果。

一件件成品出窑，胎质如坚，釉色细润，蓝如宝石，无不赏心悦目，这便是工艺的精雅。庄重大气、天地合一的艺术魅力，一时倾倒了朝野坊间。由陶到瓷的完美转变，不仅是艺术的成长和进步，更是装扮了历史的华丽，举国上下，惊艳喝彩，叹为观止。鲁山花瓷的横空出世，成为花瓷艺术的时代标志，深得一代天子唐玄宗的赏识和青睐。陶与瓷的华丽转身，似乎点缀了盛世繁华，拥有一件鲁山花瓷，便是身份和地位的象征，或是一种品味与荣耀。鲁山花瓷一路飘红，从鲁山段店小村走出，受诏进宫，被钦点为宫廷御用瓷器，于是便有了史书上的雅称“唐钧”。其后，鲁山花瓷声誉响彻华夏九州，经世流传千年，被业内学士贯之为“钧之源，汝之母，瓷之祖”，当之无愧也。

百年烧炼，千年修为。鲁山花瓷段店窑址，宋时属汝州所辖，现隶属于平顶山市。追踪寻源，功归当地瓷土、煤炭资源，这片温暖而湿润的黏土地，晕染出鲁山花瓷的瑰丽绚烂。

鲁山花瓷，以釉层肥厚区别于当时的青瓷、白瓷和黑瓷，常有釉泪、釉痕、釉淌等凹凸现象，以“厚”著称。造型丰润圆满，浑实庄重，拒绝小巧灵动、秀丽轻盈。釉感坚实，充溢力感和动感，无造作矫饰，厚润中张扬出气度和庄严。

史料称：唐代钧瓷（鲁山花瓷），厚润美满、古气盎然，渲染着张力和亢奋，追求于奔放和激荡，乃中华陶瓷之瑰宝。

著名收藏家、陶瓷鉴赏家马未都先生在其著述《马未都说收藏·陶瓷篇》中，专题谈到鲁山花瓷说：鲁山花瓷在中国陶瓷史上意义非常重大。首先在于成功的窑变技术、庄重大气的造型艺术和优良的“瓷”质。鲁山花瓷器物的釉面分为底釉（以黑为多）和面釉（乳白、蓝斑块）、在釉色的搭配上，采用黑地、乳白、蓝斑三色加之型制，使整个器物表现出大气、庄重、坚定和鲜明的“厚重”特色。它是我国目前发现最早的高温窑变釉瓷，以色彩绚丽、富于变化闻名于世，在我国陶瓷发展史上占有重要的地位，是唐代制瓷业的一个伟大成就，为以后中国的彩瓷烧造奠定了基础。

段店窑烧制的瓷器品种繁多，质量上乘，尤以唐代花釉瓷闻名中外。当时烧制的器物，制作规整、工艺考究，大量使用了模制工艺，有些还在施釉前先行素烧，使得器物形体规范、胎体较薄。因模具的广泛使用，异形器物也得以大量生产，从器型和用途来看，大部产品并不像是民间日常用品。

鲁山花瓷的代表作羯鼓，是具有创造性的精品杰作。羯鼓又称腰鼓、拍鼓，一种双面击打乐器，由西域传入中原，到了唐代，为让鼓声清脆响亮，鼓腔渐渐由木质变为陶瓷。唐玄宗李隆基精通音律，嗜击鼓，尤爱鲁山花瓷羯鼓。据唐代南卓《羯鼓录》记载，唐玄宗与宰相宋璟谈论羯鼓时说："不是青州石末，即是鲁山花瓷。"今北京故宫博物院珍藏着一件黑釉蓝斑腰鼓，体态呈长圆筒形，两端粗大，细腰，古朴典雅，丰美厚重，系鲁山花瓷珍品，稀世国宝。

鲁山花瓷从唐中期开始，晚唐、五代时规模较盛，北宋时为汝窑的一部分，时有"清凉寺到段店，一日进万贯"之说。金元时鲁山花瓷走过600余载风雨沧桑，渐落迟暮。

落花千年嚣尘，洗不尽经世铅华。建国初年，故宫博物院专家前来河南调查汝窑，发现湮没于历史中的鲁山段店瓷窑遗址。经考证，段店确为唐代鲁山花瓷摇篮。段店古瓷窑遗址2000年9月定为省级文物保护单位，2006年5月25日被国务院公布为第六批国家级文物保护单位。

历史的脚步带着蹒跚，踏入一个新世纪。鲁山花瓷的研发一直没有停息。一批有识之士投入浩大人力物力，艰辛探索，复原出了鲁山段店窑瓷器，终使中原贡品"鲁山花瓷"重放异彩。

传承历史文脉、保护文化遗产。鲁山花瓷传承基地生产的鲁山花瓷《花浇》，在"第十二届中国民间文艺山花奖·民间工艺美术作品奖"评奖活动中，荣获首届中国（苏州）民间艺术博览会金奖，《花鼓》荣获银奖。在第四届"东方韵"国际陶瓷艺术展中，鲁山花瓷作品《长颈天球》荣获银奖，作品《梅瓶》荣获铜奖。

鲁山花瓷，中原的自豪，民族的骄傲。

尧文化对平顶山地域陶瓷文化发展的影响探究

姬书敏

平顶山地处中原腹地，是陶瓷文化的故乡，在陶瓷技术与艺术上所取得的成就，不但在中国陶瓷文化发展史上有着浓墨重彩的一笔，而且在世界文化艺术史上也占有重要的一席之地。考古发掘证实，平顶山地域制陶技艺至少可追溯到公元前 4000 年。经历了新石器时代陶器初期发展，帝尧时代陶业的上古繁荣，汉代瓷器的产生和唐宋时期的辉煌。上古帝尧时代制陶业的蓬勃发展，对平顶山地域陶瓷文化的影响至关重要，意义深远。

一、唐陶尧之称源于制陶业

中国最早的制陶业发源于黄河流域。上古之民，穴居野外，生活重心围绕着渔猎饮食，所以最初迫切的发展需釜瓮之类的器具。旧石器时代，古人只能对木、石、骨等天然材料进行加工，将其制作成器具。经过长期的观察和实践后，把黏土用水湿润，塑制成型，再经高温焙烧，使之成为胎体坚固的器具，这样便产生了陶器。陶器的出现，标志着新石器时代的开端。陶器的发明，也大大改善了人类的生活条件。陶器的产生是和农业经济的发展联系在一起的。在人类进入新石器时代，由于农业和畜牧业的出现，开始了定居、半定居的生活。特别是农业的发生和发展，为人类提供了比较可靠而稳定的供食用的谷物。不仅野兽的肉体便于在火上烧烤食用。而且剩余的食物需要储藏起来，于是，能盛放和储存食物及汲水器皿显得尤其重要，从而促使人们在生活实践中，创造出与人类生活息息相关的陶器，陶器的产生是我国劳动人民几千年来辛勤劳动的结果。

“陶”字最早是反映五帝时期社会生活的。中国古代有着“黄帝以宁封为陶正”（黄帝命宁封为制陶的官）。但从近几十年考古发掘的情况来看，目前发现的最早的陶器实物，主要集中在黄河流域，要比传说中的“黄帝”时代早上三四千年。黄河流域仰韶文化，特别是龙山文化时期与其对应的颛顼帝喾时代，陶业兴盛，陶器产品开始进入交换领域，陶民聚居，形成陶邑，还出现了专门从事生产陶器的部落。据《中国古今地名大辞典》载:“陶唐氏，尧初居陶，后徙唐，故称陶唐氏。”可见陶和唐本是地域的概念。陶唐氏族即尧部落作为一个古老部族，在长期的生活实践中沿袭先民制陶的遗习，掌握了制陶的先进技术，从事制陶业，承袭了黄帝时代陶官的“陶”字为部族之名，选择陶土丰富，宜于制陶的地方筑邑，以繁荣发展先进的制陶业而闻名于世。“陶”为古代横穴窑烧陶的象形字，尧与窑音同，《说文解字》中有“尧高地，垚在兀上高远也”。《五帝纪·帝尧陶唐氏》载：尧，“以火德王”。尧字繁写为“堯”，即突兀高地上的土堆，加上一个火字便为烧窑的烧字。陶唐氏的“唐”字为陶缶煮汤时发出的声响。何光岳先生在《炎帝源流史》中说：“从唐的象形字来看，好像在陶缶之上，有一枝条编制的盖子，使缶内煮物，不会因汤沸而翻滚在外。所以唐即以陶缶煮物之谓，亦即原始社会所谓陶唐者。”唐陶尧之称本源是来自远古时代的中国制陶业，在今天看来，尧与黄帝、炎帝一样未必是一个具体的人，应该是一个族团（或者方国）首领的世袭名号，那么唐陶尧也当是世袭从事制陶业族团（或者方国）首领的名号。关于唐陶尧的遗迹和传说，已不局限于黄河流域，可以说遍布全国。甚至如唐朝、唐山、唐河、唐县、唐人街等朝代和地名，都与帝尧有着内在联系。这也反映了中国传统的“陶”文化的传播和交融以及由此奠定的神圣地位。陶器考古已经得到证实，帝尧时代制陶业的兴盛见证着原始社会向阶级社会的过渡，标志着人类社会开始迈入文明社会的门槛。

二、平顶山及周边是尧部落主要徙居地域

清吕安世《二十四史演义》说:“尧，年十三，佑挚封垣，封于陶。年十五，改封于唐，故又号陶唐氏。年十八，代挚为天子，以火德王，色尚白，都于平阳安邑，今山西平阳县是也。”《帝王世纪》也说，“尧都平阳，于《诗》为唐国”。古平阳（山西临汾）是帝尧古都，史书多有记载，今山西临汾陶寺遗址的发现与发掘，为尧都平阳提供了极为重要的佐证。平阳地处晋东南，是尧部落聚居的核心区域，平顶山古为豫州地，相距200余公里，文献资料和遗迹表明，平顶山及周边地域也曾是帝尧时期尧部落的主要徙居地之一。

尧随父族、母族早年生活在中原地域。河南偃师是尧父帝喾的都邑。《五帝本纪·集解》引皇甫谧言:“帝喾都亳，今河南偃师是。”《拾遗记》又载:“帝喾之妃，邹屠氏之女也，轩辕去蚩尤之凶，迁其民善者于邹屠之地，迁恶者于有北之乡，其先以地命族，后分为邹氏、屠氏。女行不践地，常履风云，游于伊洛（伊水、洛水）。帝乃期焉，纳以为妃。”平顶山滍水流域是蚩尤九黎的故乡，邹屠氏之女是蚩尤九黎之后。这段文字记载帝喾居于伊洛，与其妻伊氏女庆都，生了尧，又娶了邹屠氏之女，传说生了“八元或曰八恺”（即八位仁善的贤才）。《世本》说:“帝喾卜

其四妃之子，皆有天下。……次妃陈锋氏之女曰庆都，生帝尧。”《帝王世纪》《太平御览》也记：“帝尧陶唐氏，祁姓也，母庆都，孕十四月而生于丹陵。”清雍正版《山西通志》又记：“炎帝姓伊耆氏，盖以初国伊，继国耆也。黄帝之子得姓者十四人，而祁为首。帝尧生于丹陵，徙于祁，故亦姓伊耆。”《史记・五帝本纪》引皇甫谧《帝王世纪》说：“尧王初生时，其母在三河之东，寄于伊长孺家，故从母所居为姓也。”《竹书纪年・义征》也记：“炎帝自伊徙耆，故曰伊耆氏，伊即帝尧母家。”清代朱孔阳在《历代陵寝备考》说：“帝尧，陶唐氏，放勋，帝喾子，挚之弟也。母曰庆都，感亦龙之祥，孕十四月而生帝于丹陵。育于母家伊侯之国，后徙耆，故曰伊耆氏。”古之“三河”指黄河、伊河、洛河。《汉书・地理志》：“宏农卢氏县东有熊耳山，伊水所出。”《尚书・禹贡》：伏牛山、熊耳山西有“伊洛瀍涧”四条河流。《水经注》云：“伊水东北流经嵩县、伊阳、洛阳、偃师南入于洛，亦称伊水，又曰伊川。”伊水发源于伏牛山脉西侧的蔓渠山，与汝水同源，伏牛山、熊耳山及嵩箕山脉在豫州中部，故为天之中，这里是炎黄蚩三大部落融合地域，可以说：尧的身上流淌着中华三大始祖的血脉，是华夏民族协和万邦，远古时代大统一的象征。

平顶山及周边地域有丰富的帝尧遗迹和传说故事。“陶”“唐”“尧”既是地名，又有故事，可查可考。汝水流域的汝州纸坊乡陶村，滍水流域的鲁山张良镇陶庄村、马楼乡尧厂村，湛河区的陶寨村等，这些村落地名久远，历史上都与陶业发展有关联。其中“陶庄遗址”的史前文化遗存系庙底沟二期至龙山时期。不但有灰坑、房址，而且还保留有竖穴式陶窖址和大量陶器等出土文物。“唐”为唐山。据清同治《叶县志》载：“唐山，，一名青山，距县六十里，南界裕，西界鲁山。”《水经注》云：“澧水导源雉衡山（今河南南召县境），东流历唐山下，即今西唐山。”关于尧的传说则更为丰富。《尚书·尧典》记载：尧提出中国历法“日中”概念，而“日中”地近尧山。《淮南子·天文训》将一天分成15个时段，其中太阳升至昆吾山时，就是正中午，昆吾山在尧山西，传说为天下之“中”。《山海经·南次二经》说：“尧流放丹朱于丹水，传位于舜。”尧时，三苗曾作乱，尧发兵征讨，与其大战于丹水。三苗是蚩尤九黎之后，生活在平顶山滍水流域。丹水在今尧山南西峡县境。传说丹水之地曾是尧子丹朱的封地，因不满尧传位于舜而勾结蚩尤之后的三苗族在丹水与尧展开决战，后败绩南迁至洞庭湖一带。今尧山南有棋盘山，见棋盘刻于巨石之上，传说是尧教子丹朱下围棋的地方。张衡在《南都赋》中云：“远世则刘后甘厥龙醢，视鲁县而来迁，奉先帝而近孝，立唐祀于尧山。”《水经注·滍水》也云：“滍水出南阳鲁山县西之尧山。”《读史方舆纪要》也载：“鲁山县尧山，在县西百四十里，夏孔甲时刘累迁鲁，立尧祠于山上。”关于帝尧传位向许由、巢父两位贤者请教的故事，在平顶山更有一段佳话。如今在汝州市仍有许由洗耳之河及巢由庙尚存。

三、帝尧时代平顶山制陶业曾经历辉煌

帝尧是华夏民族的文明始祖，品德高尚，功业卓著，后世子孙对他倍为推崇。帝尧时代盛行的陶文化是我国最早成祭祀和生活体系的社会文化，是上古时期农耕文化的结晶。钱穆先生在《黄帝》一书中说到尧的时候指出："陶器有一个时期最盛行，大约相当于古记载所说的帝尧陶唐氏，帝舜有虞氏前后，从'尧''陶''唐'三个字看，已经明显地看出他和陶业有关。帝尧时代是仰韶文化向龙山文化发展的过渡时期，这是我国原始母系氏族社会结束，父系氏族社会向奴隶社会迈进的发展期。"《尧典》中说尧"克明俊德，以亲九族"。"九族"这个说法，大约是《尧典》在流传过程中，有人依后世的概念，认为可能是反映了尧联合了众多的部落，也就是说，在尧的领导下存在着一个部落联合体。按《尧典》的描写，这个联合体规模还不小。"九族"既睦，平章百姓，百姓昭明，协和万邦，"邦"同"国"，这里是指数目很多的部落。当然，这众多的部落联盟，不是自然而成的。据说尧承业唐国之主，治国有方，对内亲和族人，对外德邻友邦，部落势力逐步增强，周围邦国争相归附。2003 年考古工作者在临汾陶寺遗

址中发掘出来4000多年前的古城遗址。经考证最终确认为唐尧“废都”。从遗址规模来看，该墓地至少应属于两个以上不同的氏族墓区。在每个墓区中又可分出若干小区，应属于一个氏族内的不同宗族，整个墓地当是一个部落墓地。从出土的陶器制品来看，其墓葬的规格、品位及其随葬品的悬殊差异，不但彰显出制陶业的盛行，也反映了社会阶级的不平等。

考古发掘充分表明，这一时期，地近尧畿之地的平顶山地域陶业也呈现出同一文化性质和辉煌。汝河流域相继有汝州纸坊乡闫村遗址、骑岭乡槐树荫遗址、纸坊乡中山寨遗址、城西大张遗址、李楼遗址、杨砦遗址；郏县太仆遗址、冢头遗址、水泉遗址；滍水（今沙河）流域的陶庄遗址、杨南遗址、寺岗遗址、蒲城店遗址、贾庄遗址等50余处文化遗址。这一密集的史前文化遗存、窨址作坊以及大量陶器制品的发掘出土为平顶山地域制陶业曾经的辉煌提供了坚实的考古证据。

仰韶文化时期，彩陶为主要特征，陶器以红陶为主，灰陶、黑陶次之。陶器皿种类主要有盆、罐、钵和小口尖底瓶等。龙山文化时期黑陶是最具代表性的器物，尤以“蛋壳黑陶”最为精美。这种艺术珍品是用细泥黏土经过精细加工烧制的。同时，龙山文化晚期还出现用高岭土烧制的白陶，为后来的原始瓷器的发展奠定了基础。这一时期以鲁山陶庄遗址、杨南遗址以及后期的宝丰魏庄遗址最具代表性。

鲁山陶庄遗址史前遗存的时代被考古工作者认定为庙底沟二期文化至龙山时期，陶缸、罐、甑、豆的器型，绳纹和附加堆纹发达，并有一定数量的方格纹，这些都是中原陶文化的典型特征。陶庄遗址、杨南遗址的烧造作坊和房基，显然是人类聚居，制陶业呈规模发展的文化遗存。从众多墓葬出土情况和烧造技术上看，此一时期，平顶山地域制陶业不但掌握了成熟的技术，而且将陶窑分散地靠近房屋和水源，这说明制陶业已经成为私家的独立生产部门，陶器产品已进入交换领域。平顶山制陶业无疑已进入上古时代陶业发展的鼎盛时期，经历了一个旷古辉煌的时代。

四、陶瓷文化的传承与发展

陶器的发明和使用是在长期生产实践中不断总结经验的结晶。在中国至少有近8000年的历史，早期是用手工捏制和堆烧的方法。帝尧时代，父系社会向奴隶社会过渡，阶级形态已经出现，为满足私人大量占有和交换以及生产、生活的需要，烧造技术必须提高，相继出现轮制法、模制法，开始使用陶窑烧制陶器，无论器型、规模、产量都有大的提高，这是社会生产力发展的必然结果。唐陶尧文化体现在陶器业的发展主要有四个方面：一是发明和推广了先进的制陶技术。据说当时先人用黏土拌水调泥，制出一种口小肚大的用具，叫“缶”，但只能盛五谷不能盛水。是尧最先用火将“缶”烧成“陶”。尧部落因此有了陶的封号，后因继位唐侯，而号陶唐氏，这是陶唐部落的一大贡献。所以祖先创造文字时，将“尧”与“火”合在一起而变成“烧”字。尧的繁写“堯”字即是堆摞起来的层层“土坯”。二是发明轮制法和模制法改堆烧为窖烧，分散地将陶窑建在原料获取便利和靠近水源的地点，而且还建有房屋，使之作坊化。三是使陶器生产成为原始农业经济的主要产业，并成为私家的独立的生产部门，产品进入交换领域。四是器体造型功能发生改变，已能从以生产饮食的器皿到生产礼乐之用的器皿，制作象征统治者威势与权力的祭祀礼乐器。如鼍鼓和特磬、土鼓等。

平顶山作为唐陶尧文化的重要发展区域，勤劳智慧的劳动人民不断总结前人经验，在制陶业基础上不断传承创新，发扬光大，形成了得天独厚的陶瓷文化和艺术。

从鼍鼓、土鼓到羯鼓、拍鼓，鼓角相闻，与陶尧鼓乐文化一脉传承。尧时，部落联盟首领举行宴会、祭祀活动的礼乐器即为特磬、鼍鼓和土鼓，所谓“击磬歌舞”，不仅是统治者的享乐，也是权力的体现。山西临汾陶寺遗址出土的特磬、鼍鼓、土鼓为“唐尧礼乐”，器物提供了有力的佐证。然而这一文化现象到了西周时期和唐代仍能在平顶山历史文化遗址上窥见一斑。鼍鼓，作为陈于庙堂之上的王室之器，是象征统治者威势与权力的礼乐器。据古史传说，鼍鼓属于陶唐氏时代的器物。《史记·司马相如列传》记载司马相如《大人赋》曰：“建翠华之旗，树灵鼍之鼓，听葛天氏之歌，千人唱，万人和，山陵为之震动，川谷为之荡波。”说明，“灵鼍之鼓”与“陶唐氏之舞”是一体的。土鼓，古史传说也是帝尧时礼乐器。据《礼记·明堂位》载：“土鼓，伊耆氏之乐也。”伊耆氏即伊祁氏，为帝尧之姓。鼍鼓、土鼓与特磬配套出土唐陶氏时代的实物，证明了当时已出现了国家的雏形，以及为国家政治服务的专用陶器具。

无独有偶，到了西周封建社会的“王”天下，周公上承陶尧礼乐文化，制礼作乐，制定了一整套教化国人的制度，以此稳固“家天下”的统治，设置了掌握乐队的官，即“应乐史”。而应乐史便以击鼍鼓之音来指挥乐队的音律节奏。“鼍”字再次出现在奴隶社会的庙堂之上。平顶山西周时为王室封地，应国都城。前不久，西安收藏家王崇仁先生在海外拍得两件青铜方尊、方彝。铭文有，“黽”似为黿或鼉字省写。北京大学考古学家李学勤先生考证，系早年从应国墓地流失于海外的铜器，“约为西周穆王时期或略早”。“黽”（黿或鼉）系应国公族人名，铜器为其宗庙祭器。古代将鼋鼍合用比喻一种水中的怪物。《说文解字》：“凡从黾字皆从黾。”鼍，郭璞注《尔雅·释鱼》说，似青蛙大腹。王安石《金山寺》有：“扣栏出其鼋，鼍，幽姿可时睹”，清孙枝蔚《金山》有:“僧老鼋鼍大，钟残鼓角哀”。《西游记》将鼋鼍称为九头怪，称其似鼋鼍样致，脚利如钩，声振天涯，气傲不凡。显然，鼋和鼍是古人的图腾，并用其做祭祀礼乐的鼓皮之用。说明鼍鼓作为上古尧时的礼器，在这一地域得到了传承，人们将图腾崇拜的圣物皮用以做鼓的材料，传承和发展了陶尧礼乐文化。这种文化根脉，到封建盛世的唐代，更有了进一步的光大。

故宫博物院收藏一件陶瓷珍品——黑釉蓝斑腰鼓。这只腰鼓是长圆筒形，两端粗中间细，通体施黑釉，釉面上散落着蓝色斑点，凝重粗犷，气韵天成，经陶瓷专家考证，公认系平顶山鲁山段店窑所烧制，系盛唐所出现的新工艺新品种，因产地在鲁山段店故称鲁山花瓷或段店花瓷。腰鼓又称拍鼓、羯鼓，是在继承了陶尧鼍鼓、土鼓的基础上吸收外来技术，用中原名瓷烧制鼓腔，然后张鼓皮，用于歌舞拍奏。唐贞观之治开创了太平盛世，歌舞升平，乐舞自然是封建统治者不可或缺的文化。然而在诸多器乐中鼓仍然有着至高的地位。这也是与陶尧礼乐文化相关的。唐玄宗精通音乐，尤如羯鼓，称其为“八音之领袖，诸乐不可比”。在他的大力推崇下，羯鼓成为各部乐中的主乐器。南卓《羯鼓录》中有:“不是青州石末，即是鲁山花瓷，捻小碧上，掌下须有朋肯之声。”对平顶山鲁花瓷鼓器给予了充分肯定和赞扬。

平顶山陶瓷文化的传承与发展。陶和瓷虽同出一源，却是两种不同的器物材质。我国烧制陶器的历史约有上万年，经过尧时有了繁荣发展，传世于今，而“瓷”字的出现则是从汉代开始的。通俗地讲，用陶土烧制的器皿叫陶器，用瓷土烧制的器皿叫瓷器，陶瓷是陶器和瓷器的总称，从今天大的概念来讲，通过不同温度的焙烧工艺制成的器物都可以叫陶瓷。考古工作者根据陶器的颜色，把陶器分为红陶、灰陶、彩陶、白陶、彩绘陶、黑陶、釉陶以及广泛用于茶具的紫砂陶等。

考古遗址记载了平顶山陶瓷文化记忆，从陶器脱胎换骨而出的瓷器，自汉代发展至宋代初步形成汝、钧、官、哥、定五大名窑，平顶山陶瓷文化占有重要地位。这是平顶山历史上对陶瓷文化传承与发展的结果。1978 年，汝州闫村遗址出土的鹳鱼石斧图彩陶缸，为我国迄今为止发现最早的陶器绘画作品。鹳、鱼、石斧构成了一幅完整的远古图腾，代表了原始社会的人们图腾崇拜意识和艺术。郏县太仆遗址体现了仰韶文化和龙山文化以至商周文化时期陶业文化的积淀。鲁山杨南遗址、陶庄遗址从史前文明到明清时代多种文化层叠压堆积的文化现象，体现了从史前文明到汉代各历史时期从陶到瓷的发展脉络和文化交融。而蒲城店遗址则从尧帝时代的龙山文化，到夏代二里头文化，西周、汉、宋、明、清各个时期的遗存遗物包揽了从原始社会到封建社会中国社会各历史阶段陶器发展的全过程。

唐代是我国陶瓷业蓬勃发展的历史时期。鲁山段店窑址、郏县谒主沟窑址，均盛于唐，所产瓷器代表着钧瓷的发源。宝丰清凉寺汝瓷窑址，所见器物多为天青釉满釉支烧，为汝官窑之典型器物。这一发现解决了历史上一大悬案，证实了“宋代五大名窑之魁”的汝官窑址。此外，宝丰魏庄的白瓷、郏县黄道唐瓷、叶县文集的金元时期瓷器等丰富了唐至宋时期的器物品种和烧造技术。

物产丰富的汝州本是商贾集聚之地，文化积淀由来已久，唐贞观盛世使汝州经济得到了空前的繁荣。远古陶器文化的发展为汝州陶瓷业增添了深厚的历史底蕴，为平顶山陶瓷业的兴盛起到促进作用。到了宋代汝瓷已位居汝、官、哥、定、钧五大名窑之首。在我国陶瓷史上已占有显著地位。宋以后的元、明、清，都被奉为宫廷用器，“内库所藏视若珍宝，与商彝周鼎比贵”。被称之为“纵有家财万贯，不如汝瓷一片”。据文献记载，宋时，因汝州四方烧造瓷器的古窑很多，汝河流域方圆 300 多平方公里，曾形成“汝河两岸百里景观，处处窑炉火连天”的繁荣景象。当时，汝州所辖的临汝、宝丰、鲁山、郏县、叶县、襄县、伊阳等地，有窑炉上千座，陶瓷的工艺技术进步很大，许多精细瓷器品种大量出现，影响扩及黄河南北的广大地区。新中国成立特别是改革开放以后，平顶山陶瓷制作工艺及其发展，为国内外所瞩目，创造了中原陶瓷制造业的一个崭新时代，为社会进步和人类文明做出了积极贡献。

段店唐宋瓷窑遗址寻古

杨西仑

鲁山县梁洼镇段店村有著名的段店唐宋瓷窑遗址。

段店村在梁洼西南五公里大浪河之畔，地处古代鲁山北上汝州、洛阳大道，为古代鲁山重镇之一。段店村依山傍水，村落沿大浪河西岸呈南北带状坐落。村子西部、南部为丘陵环绕，南部海拔264米的茶庵岭有古道通鲁山；村子北部、东部地势低缓，村东有大浪河缓缓南下，村北有古代东万寿寺（俗称下寺，曾为梁洼镇二中所在地）遗址；村子西北部丘陵间建有大石崖水库，有小河绕村西南而过，于村东南汇入大浪河。

段店唐宋瓷窑遗址叠压于段店村落下面，面积为从南河到下寺之间约长1500米、宽500米范围之内，文化层厚度在2米至4米之间，其间散落着大量的陶瓷残片及瓷窑废弃物。考古发现，段店唐宋瓷窑遗址上的陶瓷残片主要是鲁山花瓷，即唐代段店瓷窑大量生产的黑釉白斑瓷。唐人南卓所著《羯鼓录》中曾写到河南鲁山花瓷腰鼓，但没有就其生产地等情况进行具体说明。腰鼓是中国传统乐器，古代腰鼓“大者瓦、小者木，皆广首纤腹”。故宫博物院现存黑釉白斑拍鼓即为腰鼓的一种，该瓷质拍鼓长 59 厘米，口径 22 厘米，两头大，中间细，腰间有突棱，两头有供蒙皮用的扣棒。1977 年，故宫博物院派人来鲁山调查，认定该院所藏拍鼓即为唐代鲁山段店所产。段店瓷窑遗址上还有一些唐宋时期的白瓷、黑瓷及三彩等陶瓷残片，以及宋代的汝瓷、钧瓷残片。近年来，考古工作者在大浪河东畔地下也发现了部分陶瓷残片，使段店唐宋瓷窑遗址面积被扩大发现。1950 年，故宫博物院陈万里前来河南调查汝窑时发现鲁山段店瓷窑遗址；1977 年，故宫博物院再次派人到鲁山调查研究，证明段店为唐代鲁山花瓷的出产地。段店唐宋瓷窑遗址 1981 年被鲁山县人民政府列为县级文物保护单位，2000 年又升级为河南省文物保护单位。

中国瓷器世界闻名，有青瓷、白瓷和彩瓷等主要品种。唐宋时期中国陶瓷最为兴盛，计有汝窑、官窑、哥窑、定窑、钧窑、景德镇窑等主要瓷窑，为中国陶瓷的创新发展奠定了坚实的基础。古代北方的耀州窑、钧窑所产瓷器制作工艺精良，对附近瓷窑的生产工艺产生了极大影响。宋代元祐初年，汝窑继定窑之后成为官窑，为宫廷烧造瓷器，所产青瓷最为著名。

鲁山自唐代以来多属汝州所辖。梁洼镇位于鲁山县东北部，与宝丰县交界。梁洼古称桃花店，历史上以出产陶瓷著名，有明代的桃花店瓷窑遗址和清代的梁洼瓷窑遗址。古代的段店、许坊、郎店、梁洼地下煤炭资源蕴藏丰富且早已得到开采，为陶瓷、冶铁业的发展提供了得天独厚的条件，因此，地处宛洛古道的段店、许坊一带陶冶兴盛，店铺林立，经济繁荣。近年来，梁洼北宝丰县大营镇清凉寺经文物工作者考古发掘被认定为宋代汝窑瓷器的生产地，即历史上著名的汝窑遗址。汝窑官瓷胎骨呈香灰色，釉色近于卵青；汝窑民用青瓷胎骨呈淡青色，釉色接近耀州窑所产瓷器。清凉寺所在的宝丰县古代与鲁山一样同属汝州管辖。唐宋时期，自鲁山段店到宝丰清凉寺之间分布有大型瓷窑七十二座，民谣有:“清凉寺到段店，一日进万贯。”说明这里当时作为北方陶瓷主要出产地的繁荣景象。

从段店发现的最早的瓷器残片都具有中唐时期的特点，而唐中期又流行瓷质腰鼓这种乐器。因此专家考证，鲁山花瓷的生产应从唐朝中期开始，晚唐、五代时规模最大。这一时期的瓷器胎骨粗糙呈淡红色，底部厚重，图案简单，有黑釉古朴凝重的鲁山花瓷，有釉面厚重呈红黄绿各色的三彩。北宋时期，段店瓷窑发展成为汝窑的一部分，生产最为兴盛，所产瓷器以青瓷为主，釉面工艺与钧瓷较为接近。段店瓷窑所产宋瓷胎骨细腻呈淡青色，胎壁轻薄玲珑，釉色浅薄均匀有细密的纹片，外部有简单朴素的图案，显得轻盈、精巧，多属汝瓷中民用青瓷的一部分。金、元时期，段店瓷窑仍在继续生产，但已接近晚期。从唐代中期到元代末期，段店瓷窑生产时间达600多年。段店唐宋瓷窑遗址的发现，对研究中国陶瓷的发展史有重要的作用。

随着历史的变迁，段店唐宋瓷窑遗址被叠压于村落之下，但在段店村外尤其是村北，田野、路旁到处是散落的陶瓷残片。当地群众在修路、建房、打井、耕地时经常会发现掩埋于地下的古瓷，有完整无缺的，有白璧微瑕的，有极为珍贵的，有普遍常见的。现在每家都会拥有几件不同种类的残存瓷器，把它们引为家庭的自豪，只要你去做客，主人就会爽快地拿出来让你欣赏。抗日战争中，当地一农民曾在犁地时发现地下所埋瓷器，经挖掘出土了锅、坛、盘等精美瓷器数件，其中的一面盘子注水则会呈现出二龙游戏之景，据说已流失于日本。1988年，段店村一尚姓青年在建房挖掘地基时发现一批文物，积极上交鲁山县文物管理办公室，受到奖励。

为充分利用资源优势，挖掘传统陶瓷工艺，发展当地经济，使鲁山花瓷重现昔日风采，1986年，段店村投资20万元建成鲁山县段店花瓷工艺试验厂并开始生产段店花瓷工艺品。鲁山县段店花瓷工艺试验厂共建陶瓷窑炉三座，其中一座大炉、两座小炉；聘请禹州神垕陶瓷技术人员来厂指导培训工人生产；拥有工人40多名，曾远到郑州等地学习工艺美术。该厂采用钧瓷技术，用模具手工脱制鲁山花瓷系列工艺品，厂内设置有瓷器陈列室，宣传花瓷产品，供客商参观。至1990年，段店花瓷工艺试验厂共烧制瓷器

50 多窑，分别在平顶山、鲁山等地设立销售点销售。后因工艺落后和资金困难等问题，该厂宣布停产，其址在今段店小学院内。

鲁山丝绸之路原点探微

叶剑秀

一

站在豫西伏牛山脉的尧山之巅，俯瞰绿海无垠的苍茫丛林，心绪倏然升腾起来，眼前恍然飘过一道斑斓的彩虹。这道彩虹在苍穹下闪耀，气贯东西，逶迤欧亚，依稀带着千年历史的回音，在岁月的苍茫古道上光芒四射。

尧山之围，绵延百里，生长柞树，葱郁成林。柞树养蚕，蚕吐丝，丝织锦绸，惹世人青睐，于是远行的驼背上搭满丝绸，双峰驼坚韧硕大的蹄印蹚开了一条前所未有的路，那便是充满神秘梦幻的丝绸之路。

中原人所称的丝绸之路，泛指狭义上的陆上丝绸之路。沿着河西走廊出发，穿越洪荒风尘延伸追寻，泛黄的古籍文献中有着古老的记载，早在丝绸之路的2000年前，这片布满凄风苦雨的荒漠大地上，已经走过无数人的身影。驼队的脊背上闪耀着新疆和田玉的灵光，成为当时中西贸易的宠儿，玉门关便是最好的记忆和佐证。

时光在天地间流转，匆匆岁月的物化和滋养，智慧的东方人忽然发现，内陆的丝绸和瓷器，柔韧光亮，运载轻便，深受西方人青睐，且利益丰厚，于是便把丝绸和瓷器当作主要的贸易物资，源源不断地输送到西域诸国。

历史的竹简上记录着丝路的碎片。

早在先秦时期，连接东西方交流的通道已经存在。丝绸西传始于西汉连通西域，最初为汉武帝派人出使大月氏，联络他们东西夹攻匈奴。陕西汉中人张骞率领100余人向西域进发，途中被匈奴俘获，历经种种磨难，滞留十三载回归大汉，受到汉武帝册封。张骞此行，虽未建树，但获得了大量西域的资料，史学家司马迁称张骞此行为“凿空”。

丝绸之路真正形成始于西汉张骞“凿空”。这个时期，丝绸的传播源、传播的目的地、传播的路线都非常清楚，有史可依，有据可查，传播的数量也非常大，东西方是有计划、甚至是有组织地进行丝绸贸易，所以丝绸之路真正开辟应为汉武帝时期。

西汉时，丝绸之路上的阳关和玉门关以西，即今新疆乃至更远的地方，称作西域。西汉初期，联络东西方的通道被匈奴所阻。汉武帝时，中原始与西域相通，开始加强对西域的经贸往来。西域本三十六个国家，后来分裂至五十多个，皆位于匈奴之西。其后数年，张骞通使大夏，从此，西汉与西北诸国开始联系频繁起来，丝绸之路初现繁华。

直到19世纪末（1877），德国地质地理学家李希霍芬到横跨中亚大陆的神秘古道上考察，写下了《中国》一书，其间，他把“从公元前11年至公元127年间”，由西汉张骞出使西域所开辟，以长安为起点，经甘肃、新疆到中亚、西亚，以罗马为终点，连接地中海各国的陆上通道，称之为“丝绸之路”。这一定义的出现，很快被学术界和大众接受，并正式使用至今。

二

千百年来，全长六千余公里的丝绸之路，始终充满着神秘色彩。

丝绸之路连着梦想的天堂。智慧勇敢的东方民族，蹚开历史岁月的尘埃，踏着人迹罕至的崎岖山道，向遥远的地方出发。悠扬的驼铃告别河西走廊，带上莫高窟艺术的滋润，留下故土的记忆和思念，挺进冒险的乐园。大漠孤烟绚丽、壮观，却伴随着尖利的寒风。沙砾的无情，考验着跋涉者的勇气和信念。嘉峪关西行，古道骆驼蹄窝里的冷风打着旋涡，漫长的寒夜依然编织着心中坚定的梦想。秦岭和祁连山的积雪终年不化，寒气直往双峰驼浓密的皮毛里钻。茫茫的戈壁、淳朴的黄土高原、广袤无垠的草原、洁白莹润的冰川共同构成了一幅雄浑壮丽的画卷。鸣沙山、月牙泉的奇异组合，给神秘沉重的丝路古道，增添了一丝轻松和惬意。玉门关的冰雨苦涩而腥咸，从面颊上流下，和着泪水的酸涩，默默地咽进胸腔。阳关的景致没有那么壮美，阳光甚至带着冷酷无情，告诫着出了这里可能再也见不到故人的身影，现实就是那么的凄凉与悲壮。楼兰的玉箫早已止断，依栏守望的姑娘了无踪影，留下的只有凄美的传说和一地苍凉。脚下的凶险和布满荆棘的路仍要继续，多少怀揣梦想的身躯再也没有站起来。同行伙伴只能掬一把青海湖的水，在叹息与哀伤中去擦亮边关冷漠的月亮。

无数的脚步踏过，用坚毅的信念和顽强的生命，终于把天地间一条前所未有的路，走成了风景，走成了历史。

丝绸之路，最初应该是一帮帮商业驼队，在巨大的利益诱惑下，甘愿去冒险取利，后来演绎为一个国家与民族的精神体现与象征。丝绸作为表示邻邦友好的最佳媒介，改变了西方各国对东方中国的印象，无形中促进了政治和文化的交流。

历尽艰难困苦的驼队，返程时必是不能空手而归的，带回的葡萄、核桃、胡萝卜、胡椒、胡豆、菠菜、黄瓜、石榴等作物也在东方生根发芽。

丝绸之路对亚欧各国的影响和贡献，远远超出我们的想象。比如商业驼队从中国运出瓷器、铁器、金器、银器、镜子等，再把葡萄酒和稀有动物及鸟类、植物、皮货、药材、香料、珠宝首饰运往中国。

通过丝绸之路，中国的造纸术、印刷术、罗盘与火药，冶铁与打井等先进技术毫无保留地西传，为欧洲及中亚带来了一次巨大的变革，这不能不说是古老的中国，曾经给世界带来融合与共谋繁荣的博大厚爱，这种情怀和美德传承至今，从无改变。

丝绸之路的畅通繁荣，是和平文化的交流，是中外文化双向互动的现象，不但加深和促进了东西方思想文化的碰撞，也创造出了一种互动的双赢格局，对中外各个领域的友好发展，产生了积极深远的影响。

三

延续千百年的陆上丝绸之路，承载着华夏文明的辉煌，源点究竟起于何处？十三朝古都的西安，在宣传片中称：“丝绸之路的起点，华夏文明之源，美丽西安。”终归也未敢说西安是丝路的原点，因为西安不产丝绸，说了就是一个天大的笑话。西安至多是丝绸之路上的一个集散地，是集中囤积丝绸的地方。

柞蚕丝绸在我国有着几千年的历史，丝绸文化源远流长。我国的丝绸分两种，一种为桑蚕丝绸，产于江南江浙一带，应为海上丝路重要货源。另一种则为柞蚕丝绸，是陆上丝路的主要标志。

历史的尘埃湮没了丝绸之路的辉煌，岁月枯萎了久远的繁茂，当新世纪的曙光重新唤醒丝路古道的记忆，人们便把泛黄的历史典籍翻了一页又一页，试图捋清当初丝路的伸展谱系，去找寻或还原丝路源点的根脉。

无论是西京长安，还是东都洛阳，毋庸置疑都是丝绸之路的支点和起点。货源从哪里来？我们不妨做出简单的假设，在当时的条件下，东北三省和山东境内的柞蚕丝绸，如果运往洛阳或长安，无疑是成本过高，代价太大，倒不如直接发货海运省事。

可以指望的就只有趋近避远的河南省了。伏牛山脉的鲁山、南召、方城境内，满山柞林，适宜养蚕，漫山遍野的养蚕场，产量可观，所产的丝绸质地上乘，用骆驼骡马及人力运往洛阳、长安，关道通疏，路途便捷，省时省力，成本低廉，占尽了天时地利人和，谁还会舍近求远呢。

豫西南的鲁山县，古称鲁阳。东周时王子朝政变兵败携带百工奔楚，途经鲁阳，长期为家，不仅出现了墨子这样的世界级人物，更重要的是给鲁山带来了先进的纺织技术，给不适合农耕的鲁阳带来了柞蚕养殖，并在这里落地生根、蓬勃发展。鲁山境内的鲁阳关是春秋战国时期楚国的北方门户，是南北经济交流重要的交通要道之一。相邻的南召县和方城县，同样因养蚕而生产丝绸，便和鲁山连在一起，把丝绸从鲁山的古鸦路、军王驿站、娘娘关、楚长城关隘，经过汝州运到洛阳，再运到长安，而后才运往西亚、欧洲。脉络渐次明晰起来。

正是鲁山、南召、方城的柞蚕丝绸，从夏商周，到秦汉隋唐，至宋元明清，上下贯穿五千年的历史文化遗迹，演绎和丰富了丝绸之路的神奇故事。

四

历史上，鲁山县是南控襄宛，北扼伊洛的战略要地，汉属南阳，唐归洛阳。

鲁山地质奇特，山区地貌土薄石厚，适宜柞树生长。奇特的地质结构和优越的地理环境，成就了千百年来鲁山丝绸的神话，素有“柞蚕之乡”的美誉。

“货出地道”，鲁山柞蚕丝织成的绸子，柔韧性能优于桑蚕丝绸。其色泽柔和、丝缕匀称、绸面密实，冠以鲁山绸之名，那绝不是徒有虚名，众人的口碑和历史夯实的品牌标签，盛传久远。

“遍身罗绮者，不是养蚕人”，从古至今，勤劳的织绸百姓是难以穿得鲁山丝绸的。五彩斑斓的丝绸，价格昂贵，一部分由绅士贵族享用，一部分通过丝绸之路运往亚欧诸国，美名远扬。

鲁山西部山区，遍山郁郁葱葱，柞树茂盛。成墩如灌木者，叶芽鲜嫩，最宜放养。每年开春，蚕农们把幼蚕由蛾房先抱到河边喂养，然后在山坡上放养，日夜看护，只五六十天，蚕儿就吐丝结茧。蚕农视蚕坡为聚宝盆，把柞树当摇钱树；蚕坡柞墩，那是蚕农赖以生存的宝物。俗谚“一季蚕，半年粮”“筐坡十亩田”“宁舍懒婆娘，不舍蚕丝行”，极言养蚕织丝之重。

鲁山丝绸分两种：一种是山丝绸，用山上放养的柞蚕茧加工而成；另一种是家丝绸，用室内喂养的桑蚕茧抽丝织成。鲁山丝绸适于制作服饰，被誉为“仙女织”，自古至今，驰名天下，现为省级非物质文化遗产。

明嘉靖《鲁山县志》载：“洪武二十九年，官民夏税丝一千四百九十四两四钱六分五厘，折绢七十四匹七尺二寸三分四厘五毫。”到了清代，鲁山柞蚕逐渐兴起。清乾隆八年（1743）纂修的《鲁山县志》载：“鲁邑多山林，近有放蚕者。”咸丰年间，山区农民植柞为本，以蚕为主，获利颇丰。光绪年间，鲁山柞蚕业进一步发展，当时，民间与官府重视保护柞蚕坡，在四棵树、鸡冢等乡立碑，把“广植蚕坡、保护蚕坡、爱养蚕蚁、严禁抽半、樽节草木”等五条政令、法规刻于其上，永远奉行。

1914年，英国为庆祝巴拿马运河通航，在美国旧金山举行万国商品博览会，瑞士好士门公司专营鲁山丝绸，便携带鲁山丝绸代表中华商品参赛展出，被万家客商誉为“仙女织”“国宝”，以丝绸中的“王牌货”获“虎头”商标，并一举荣获金奖。

民国初年，鲁山仅四棵树乡就有48家丝行，县城有200余家，织绸机达5000台，外地客商长期坐庄收购。其后兵燹匪患，战乱频仍，苛杂迭兴，交通受阻，销路不佳，蚕丝锐减，织绸衰败。

新中国成立后，鲁山为发展丝绸业，建有国营缫丝厂和丝绸厂，设蚕业局专司帮扶蚕农养蚕。

鲁山丝绸经过数百年劳动人民一代一代地演绎和改进，呈现出多姿多彩、品类丰富的传统技艺，如今已有近百种丝绸制品，常见的有唐装布、旗袍布、窗帘布、装饰布料等，已经形成一种独具地方特色的文化品牌。

五

丝绸之路的原点究竟在哪里，似乎并不重要，无论在哪里，它都是华夏祖先和后人的自豪和荣耀。

丝绸是前生今世的繁华，却让我们怀恋长河落日的幽思邈远。迢迢遥遥的丝绸之路，从东方到西方，重重关山险隘，漫漫戈壁黄沙，茫茫天风海涛，辗转其间的丝路在时光的烟尘中，曾几度隐没又几度重现，那是一条绚丽多彩又艰辛曲折的路途。

作为横贯东西、连接欧亚的交通动脉，丝绸之路萌发于早期贸易的自发往来，在公元前2世纪晚期西汉张骞凿空西域后，转变为在中原王朝刻意经营下的自觉拓展。两千余年来，丝绸之路承载着中国与世界的交往、对话，彰显着古代中国开放的文化品格、不朽的文明成果。今天，“丝绸之路”一词早已超越其历史含义，成为一种精神和象征，为当今世界的和平与发展提供了价值典范。

2014年6月22日在卡塔尔多哈进行的第38届世界遗产大会上宣布，中哈吉三国联合申报的古丝绸之路的东段：“丝绸之路：长安—天山廊道的路网”成功申报世界文化遗产，成为首例跨国合作、成功申遗的项目。

丝绸之路宛如古代东西方之间的一座金桥，把中国与世界紧紧地联系在一起，传递着文明，传播着和平，繁荣着沿途的经济和文化，传达了不同种族、不同信仰、不同文化背景的国家平等包容、交流互惠、共同发展的理念。中国将以更加宽广的胸怀，愿与世界合作共赢，共谋新的丝绸之路大局，携手一路前行……

原载《时代报告》2019年第9期

鲁山是牛郎织女传说的起源地

袁占才

一、鲁山具备牛郎织女文化源起的要件

牛郎织女文化，源起于农耕时代。它萌生于原始社会末期，发展于农耕文明形成的春秋战国时期，完备于农耕文明比较成熟的秦汉时期。这个传说，位居中国古代四大爱情传说首位。它所产生的地方，必须是我国最早的农耕文明的发祥之地或起源之地。而鲁山恰恰符合所有要件。

鲁山县地处河南省中部偏西，伏牛山东麓。境内文化底蕴丰厚，人文景观博大精深，民俗文化独具一格，文物古迹遍地拾遗，自然风光奇秀中原，传说故事俯首皆是。

鲁山是华夏古文明发祥地之一，农耕文化起源十分典型。鲁山是《诗经》中的故乡，《诗经》中好几首诗写的就是发生在鲁山这一带。境内有仰韶文化、龙山文化遗址十多处。世界刘姓的始祖刘累根始于此，被誉为刘姓祖地。境内还有保存完好的被誉为“中国长城之父”的楚长城；

城区望城岗汉代冶铁遗址创造了四个世界之最；仓头乡下街出土的青铜器为国家一级文物，现藏于河南省博物院；唐代段店花瓷为稀世国宝，现藏于故宫博物院。

鲁山古名鲁阳。夏商周三代，鲁山一直是洛阳的都畿之地，所以，鲁山在历史上的地理位置十分重要，为历代群雄逐鹿、问鼎中原的战略要地。古代战神蚩尤在此活动，平民圣人墨子就出生于此，现在还有很多遗址、遗存、墨家遗风。有专家考证字圣仓颉、爱国诗人屈原都是鲁山人。战国时期，楚国在鲁山设置关隘，史称“鲁阳关”，为我国五大名关之一。鲁山自古就有“北不据此，则不能得志宛襄；南不据此，则不能争衡伊洛”之说，是南控南阳，北扼洛阳的战略咽喉要道。我国历史上很多重大战事就在鲁山发生。例如：鲁阳探戈，日反三舍；刘邦西进汉中，与南阳郡守战于鲁山；刘秀率兵曾与王莽军队苦战于鲁山，赢得了昆阳大捷；东汉末年，孙坚讨伐董卓，曾屯兵鲁山；北魏时，宣武帝在鲁山即位。

鲁山的历史沿革比较复杂。鲁山古名鲁阳，夏代为尧之裔孙刘累邑。周初属王畿，春秋时属郑，后隶楚。公元前371年，魏伐楚取鲁阳，鲁阳属魏。两汉时属南阳郡。三国时，属魏。晋属南阳国。南北朝永初年间，属南朝宋和北周。民国间，属河南省第五行政区。新中国成立后属许昌地区。改革开放后属平顶山市管辖。

正因鲁山建置复杂，地理重要，历史悠久，文化深厚，所以传说故事浩若烟海。这里有女娲造人、老子降青牛、杨二郎担山撵太阳、墨子与鲁班、刘邦韩信、王莽撵刘秀，等等神话传说和历史故事。民间充满机智、善良的故事，怪异故事更多。牛郎织女的传说故事最早就起源于这里。

关于牛郎织女文化，鲁山史籍中记载很多：

明嘉靖《鲁山县志》是鲁山现存最早的一部志书。志中记载了一个“峒寨”即“牛郎峒”。志载：“牛郎峒，在瑞云观下半山，南面，内立牛郎神，民间凡马、牛生疾者，祈祷有应。”

明嘉靖《鲁山县志》又载：“九女潭，在县东北十八里鲁山之下，潭上有九女、龙王庙。潭不加深，岁旱祈雨立应。”

清康熙《鲁山县志》载鲁山风俗：“七月七日，浮瓜李，妇女穿针堂中，看巧云，名乞巧。”“七月望日，门前画灰圈，焚楮追先亡。”康熙志并对“乞巧”予以解释：“旧时民间风俗，妇女于夏历七月七日夜间向织女星乞求智巧，谓之乞巧。”

清康熙《鲁山县志》载：“鲁山，俗名露山，城东十八里，孤高耸拔，为一邑之镇，因以名县。山顶建元武塔。其左峰峦翠拱，若举袖然。中有吕公洞，俗呼牛郎洞。……洞口东向，上盘石数层，方丈余，北壁穴阔数围，不测其深，风吼若雷，寒气逼人。”乾隆志关于“九女潭”的记载同明嘉靖志。

清嘉庆《鲁山县志》亦有“七夕节乞巧”的记述。

1994 年版新编鲁山县志在“概述”篇中，明确记述道：“历史上有名的丝绸，质地优良，借鲁山坡牛郎织女传说，称鲁山绸为‘仙女织’。”史志为正史，所记简略，遵循的体例是，对于传说故事一概不记。但是，从这些句子中足可见证这个传说故事在鲁山的源远流长。

《河南省平顶山市地名志》《河南省鲁山县地名志》《鲁山县辛集乡地名志》详细地记述了鲁山牛郎织女传说故事与鲁山坡地名的关系。《河南省鲁山县地名志》载：“1982 年地名普查时，孙庄村以因有牛郎孙守义与织女成亲的传说，更名为孙义大队。”《鲁山县辛集乡地名志》载：“古时该村有一姓孙名守义的小伙子，忠厚朴实，常在鲁山坡上放牛，俗称牛郎。一天，玉皇的九个女儿在鲁山坡根潭里洗澡，孙守义偷拿了九妹（织女）的衣裳，遂与牛郎成亲。”

《鲁山县志》《鲁山文史资料》中，多有鲁山养蚕织丝的记载。自夏代至今鲁山民众即多养蚕。鲁山绸名冠天下，小说《老残游记》《李自成》中都有鲁山绸的记述。

1997 年 8 月，鲁山县人民政府以鲁政文 [1997]104 号文公布“鲁山坡瑞云观牛郎文化遗址”为第三批县级文物保护单位。2007 年 12 月鲁山县文化局建立“鲁山坡遗址文物保护管理所”。县文化局在鲁山坡瑞云观、牛郎洞和孙氏祠堂分别立碑刻文予以保护。

二、鲁山有诸多牛郎织女文化胜迹

鲁山县城东 8 里许有山曰“鲁山坡”，为鲁山古八景之首，名“鲁山独秀”。以鲁山坡为轴心，在坡顶、坡腰及坡脚下，有大量的牛郎织女文化遗存、遗址和名胜古迹。

牛郎织女殿。位于鲁山坡瑞云观后殿。殿内一楼敬奉牛郎织女像，祀牛郎织女彩塑。牛郎织女彩塑为牛郎织女一家群体像，木板底座托住底部，高不足一米。红衣织女倚坐于黄牛背上，慈眉善眼，顾盼牛郎。牛郎青衣短衫，笠帽草履，左手持牛鞭，模样纯朴。小女依偎母亲怀前，男孩光身站立牛后背。一家人其乐融融。塑像年代无考。

二楼供奉玉皇大帝与王母娘娘像。

牛郎洞。位于鲁山坡南山半腰朝阳坡之山崖处，自然穴窟。洞门朝向东南。洞内朝向主峰方向有一小洞，俗称天窗、天门。2008 年春节前，该洞洞口几乎被土覆围，仅容一人弯腰进入。2008 年春节后，县文物所会同辛集乡党委政府对该洞周围进行发掘，出土汉、唐、宋、明、清各代砖及瓦、石、陶、铁等文物，还有残碑两块及柱基石一个。更为重要的是在洞口的右首位置，挖掘出石门墩一对。石门墩上刻石兽，疑似麒麟图案，栩栩如生，门臼磨损严重。两块石墩的出土说明古代此处有庙院，院门方向朝向牛郎坟及孙义村。发掘后，洞口扩大，洞体加深，洞口下方两边现出汉代垒砌的五字方砖。说明此洞在汉时香火即十分旺盛，明清志书仅载此洞，未载香火之盛，很可能至明清年代此庙已衰落了。

卧牛石。位于牛郎洞洞口东南向 5 米处。此石高 3 米，宽 1 米余，厚半米，状如仙人掌。游者往往疑为石碑，实乃自然造化。传为神牛所化，称卧牛石或神牛石，又说叫拴牛石的。

孙义村。因牛郎孙守义生于该村，故名，该村人口现有 1100 口，80% 为牛郎后裔，尊牛郎织女为祖先，玉皇大帝为外爷。

孙氏祠堂。亦叫牛郎祠。三间，独立院落，位于孙义村中央，清代建筑。属孙氏公共财产，屋内有族人保留的织布机、纺花车等。孙氏族人祭祀祖先的活动常在这里进行。

牛郎坟。在鲁山坡南麓张庄葡萄地中，距孙义村 2 里许，为牛郎孙守义祖孙的坟茔。原有百余座，20 世纪中后期多被平掉，只留一冢，因有碑而未遭平毁。碑上有“禹祖黄帝，识所自矣，吾祖孙公，忠诚朴实人也，世居山前，事农业”句。

九女潭。又叫九姑娘潭。位于鲁山坡西北侧九女潭沟。上潭为溪水冲刷的石盆，长 8 米，宽 6 米，深 2 米，下潭现已淤平。两潭相距约 200 米，一潭传为下凡仙女洗澡处，一潭传为仙女洗衣池。

天河。九女潭沟折向西流，与牛兰水汇合，又向南流入大浪河，至孙义村南向东注入淄水干流，群众称这条河为“天河”。

九女庙。又称九姑娘庙、九天圣女庙。香火极盛，千年不衰，几毁几建，几废几修。现有三座大殿。一为九姑娘殿，中塑九姑娘织女，左塑八姑娘，右塑三姑娘。二为九女潭圣殿。塑九位天女，神态各异，各司其职。三为九天圣女灵霄殿，即天爷殿，塑玉皇大帝及王母娘娘像。

天爷庙遗址。天爷庙原址在九女潭上方200米处，垒石、砖瓦、陶片很多，兴盛于宋元明清时代。据传，该庙庙门朝向渠店村，该村姑娘常与人私奔，有伤风化，村人归结为天爷庙的原因，遂毁坏，无奈，孙义村人又把该庙迁移至九女庙后。

晾石台。九女庙南岗有石，名晾石台，传为九女沐浴后晾风晾衣的地方。九女晾风时又在这里歌舞，故又曰亮声台。

放牛岭。九女潭南坡面积约10平方公里的山岭，传牛郎经常在此放牛。

南天门。位于鲁山坡南部豁口处，传说织女下凡人间，与牛郎居住在牛郎洞，耕种养蚕经常出入此山门。

七夕古庙会。在辛集街，因牛郎织女七夕相会而起。会期三天，为阴历的七月初六、初七、初八，初七为正会。起会年代很早，已不可考。古会一般有大戏一台，有时两台，多演牛郎织女戏。会上“牛绳”规模最大 。

葡萄生产种植基地。以孙义村为中心，辐射周围十几个行政村，种植面积达近万亩，被授予“无公害葡萄生产产地”。其缘皆因附近自古家家种植葡萄，七夕晚上，葡萄架下可听牛郎织女私语的传说。近年来，政府引导，发展经济，形成大田规模种植。

植柞养蚕。鲁山坡多有柞树，群众植柞养蚕。由于生产环境改变，现鲁山的养蚕多移至县境西部深山区。鲁山植柞养蚕历史自夏代已有记载。传为织女所授。鲁山绸驰名中外。县志载明，鲁山绸借鲁山坡牛郎织女的传说，又叫“仙女织”。

鲁山有关于牛的地名40余处。鲁山县地名志载23处，缘起农耕文化时期对牛的崇拜。

另外，鲁山背孜乡境内与下汤镇，还有九峰山、九女坑、九女洞的记载，传也是九姑娘下凡人间所留遗迹。

三、鲁山牛郎织女文化民风民俗深厚

鲁山坡周围有很多关于牛郎织女的山歌在传唱，有很多民谣在口头流布。因为这个传说故事的存在，很多民风民俗衍生到鲁山人民的日常生活当中，例如对于牛的崇拜。鲁山辛集的七夕古会，相传也是专为纪念牛郎织女相会而起。鲁山人有种植“九女花”的传统习俗。“九女花”又叫“姑娘花”，也即油菜，相传为织女从天上带回人间，乃度春荒之菜。叶、花均可食用，籽可榨油。相传春天时，织女率鲁山坡附近的村女养蚕，正值青黄不接，织女遍撒“九女花”，众女争相采食充饥。每年阴历二月半，鲁山坡周围，到处是金黄的九姑娘花的海洋。

鲁山群众爱演爱看牛郎织女戏曲，曾有《老牛说媒九女潭》《小义分家》《蔡光杆劝女》《王母娘娘划天河》《喜鹊搭桥》《双星缘》《天河记》《牛郎织女会鲁山》《鹊桥一梯》等戏剧曲艺演出，或是演牛郎织女故事的一个片段，或是完整的一个故事情节。

故事口碑传诵，鲁山民众喜爱有加，然而，无论在外村或七夕古庙会上，关于牛郎织女的戏曲怎么受到欢迎或者引起轰动，孙义人并不妄加干涉，甚至也去观看，而作为发祥之地的孙义村，孙氏后裔却是从不让在本村演的。这是几千年来祖宗传下的规矩，也是该村几千年来形成的独特民俗。他们认为，牛郎是自己的老祖，叫戏子们扮作自己的老祖在台上扭来摆去，偷看天女洗澡，偷走织女仙衣，又在鹊桥上缠绵，有辱颜面，有辱祖先，有碍观瞻。

鲁山自古至今就有七夕乞巧的习俗。织女心灵手巧，是女孩们崇拜的偶像。七夕之夜，仰望星空，女孩们把瓜果摆在院中，双手合十，心中默念，虔诚祈祷牛郎织女相会，乞求织女心意传道赐授技艺，使自己聪慧，并得到如意郎君。是日夜，男男女女去到葡萄架下，不怕露珠沾衣，屏神敛气，听取牛郎织女在天上相会时的喁喁私语、卿卿情话。虽然是虚无的，根本听不到，但来年还是充满企盼，依然如故去偷听。由此，现在发展经济，孙义村附近把家庭庭院种植葡萄的传统竟引至大田之中，规模种植近万亩。

旧时，对于自然界的天气变化解释不清，每遇天旱以为是惹了老天爷不高兴，就要祈雨。下雨不下雨是玉皇大帝管着的。织女是玉皇大帝的小女儿，心地善良，求织女就等于求玉皇大帝。所以，每遇天旱，鲁山坡附近的民众就要成群结队，声势浩大地前往九女潭祈雨。九女潭边有龙泉，四季不涸，九女潭上有天爷庙遗址。历代多部鲁山县志载“岁旱祈雨立应”，反映的就是这个民俗。现在生态环境改变，龙泉干涸，天爷庙移址至九女庙后，人们对天气变化已得到科学认识，天旱祈雨习俗已渐趋衰退。

围绕鲁山坡牛郎织女文化遗存，善男信女或有目的地烧香祈愿，或无目的地跪拜求福。牛郎洞、九女庙、瑞云观这几个地方的祭祀活动非常兴旺。

孙义村孙氏后裔自古有祭祀祖先的传统和习俗，孙氏祠堂是专为族人的祭祀而建设的，遇了每年阴历的七月七、九月九、腊月八、正月十五、二月二等民俗节日，他们就要举行祭祀活动。古时以七月七最隆重，后因七月七天气炎热，祭祀过于劳累，多改在腊月初八、正月十五、二月初二。腊月初八是一年年尾，子孙们把牛郎织女从牛郎洞、九女潭请回祠堂，让他们回家团聚，奉上五谷鲜果，让祖先享用，以表孝敬，不忘祖源。正月十五年已过罢，再把祖先送回牛郎洞和九女潭。二月二祭祖，则是由孙氏祠堂出发，去到“牛郎坟”祭祀。

孙义村的孙氏后裔称牛郎为老祖爷，称织女为老姑奶，称玉皇大帝为外爷。风霜雨雪，他们认为是老天外爷喜怒哀乐的表现。与普天下人对于“老天爷”的称谓，孙义人因这一个“外”字，融入了多少情感因素。与老天爷攀上姻亲，虽是一件荣耀的事情，但认祖归宗却也是一件十分严肃的事情，胡乱去认那是对祖先的不恭，要遭天谴的。但孙义村的孙氏后裔言之凿凿，异口同声，认牛郎为其祖先。

鲁山的牛郎织女民俗文化可以说深入了鲁山人的心中，成了鲁山民俗文化的一个亮点，成了鲁山民俗文化重要的一个组成部分。

四、鲁山牛郎织女民间传说，在传承中产生流变

民俗专家们指出，民俗文化在产生和流布过程中发生着变异。民俗文化为多元文化，自原生之地外延，在一个地方的流布与传承中，根据其风俗、语言、文化特点，在其口口相传中产生了流变。

作为原生之地，就鲁山来说，关于牛郎织女这个传说在民间流传的主要情节是相同的，但就其具体细节来说，

又有不少差异，人们的说法不尽一致，甚至一说、二说、三说都有。这些差异、流变，更加体现了牛郎织女文化传承之久远、厚重。例如牛郎嫂子的姓氏，一说蔡氏，一说马氏，多数人倾向于姓蔡，尤其是牛郎故里孙义村的孙氏后裔，言之凿凿地说是姓蔡。其嫂蔡氏加害牛郎做的饭，有说做的扁食，也即饺子，有说做的米饭，多数说是扁食，鲁山少产米。关于织女洗澡时所穿衣服，有说穿的红衣，有说穿的紫衣，有说穿的彩衣，多数人倾向于红衣。牛郎本名孙守义，鲁山人俗称孙小义，外地亦有叫孙如义的。而对于牛郎哥哥孙守仁的身份，有说是种地的，有说是开办学堂、当老师的，有说是做小生意的，多数人倾向于种地兼做小生意的。牛郎成婚的年龄也不一致，有说十八九岁，有说二十多岁，多数倾向十八九岁。关于牛郎分家时所分得的家产，一说只分得一头老牛，一说分得一头老牛和一辆破车，多数人倾向于是分得一头老牛并一辆破车。牛郎所放牛的颜色，有说是黄牛，有说是白牛，又有说是金牛，多数人认可放的是黄牛。而牛郎上天追赶织女时所穿的鞋衣，有说是只披了牛皮，有说只穿了牛靴，多数人说是身披牛皮，脚穿牛靴。

《中国邮政报》在 2010 年时有文章曾谈道“我国的河北邢台、山西和顺、江苏太仓、山东沂源、河南鲁山和南阳、湖北老河口、陕西兴平等地都有牛郎织女的传说”。当年度，鲁山曾有三篇文章在该报发表，就鲁山作为牛郎织女的原生地问题进行探讨交流。

五、鲁山传说，牛郎织女前世有缘

很多地方，有关牛郎织女的传说没有叙及他们的前缘，而在鲁山，他们之间具有深厚的感情基础。这是织女能够义无反顾爱上牛郎的一个重要原因。

鲁山流传，牛郎原本是天上的牛郎星，他在天上也是放牛的来着；织女原本是天上的织女星，她天天被王母娘娘管着，在屋子里织锦布。天上和人间一样，等级严得很。这俩人都是天上的人物，差距大着呢，他们谁也不认识谁。你想，一个放牛娃，虽说也是天庭里的一员，他也进不到玉皇大帝一家子住的玉清宫去，咋能见着王母娘娘的闺女呢？

织女是王母娘娘最小的女儿，排行老九，太白金星啊、托塔李天王啊都喊她九姑娘。这九姑娘心眼好，手也巧，又勤勉。九姑娘天天在织房里织布，不光要织布，她还得把织好的锦布拿到银河边洗。织一匹布得好几天。一匹布织好了，才允许她卸下来，抱到银河边揉洗，她也正好出来透透气，散散心。九姑娘虽说在天庭里长大，但也并非想怎么转就怎么转。她可以到太上老君的兜率宫转，到父亲的凌霄宝殿转，但她想到瑶池或蟠桃园转，王母娘娘就不让，王母娘娘管她管得太严。

有一天，九姑娘抱着刚织好的一匹布，又来到银河边清洗，一不小心，脚底下一滑，竟跌到银河里了。九姑娘手脚乱扑腾，越扑腾越往深处去，眼看要沉下去。牛郎在银河岸边正放牛，眼一瞭，看见有人落水，他撂靴子就往这边跑，扑通一声跳到银河里，一个猛子扎进去，捞着人就往外拽。牛郎会凫水。捞上来一看，九姑娘肚子圆鼓鼓的，已经不会吭声了。他赶紧把九姑娘放到地上，也顾不上男女有别，就不停地摁九姑娘的肚子让出水。看看九姑娘还没反应，牛郎又赶紧把九姑娘脸朝下，搁到牛脊梁上控水，然后拉着牛转圈跑。九姑娘身子趴到牛背上，哗啦啦地吐水，不消一刻钟，有了声息。醒来后，九姑娘一看是牛郎救了她，万分感激，对牛郎深施一礼。四目对视，两人互有好感。

不料想这一幕叫天上的值日官看见。值日官添油加醋，报予王母娘娘，把牛郎救人说成了是借救人在调戏九姑娘。王母娘娘心下发狠，一声令下，把牛郎贬到下界，叫他永远受苦受难。牛郎来到人间，托生到鲁山坡前一个孙姓人家里，起名叫孙守义，小名叫小义。这才有了之后牛郎的盗衣结缘，织女爱上牛郎，两人男耕女织，王母娘娘棒打鸳鸯，七夕鹊桥一会。

大部分地方，牛郎织女的传承，其基调是凄美的悲剧。而作为地方性的根深蒂固的传承，鲁山的牛郎织女文化更多的是对于牛郎织女纯真爱情的讴歌和赞美，所谓的“地上鲁山坡，天上联银河，牛女来相会，人间幸福多”是也。伤感与悲凄的成分已不多见。

牛郎织女这个传说发祥于鲁山，这是鲁山人民的自豪；是鲁山悠久历史文化中的一块璀璨瑰宝；是古人留给我们的一笔丰厚的非物质文化遗产。由此所衍生出的七夕民俗节日，成了中华民族传统爱情的载体，这也不能不说是我们鲁山人民的骄傲。